La notion de sanction dans l'univers répressif européen

De sa naissance à sa consécration

Logiques Juridiques
Fondée par Gérard Marcou
Dirigée par Thomas Perroud

Le droit n'est pas seulement un savoir, il est d'abord un ensemble de rapports et pratiques que l'on rencontre dans presque toutes les formes de sociétés. C'est pourquoi il a toujours donné lieu à la fois à une littérature de juristes professionnels, produisant le savoir juridique, et à une littérature sur le droit, produite par des philosophes, des sociologues ou des économistes notamment.

Parce que le domaine du droit s'étend sans cesse et rend de plus en plus souvent nécessaire le recours au savoir juridique spécialisé, même dans des matières où il n'avait jadis qu'une importance secondaire, les ouvrages juridiques à caractère professionnel ou pédagogique dominent l'édition, et ils tendent à réduire la recherche en droit à sa seule dimension positive. À l'inverse de cette tendance, la collection « Logiques juridiques » des éditions L'Harmattan est ouverte à toutes les approches du droit. Tout en publiant aussi des ouvrages à vocation professionnelle ou pédagogique, elle se fixe avant tout pour but de contribuer à la publication et à la diffusion des recherches en droit, ainsi qu'au dialogue scientifique sur le droit. Comme son nom l'indique, elle se veut plurielle.

Dernières parutions

Carlo IANELLO, *L'État du pouvoir. Politique et droit dans l'ère de la post-liberté*, 2025.
Jean-Sébastien BODA, *La notion de bloc de constitutionnalité*, 2025.
Fabienne QUILLERÉ-MAJZOUB, Tarek MAJZOUB, *Égypte-eaux du Nil : je t'aime... moi non plus ! Les relations juridiques de l'Égypte au* vade-mecum *de notre héritage*, 2025.
Jean-Pierre BÉNARD, *Nos redoutables paranoïas de gouvernance, Un impensé lourd de conséquences*, 2025.
Myriam CARESSA et Christophe DOUBOVETZKY (dir.), *Langue(s) et droit(s). Enjeux et paradoxes en France*, 2025.
Gabrielle BEGUIN, Nina LASBLEIZ et Jérôme PRÉVOST-GELLA (dir.), *Standard contre standards, Réflexions sur une catégorie juridique en droit public*, 2025.
Brune-Laure DUGOURD, *Les organismes de titrisation*, 2025.
Christophe DELATTRE, *Le ministère public et la prévention des difficultés des entreprises*, 2025.

Sotiris Lytras

La notion de sanction dans l'univers répressif européen

De sa naissance à sa consécration

L'Harmattan

5-7, rue de l'École-Polytechnique – 75005 Paris

www.editions-harmattan.fr

ISBN : 978-2-336-56464-7
EAN : 9782336564647

A la mémoire de Epaminondas SPILIOTOPOULOS

Avant-propos

La présente étude est la suite normale d'un travail effectué il y a 40 ans. Je me réfère à mon étude « La notion de sanction et la distinction fondamentale des sanctions en droit positif hellénique », parue en langue hellénique en 1984, et publiée en 2015 chez L'Harmattan.

Devancée entre temps par quatre autres, dont on aura l'occasion de parler par la suite, la présente étude réalise ma vive envie, datant de ce temps-là, de faire étendre mon travail de jadis à ce que l'on pourrait caractériser comme l'univers juridique européen.

Un espace de temps relativement si long, surtout dans un monde en changement rapide comme celui d'aujourd'hui, pourrait sans grande difficulté nous conduire effectivement à taxer cette étude de tardive, si l'actualité du sujet des sanctions ne militait pas fortement pour le contraire.

Inspirée d'un travail déjà effectué et étant sa suite, cette étude court un risque majeur. De piéger l'auteur dans une voie bien tracée, jugulant sa pensée, tant par rapport à la méthode suivie qu'en vue des résultats, auxquels son travail de jadis était arrivé.

La méthode utilisée dans le passé ayant fait ses preuves, elle fut de nouveau suivie. Quant aux résultats déjà obtenus, ils n'ont pas empêché notre recherche de suivre son chemin. Si l'on a pu ainsi, selon le domaine, arriver à de mêmes conclusions, comme cela ressort aisément de mes études ci-haut mentionnées, cela est le reflet du chemin logique que l'esprit humain suit nécessairement, indépendamment des temps et des lieux, devant des faits en substance identiques. Le parcours, déjà de ces 40 années, riche en expérience, ne pouvait laisser intact un travail basé sur une notion, celle de sanction, en pleine évolution. Le lecteur grec, au courant également de mon effort dans le passé, pourrait sans difficulté mesurer l'exactitude de mes affirmations. Comme aussi le degré exact où le présent travail repose sur ma réflexion de jadis et mes analyses de ce temps-là.

Les quatre études publiées entre temps, évoquées plus haut, portant sur des matières faisant partie du grand projet et naturellement présentes dans ce travail, représentaient encore un danger, celui de me faire tomber sur des répétitions inutiles. J'espère les avoir minimisées dans la mesure du possible. Tout en me permettant d'évoquer leur contenu, même littéralement, autant que cela est demandé par les exigences de la plénitude de mon exposé dans le cadre de ce travail, voire l'envie d'avoir la totalité de mon approche ici, dans une et seule œuvre.

Ayant comme objet la notion de sanction dans l'univers européen, ce travail ne pouvait être écrit que dans une langue de notre continent. La langue hellénique n'étant pas d'une approche facile, j'ai décidé de l'écrire en français, comme ce fut le cas également pour les quatre autres études précitées. C'est, en même temps, un hommage à un pays où je me suis définitivement formé en juriste, voire aux grands maîtres du droit qui y contribuèrent.

Cette œuvre est dédiée à la mémoire du Professeur Honoraire de l'Université d'Athènes, membre de l'Académie, Epaminondas Spiliotopoulos, dont la présence a marqué profondément la science du droit administratif de notre pays.

Athènes 2025

Liste des principales abréviations

AAI : Autorités administratives indépendantes
AJDA : Actualité juridique de droit administratif
AnwBl : Österreichisches Anwaltsblatt
AΠ : Cour de cassation hellénique
APC : Archives de politique criminelle
APD : Archives de philosophie du droit
Archiv. : Archiv für Strafrecht und Strafprozessrecht
ARST : Archiv für Rechts-und Sozialphilosophie
Ass : Assemblée
Bull : Bulletin des arrêts de la Cour de Cassation
BVerfG : Bundesverfassungsgericht
Cass.Civ : Cour de Cassation, Chambre civile
Cass.Com. : Cour de Cassation, Chambre commerciale
Cass .Crim : Cour de Cassation, Chambre criminelle
Cass.Soc. : Cour des Cassation, Chambre sociale
CAA : Cour administrative d'appel
CAD : C'est à dire
CC : Conseil constitutionnel
CDBF : Cour de discipline budgétaire et financière
CE : Conseil d'Etat
CEE : Conseil d'Etat hellénique
CGI : Code général des impôts
Chr. : Chronique
Cons. conc. : Conseil de concurrence
Convent.EDH : Convention Européenne des Droits de l'Homme
Cour EDH (CEDH) : Cour européenne des droits de l'homme
D : Recueil Dalloz/Sirey
DC : Décisions du Conseil Constitutionnel

Décl.1789 : La déclaration française des droits de l'homme de 1789
DF : Revue de droit fiscal
DP : Dalloz périodique
DS : Droit social
EDCE : Etudes et documents du Conseil d'Etat
ERPL/REDP : European revue public law/Revue européenne de droit public
EuGRZ : Europäische Grundrechte Zeitschrift
Fss : Festschrift
G.A. : Grands arrêts de la jurisprudence administrative.
GA.CEDH : Grands arrêts de la Cour européenne des Droits de l'Homme
G.A-F : Grands arrêts de la jurisprudence fiscale.
GDCC : Grandes décisions du Conseil constitutionnel.
G.P. : Gazette du Palais
JBl : Juristische Blätter
JCA : Jurisclasseur administratif
JCP : Jurisclasseur périodique
JO : Journal officiel
KritV : Kritische Vierteljahresschrift für Gesetzgebung und Rechtswissenschaft
Loc.cit. : (Loco citato)
Mod. : Modifié
N(n). : Note
PA : Les petites affiches
ÖJZ : Österreichische Juristen-Zeitung
Op.cit. : (Opere citato)
PAR : Paragraphe
ΠΧ : Annales pénales, Revue de droit pénal hellénique.
R : Recueil Lebon

RA : Revue administrative
Rec : Recueil des décisions du Conseil d'Etat.
RDP : Revue du droit public
RFDA : Revue française de droit administratif
RFDC : Revue française de droit constitutionnel.
RFFP : Revue française de finances publiques
RFG : Rechts-und Finanzierungspraxis der Gemeinde
RGDIP : Revue générale de droit international public
RIDP : Revue internationale de droit pénal.
RJCJ : Recueil de la jurisprudence de la Cour de justice et du tribunal de première instance (Communautés européennes)
RJDA : Revue de jurisprudence de droit des affaires
RJF : Revue de jurisprudence fiscale
RSC : Revue de science criminelle et de droit pénal comparé.
RSF : Revue de science financière
RTDC : Revue trimestrielle de droit civil.
RTDH : Revue trimestrielle des droits de l'homme.
RZ : Österreichische Richterzeitung
S : Recueil Sirey
SGB : Sozialgesetzbuch
StGB : Schweizerische Strafgesetzbuch
StrGB : Deutsche Strafgesetzbuch
StVG : Strassenverkehrsgesetz
TA : Tribunal administratif
TCF : Tribunal constitutionnel fédéral
TGI : Tribunal de grande instance
TUE: Traité de l'Union Européenne
VfGH : Verfassungsgerichthof
V(v). : Voir
VwGH : Verwaltungsgerichthof
VStG : Verwaltungsstrafgesetz

VVG : Verwaltunsverfahrensgesetz

ZaÖRV : Zeitschrift für auschländisches öffentliches Recht und Völlkerrecht

ZfV : Zeitschrift für Verwaltung

ZRP : Zeitschrift für Rechtspolitik

ZStW : Zeitschrift für die gesamte Strafrechtswissenschaft

ZVR : Zeitschrift für Verkehrsrecht

Objet de notre étude, la notion de sanction est ici conçue selon son sens répressif, par lequel on entend : tout mal (atteinte aux biens juridiques) imposé à une personne, en conséquence de la violation par elle d'une règle de droit.[1]

Favorisée par une revalorisation[2], impressionnante de notre

[1] Sur le contenu exact de la notion de sanction au sens répressif voir infra p.189 et s. Voir aussi S. Lytras, La notion de sanction et la distinction fondamentale des sanctions ; L'Harmattan, 2015. Pour d'autres sens du terme sanction, qui n'intéressent pas toujours le droit v. A Lalande, Vocabulaire technique et critique de la philosophie 1972, au mot Sanction, et Gérard Cornu, Vocabulaire Juridique de l'Association Henri Capitant, 8ème éd. Quadrige 2007, p.844. Pour ce qui est spécialement de la sanction comme élément nécessaire ou possible du droit, à savoir comme trait caractéristique de ce dernier v. -entre autres- Santi Romano, *L'ordre juridique*, 2ème éd., traduit en français, de L. François et P. Gothod, Dalloz 2002, Préface P. Mayer, introduction Ph. Francescakis p. 1 et s. surtout p.15 et s. V. aussi l'intéressant article de Ph. Coppens, La sanction de la règle juridique : De la contrainte à l'incitation, in : La sanction : la lecture des économistes et des juristes (Sous la direction de Y. Chaput), Bruyland 2011, p.27 et s.

[2] La notion de sanction -nous l'avons bien écrit dans notre étude sous le titre de « La naissance de la notion de sanction en droit répressif européen », Mélanges à la mémoire G. Panagiotopoulos ; Ed. Sakkoulas, Athènes-Thessaloniki, 2022, p.933 - « longtemps ignorée, ou considérée comme une inconnue, et même méprisée, voire qualifiée de nocive, s'est vu connaître ces derniers temps, dans son sens répressif au moins, une notoriété extraordinaire, affichant un air triomphant. Ainsi, à côté des journées spécifiques, qui lui sont accordées, aussi bien que des articles de fond et d'actualité, une affluence de livres vient à s'ajouter à cette revalorisation ». Voir à titre indicatif : Colloque du 27 novembre 2003 à l'Université Jean Moulin Lyon 3, sur le sujet : « La sanction », L'Harmattan 2007, M. Degoffe, « Droit de la sanction non pénale », Economica 2000, P. Negrel, « Contribution à la réflexion sur la notion juridique de sanction »,Thèse Aix Marseille, 2004, Maïtena Poelemans, *La sanction dans l'ordre juridique communautaire*, Bruylant 2004, St. Bitter, Die Sanktion im Recht der Europäischen Union,

temps, concernant des domaines de droit différents -droit pénal, droit fiscal, droit de la radiodiffusion, entre autres-, la notion de sanction montre sa présence, tant dans le domaine de l'ordre juridique de l'un ou de plusieurs Etats particuliers, que dans l'ordre juridique de l'Union européenne, tout en accusant une présence forte aussi dans la jurisprudence de la Cour Européenne des Droits de l'Homme de Strasbourg.

Ayant déjà répondu par l'affirmative, dans le cadre d'une première approche, à la question sous-jacente s'il existe en droit répressif européen une notion de sanction, où elle affiche une présence si forte, répondant aux traits caractéristiques indiqués plus haut, de sorte que l'on puisse parler d'une notion

Springer, 2010, « Les sanctions en droit contemporain » Vol.1 (sous la direction de C. Chainais-D. Fenouillet) 2012, Dalloz, vol.2 (sous la direction de C. Chainais-D. Fenouillet- G. Guerlin) 2013, Dalloz, et les références à la notion de sanction là citées, Colloque du 13 décembre 2013, organisé par le Conseil d'Etat et la Cour de Cassation sur le sujet, « La sanction : regards croisés du Conseil d'Etat et de la Cour de Cassation », La documentation française 2015 et S. Lytras, « La notion de sanction en droit répressif européen : droit pénal ou droit sanctionnateur ? », ERPL/REDP, vol. 27, No 2, 2015, p.827 et s.et les études et autres contributions scientifiques qui y (v. p.848 n.48) sont citées. Voir encore parues plus récemment : « Sanctions en droit de la concurrence et concurrence des sanctions » (Sous la direction de Jean-François Calmette), Actes du colloque organisé par le Centre de droit économique et du développement (CDED), sous la direction scientifique de J.-F. Calmette, Mare et Martin (Collection Actes) 2017, El. Bottini, La sanction constitutionnelle, Etude d'un argument doctrinal, Dalloz, Nouvelle Bibliothèque de Thèses, 2016, S. Lytras, La responsabilité pénale des personnes morales et la notion de sanction, Essays in Honour of Nestor Courakis, Ant. N. Sakkoulas Publications L.P. 2017, p.31 et s, S. Lytras, L'hégémonie de la notion de sanction dans le droit répressif de l'Union européenne, Mélanges en l'honneur de Bernard Pacteau, Mare et Martin, 2018, p.451 et s., D. Riccardi, Les sanctions contractuelles en droit administratif, Dalloz, Nouvelle Bibliothèque des Thèses, 2019, P.F. Irmscher, Öffentlichkeit als Sanction, Mohr Siebeck, 2019.

propre à cet univers,[3] [4] on sent ici le besoin de procéder par la suite, en précisant dans un premier temps le parcours épineux que cette notion a tracé pour aboutir à son stade d'aujourd'hui (Partie I : Les temps difficiles) avant de donner, dans un deuxième temps, une vue d'ensemble de celle-ci, devenue, vu ses caractéristiques et l'évolution de notre époque, la notion dominante du domaine répressif dans l'univers juridique européen. (Partie II : La consécration).

Cela étant, et avant de nous livrer à notre approche, nous sont imposées les précisions suivantes, concernant le sens des termes que nous utilisons dans le cadre de ce travail, rendues par ailleurs nécessaires du fait d'une grande variante, voire confusion terminologique qui règne en la matière.

On considère comme synonymes les termes de sanction et

---

[3] Voir là-dessus, S. Lytras, « La notion de sanction en droit répressif européen : droit pénal ou droit sanctionnateur », précitée, note 2. Testant cette affirmation, le passage suivant de cette première étude sur le sujet en cause marque l'intérêt majeur de l'approche que nous entreprenons ici. « Au résultat de cette analyse -il y est bien marqué, op.cit. p. 851-, il paraît clairement que non seulement en droit positif hellénique mais aussi en droit répressif en vigueur dans l'espace européen, sans se confondre avec des peines ou des sanctions administratives ou d'autres mesures répressives, qui en principe la présupposent, la notion de sanction dans le sens où nous l'avons déjà plus haut précisée ; à savoir un mal prévu et infligé comme tel à la suite d'une violation d'une règle de droit, existe bien affichant par rapport à elles une autonomie certaine, lui réservant en même temps sa primauté dans le domaine répressif ».

[4] Premier pas vers l'ébauche même d'une théorie générale en la matière, thème qui enflamme la doctrine. V. ainsi B. Genevois. RFDA 1989, p.236 qui commentant la Décision du CC sur le CSA de la même année, parle d'une théorie générale répressive, comme également Aubert De Vincelles Carole qui, faisant le rapport de synthèse du Colloque- au sujet de Sanction- de 27 novembre 2003, à l'Université Jean Moulin Lyon 3, précité, évoque la perspective ouverte aujourd'hui pour une telle théorie, p.269.

répression, de sorte que par le terme répressif on indique bien le contenu d'une sanction.[5] S'il arrive, parfois, de lui donner un autre sens, on le signale clairement dans le texte.

Sous le vocable lois, autant que quelque chose d'autre n'est pas indiqué dans le texte, on désigne des règles juridiques à caractère général, le terme droit positif indiquant pour sa part tant le droit écrit que le droit issu de la coutume ou de la jurisprudence.

Le terme univers juridique européen -englobant sous l'aspect répressif celui de droit répressif européen- indirectement déjà effleuré, indique, en principe, comme terrain de notre approche celui des pays européens- voire de leurs ordres juridiques. A ceci près, cependant, que nos analyses portent, tant sur l'ordre juridique de l'Union européenne que sur celui ressortant de la Convention Européenne des Droits de l'Homme, notamment de l'œuvre jurisprudentielle de la Cour européenne des Droits de l'homme (CEDH) [6], bien que cette dernière ait

[5] Pour la possibilité de l'utilisation des termes sanction et répression dans ce sens v. J Mourgeon, La répression administrative, LGDJ 1967, p. 9, une identification des ces termes étant par ailleurs en plus permise, vu la terminologie employée par le Conseil constitutionnel parlant de « matière répressive ». V. sur ce point Farina-Cussac Jérôme, « La sanction punitive dans la jurisprudence du Conseil Constitutionnel et de la Cour européenne des droits de l'homme (éléments pour une comparaison) » RSC 2002, p. 519.

[6] La Cour EDH, en qualifiant la Convention EDH d' ''instrument constitutionnel de l'ordre public européen'' s'aligne effectivement, en lui donnant valeur de droit positif, sur ce point de vue.V. Loizidou c/ Turquie 23 mars 1995, série A, No 310 in J.P. Flauss, Actualité de la Convention européenne des droits de l'homme, AJDA 1995.723. Sur la notion de l'ordre juridique européen vu la Convention EDH, notamment à travers la jurisprudence de la CEDH v. avec profit J.P. Costa, La Cour européenne des droits de l'homme : Vers un ordre juridique européen ? Mélanges E. Pettiti, Bruyland Bruxelles, 1998, p.197 et s. Dans le même sens, dans le terrain

des répercussions au-delà de nos Etats européens, voire même des limites géographiques de l'Europe.[7] [8]

On utilise, tant que rien d'autre n'est indiqué dans le texte, le terme peine et tous ses corollaires, par excellence l'adjectif pénal selon le sens : sanction infligée par des tribunaux pénaux.

Notons, enfin, que notre approche se situe entièrement dans le contexte public, terme par lequel on désigne tous les cas où la prise de mesures répressives, s'exprime, à travers l'action d'organes qui ont en principe un caractère public.

---

cette fois-ci du droit de l'Union Européenne, l'article 18, sous la direction de M.Delmas-Marty, du Corpus juris, portant dispositions pénales pour la protection des intérêts financiers de l'Union européenne- tel que donné par elle-même, Avant-propos, Les contradictions du droit pénal, RSC 2000, p.3- ainsi libellé : « Pour les besoins de la recherche, de la poursuite, du Jugement et de l'exécution des condamnations concernant les infractions définies ci-dessus, l'ensemble des territoires des Etats membres de l'Union constitue un espace judiciaire unique ». V.de même source, Préface à l'édition Quadrige de son œuvre, Le flou du droit, 2004, p 21.

[7] De la relativité du terme européen, vu l'ampleur de participation des membres à l'Union européenne et au Conseil de l'Europe, D. Flore, (collaboration S. Bosly) Droit pénal européen, 2ème éd. 2014, Larcier, p.16 (9). Sans pouvoir le nier, en se référant à la jurisprudence de la CJUE et celle de CEDH, Fr. Moderne, Sanctions administratives et justice constitutionnelle, Economica 1993, met (p.55) le terme « européen » entre guillemets.

[8] On n'est pas, cependant, hostile aux analyses portant sur la sanction en droit international, tant que celles-ci peuvent nous venir en aide dans le but de la définir comme notion, sinon de tracer son régime juridique. Sur la notion de sanction en droit international v. -entre autres- J. Combacau, *Le pouvoir de sanction de l'ONU,* Thèse Paris II,1971, Ed. A. Pedone 1974, et L. Cavaré, « L'idée de sanction et sa mise en œuvre en droit international public », RGDIP 1937, p.385 et s. V. encore sur le même sujet, Catherine Cosma, « La sanction en droit international » in « La Sanction ». Colloque du 27 Nov.2003. A l'Université Jean Moulin Lyon 3, L'Harmattan 2007, précité- p.225 et s.

N'entre pas ici, par conséquent, l'hypothèse des sanctions infligées par de simples particuliers, comme c'est le cas des sanctions à caractère disciplinaire infligées aux membres des associations privées.[9]

Sous le champ de notre recherche tombent, par contre, sous condition qu'elles soient infligées par des organes publics, les peines dites privées. Celles-ci, qui se caractérisent par le fait qu'elles bénéficient aux particuliers et non à l'Etat,[10] élément facilement repérable, lorsqu'elles sont de nature pécuniaire, présentent en effet tous les traits caractéristiques de la notion de sanction.[11]

---

[9] Fait qui ne nous empêche pas, par ailleurs, de puiser dans la doctrine développée à leur égard ou dans la jurisprudence afférente, la notion de sanction ayant une dimension dépassant largement des secteurs cloisonnés. D'autant plus que des sanctions infligées par des actes de particuliers portés devant les tribunaux, finissent par être transformées en sanctions judiciaires, donc par excellence en sanctions publiques, au cas où le tribunal saisi dispose de par la loi de la possibilité de les modifier. Appliquées par des tribunaux, donc ayant ab initio un caractère public, les sanctions concernant des relations entre particuliers ont ici leur place. V. un cas approprié dans Cassation Civile 3e,15 février 2023 No 22.10.187, au sujet d'une amende civile appliquée par la Cour d'appel à un locataire qui a sous-loué un local meublé destiné à l'habitation. AJDA 2023 p.870.

[10] S. Lytras., La notion de sanction et la distinction fondamentale des sanctions, précitée, p.23 note 9.

[11] V. sur la notion de peine privée- entre autres- L. Hugueney, « Le sort de la peine privée en France dans la première moitié du XX siècle », Etudes offertes à G. Ripert II ,1950, p.249 et s., B. Starck *Essai d'une théorie générale de responsabilité civile considérée en sa double fonction de garantie et de peine privée*, Thèse Paris, 1947, p.354 et de nouveaux auteurs, Alexis Jault, *La notion de peine privée* LGDJ, 2005 et Suzanne Carvalle, *La responsabilité civile dans sa fonction de peine privée.* LGDJ, 1995. Sur son rôle, d'ailleurs, revalorisé, en tant que donnée du domaine répressif dans les sociétés d'aujourd'hui, Bertrand Mazabraud, *La peine privée: Aspects de droit interne et international*, Thèse Paris II, 2006, p.25

PARTIE I

Les temps difficiles

a. Tracer le parcours qu'a effectué la notion de sanction en droit positif dans l'univers européen présuppose, bien évidemment, de passer en revue tous les ordres juridiques de tous les Etats européens et même tous les cas dans lesquels la notion de sanction figure dans ces ordres. Bien que cette démarche soit scientifiquement correcte, étant donné qu'elle offre au chercheur la totalité du matériel approprié existant, ce n'est pas de cette manière que nous avancerons dans le cadre de cette analyse.

L'énorme masse de matériel, pratiquement presque impossible à être saisie, n'est pas, contrairement à ce que l'on aurait pu penser, la raison principale qui nous fait renoncer à cette méthode.

C'est que ne pouvant pas logiquement s'attendre, au terme de ce travail, à ce que la notion de sanction ait tracé un parcours identique dans l'ensemble de l'univers juridique européen, vu que celui-ci est constitué de plus d'un ordre juridique, notre approche risquerait, sans une orientation quelconque, de ne pas donner l'image exacte des choses, si elle en reflétait une.

On pense ainsi que l'on peut procéder par la suite, en ayant recours à une approche réaliste qui peut effectivement nous conduire à des résultats conformes au droit positif ; à savoir travailler sur la base d'un tracé de ce parcours effectué dans l'ordre juridique des pays où se sont manifestés les grands courants de la pensée juridique.[12]

Par ailleurs, dans la perspective ouverte par notre sujet, l'univers européen étant conçu comme un tout, un espace uni-

[12] C'est, par ailleurs, la méthode que l'on a suivie avec profit dans notre étude précitée, sous le titre de « La notion de sanction en droit répressif européen : droit pénal ou droit sanctionnateur ».

fié dans les lieux, à savoir les ordres juridiques y étant en vigueur, et aussi dans le temps,[13] il en résulte que notre approche de la notion de sanction ne doit pas suivre l'évolution concrète dans le cadre de la totalité des Etats qui le constituent, voire dans l'ensemble des leurs ordres juridiques.

Notre seule obligation reste en effet de saisir le fait que la notion fut apparue dans n'importe quel ordre juridique, figurant dans cet univers, et de vouloir, par la suite, donner une vue d'ensemble de son évolution dans cet univers.

Ce relativisme, cependant, n'est pas privé d'effet positif pour notre approche. Bien que d'importance mineure, l'affirmation que la notion de sanction est présente dans au moins certains des ordres juridiques qui font partie de l'univers européen, la rend effectivement notion du droit positif dans cet univers, dont le parcours paraît ainsi justifié comme objet de notre recherche.

Sans toujours perdre de vue que les règles appartenant à l'ordre juridique de l'Union européenne-aussi bien que celles issues de la Convention Européenne des Droits de l'Homme et de son application- auxquelles on se réfère constamment ici, font partie d'un droit pénétrant les ordres juridiques des pays européens considérés et de plus, forgent de ce fait en substance -bien que limité- un ordre juridique européen commun.[14]

---

[13] Sans cependant constituer un ordre juridique bien déterminé et clos, comme nous venons de le préciser.

[14] Nous avons eu l'occasion de parler dans notre étude précitée, sous le titre de L'hégémonie de la notion de sanction dans le droit répressif de l'Union européenne, de l'existence, dans le cadre de l'Union européenne, d'un ordre juridique restreint, clos, constitué de règles forgées par ses organes et appliquées par ceux-ci et d'un ordre juridique élargi, contenant des règles émises par des organes de l'Union mais appliquées par des organes des Etats membres, p. 452, note 4.

b. A la faveur de ces remarques, et tout en disposant toujours d'une notion de sanction accusant une présence certaine en droit positif, nous nous sentons à même de faire avancer notre analyse, esquisser donc le parcours que cette notion a effectué, allant d'un stade pratiquement d'inexistence à celui de son émergence comme notion certaine en droit positif, pour acquérir son stade de notion première, souveraine, du domaine répressif de notre temps.[15]

Parcours par ailleurs très long, ses origines peuvent aller au moins vers la période qui suit immédiatement la Révolution française.

c. Chemin faisant vers notre objectif, on se rend vite compte, à la faveur d'une première approche du droit positif, qu'après son apparition dans l'univers européen -ce qui correspond à sa naissance dans cet univers, stade survenu dans un temps différent pour chacun des ordres déterminés, concrets, qui le constituent- la notion de sanction, en route vers sa consécration comme notion principale du domaine répressif, n'a pas suivi un trajet identique dans chacun de ces ordres.

Mises à part certaines manifestations isolées et disparates de cas de sanctions hors de l'arsenal répressif pénal, on y décèle deux grands courants. Le premier passe, dans le cadre strict de la répression pénale, par le biais de ladite dépénalisation, à savoir l'effort d'alléger l'arsenal pénal, le deuxième par la constitution d'un arsenal sanctionnateur particulier à travers, en principe, la promotion de la sanction dite administrative comme notion autonome et de première importance dans

[15] Comme l'analyse qui suit le montrera clairement, cela ne concerne pas la notion de sanction en sa substance, dans sa « consistance », celle-ci répondant toujours à de mêmes caractéristiques, mais la place qu'elle tenait par rapport à d'autres notions de cet univers, notamment celle de la peine, quitte à y ajouter, en temps utile, des ajustements nécessaires.

le domaine répressif. Tous deux ayant comme conséquence de pousser vers l'évidence la notion de sanction. [16]

Des cas particuliers, ne pouvant être en principe rangés dans ces deux grands courants, existent bien sous une forme ou une autre dans l'espace de toute cette longue période, et l'on en fait également état lors de notre analyse. N'étant situés, ni dans le sillage de la dépénalisation, ni dans le processus classique des sanctions administratives, ils apportent, eux aussi -de leur côté- une preuve supplémentaire de l'existence dans l'univers européen, notamment en domaine répressif, d'une notion plus large que celle de la peine, considérée néanmoins comme l'attribut caractéristique, sinon exclusif, de ce domaine.

d. Cela étant, on réalise que :

aa. Un tracé fidèle de cette évolution nécessitant de tenir compte de tous ces courants, chacun l'ayant influencé d'une manière propre à elle, on aurait pu penser que la démarche de notre approche est déjà clairement indiquée.

Il n'en reste pas moins, cependant, que c'est par le biais de la consécration de la notion de sanction administrative, en tant que notion autonome du domaine répressif, que la notion de sanction a pu devenir la notion principale de ce domaine, ce qui nous autorise de mettre à la base de nos analyses, en principe, le cas des ordres juridiques, reflétant de façon représentative le parcours tracé par la notion de sanction administrative dans nos droits positifs.

De sorte que l'on est poussé à porter notre attention -de préférence- aux cas des pays ayant connu une expansion de la notion autonome de sanction administrative -la Grèce et la France notamment-, pour la raison très simple que c'est dans

---

[16] V. là-dessus, S. Lytras « La notion de sanction en droit répressif européen: droit pénal ou droit sanctionnateur? précitée, p.829 et s

ces deux pays que le mouvement vers la consécration d'un domaine répressif, autre que typiquement pénal, autonome, est apparu et progressé dans le cadre d'une évolution lente mais constante.[17]

Cet état de fait nous étant imposé, d'autant plus que l'on ne se trouve pas ainsi devant un fait isolé ou dû à des raisons spécifiques, ni manifesté par le biais d'une « dépénalisation », dans le cadre de laquelle l'arsenal pénal, comme on va le voir[18], conserve une mainmise finale sur les sanctions confiées à l'administration, la réaction des intéressés contre celles-ci passant par des tribunaux pénaux qui reçoivent leurs recours prévus par l'ordre juridique[19]

bb. Bien que toute cette longue période, d'autre part, pourrait être considérée comme une, notre analyse a pu y discerner des étapes, dont l'approche -encore que celles-ci ne soient pas les mêmes dans tous les Etats européens- permet de mieux saisir l'évolution du phénomène répressif dans l'univers européen et, chose plus importante, de mieux comprendre l'état actuel du droit positif, en la matière. On ne doit pas perdre de

---

[17] En procédant de la sorte, on ne minimise pas -loin de là- le mouvement sanctionnateur au profit de l'Administration qui a eu lieu -même de façon plus nette- dans d'autres pays européens, bien avant qu'il puisse se manifester dans les pays que nous avons sélectionnés comme pays de référence prioritaire. La suite de notre analyse montrera, en fait, que notre regard sur eux est toujours vivant.

[18] Infra p. 68 et s., où l'on tombe, notamment dans le cas de l'Allemagne, sur l'ombre lourde de l'approche pénale sur les données répressives empêchant là, en définitive, la doctrine de saisir le domaine sanctionnateur dans sa consistance réelle, bien qu'elle avait en main toutes ses données. Situation, dont on constate, avec satisfaction, le changement dans des années très proches de nous. Voir là-dessus infra p.262 et p.285 et s.

[19] Le fait que notre étude soit rédigée en français, ce qui pourrait d'ailleurs justifier notre préférence, n'en constitue pas ainsi la raison première.

vue, en effet, que l'essentiel pour nous, s'agissant de la notion de sanction, est plus de faire le point exact du droit positif de notre temps que de tracer un trajet fidèle de son parcours jusqu'à nos jours.

Sur cette base, l'évolution tracée par la notion de sanction dans tous les ordres juridiques concernés n'étant pas temporairement identique, on s'autorise parfois d'évoquer, dans le cadre d'une des étapes de cette évolution, des données ne paraissant pas être en pleine concordance avec cette même étape. Chose qui peut arriver mais, à cause de leur persistance dans le temps cette fois-ci, avec des données concernant un seul Etat et son ordre juridique. On ne doit pas perdre de vue, en effet, que l'essentiel pour nous, s'agissant de la notion de sanction, est plus de faire le point exact du droit positif de notre temps que de tracer un trajet fidèle de son parcours jusqu'à nos jours.

cc. Bien que le phénomène répressif ne soit pas lié à l'Etat moderne qui connaît la séparation des pouvoirs et la reconnaissance des droits et des libertés fondamentales de l'homme, nous limitons notre recherche, en principe, aux périodes qui ont suivi la Révolution française de 1789 et la fameuse Déclaration des Droits de l'Homme de la même année. Optique qui n'a pas la moindre répercussion sur nos préoccupations théoriques majeures ni ne nuit à rien à notre analyse. C'est d'ailleurs là que voit ses origines la sanction d'aujourd'hui, à consistance certaine et à autonomie conceptuelle que l'on cherche ici.

A l'appui de ces remarques préliminaires, on traite par la suite successivement de : L'apparition de la notion de sanction dans l'univers européen (Section I. La naissance) et sa coexistence avec la notion de peine (Section II. Casser les œufs. La cohabitation), le temps de sa suprématie figurant à la Partie II de cette étude.

Section I : La naissance

La naissance de la notion de sanction en droit positif, dans l'univers européen, coïncide avec la première apparition dans n'importe quel ordre juridique de l'un des Etats européens de la réaction sociale sous forme répressive, à savoir -ce qui constitue le propre de la notion de sanction, sa définition essentielle[20]-, en substance, sous forme d'infliger à une personne un mal à cause de la violation de sa part d'une règle de droit.[21]

Notre propos n'étant pas ici de dresser un bilan historique exact, mais bien au contraire de faire l'état de la situation liée à cet avènement, il paraît d'une importance mineure de préciser où pour la première fois cette insertion eut lieu.

On se limite ainsi à évoquer par la suite des données qui attestent ce phénomène (A : les faits), avant de préciser dans un deuxième temps l'attitude de la théorie à son égard (B : la doctrine), l'espace que couvre notre approche s'étendant à la période entre l'avènement des Etats constitutionnels et les alentours de la seconde guerre mondiale, sinon, pour certains cas, un peu avant celle-ci. [22]

---

[20] V. là-dessus S. Lytras, La notion de sanction et la distinction fondamentale des sanctions, précitée, p17,19 et s. et infra p.189 et s.

[21] Ce terme de réaction sociale doit être compris en un sens large, de sorte qu'elle englobe non seulement des sanctions pénales, son contenu traditionnel, mais aussi la réponse « à toute forme de déviance », donc la prise de toute mesure répressive, M. van de Kerchove *Quand dire, c'est punir,* Publications des Facultés Universitaires Saint Louis, Bruxelles 2005, p.18.

[22] Cette partie de notre recherche constituant l'objet de notre étude récente sous le titre « La naissance de la notion de sanction en droit répressif européen » -précitée supra note 2- on n'a, à la suite de notre exposé ici, qu'à s'appuyer sur elle.

A. Les faits

a. Les textes

1. Les Codes Pénaux -adoptés par divers Etats européens au cours du 19e siècle- dans lesquels s'institutionnalise la réaction sociale contre l'illicite, sous forme de peines infligées par des tribunaux dits pénaux, constituent -c'est le fait majeur- les textes de base, par lesquels la notion de sanction s'est en substance installée, sinon vu le jour, dans l'univers européen.[23]

En France cela coïncide, en principe, avec l'adoption de ses Codes Pénaux, celui de 1791 et surtout de son Grand Code Pénal de 1810, trouvant certainement un illustre prédécesseur dans la fameuse Déclaration des Droits de l'Homme et du Citoyen de 1789, notamment dans son article 8 ainsi libellé « La loi ne doit établir que des peines strictement et évidemment nécessaires, et nul ne peut être puni qu'en vertu d'une loi établie et promulguée antérieurement au délit et légalement appliquée ». [24]

Or la notion de sanction y est bien esquissée dans les articles : premier, qui distingue des infractions par référence aux peines encourues,[25] et quatre, qui conditionne l'application d'une peine à sa prévision légale, même avant que l'infrac-

---

[23] Un bref aperçu de l'adoption de ces codes v. in Les codes pénaux européens, éd. du centre français de droit comparé (introduction comparative générale de M. Ancel /collaboration Y. Marx), 1956, en 5 Tomes.

[24] Sur l'adoption de ces codes et, plus généralement, sur le droit pénal des temps qui suivirent la Révolution de 1789, v. entre autres J-M Carbasse, *Histoire du droit pénal et de la justice criminelle*, 2ème éd. refondue 2000, p.408 et s.

[25] Art. premier : « L'infraction que les lois punissent de peines de police est une contravention. L'infraction que les lois punissent de peines correctionnelles est un délit. L'infraction que les lois punissent d'une peine afflictive ou infamante est un crime ».

tion soit commise,[26] enfin des art. 6 et suivants de ce code qui décrivent le contenu des peines, voire le contenu du mal infligé.[27] De même, la notion de sanction découle aisément des dispositions de la loi pénale hellénique de 1833, contenant 708 articles, l'équivalent d'un vrai code pénal, notamment de son art.1 selon lequel « Peine n'est appliquée que pour les actes et omissions contre lesquels la loi a d'avance prévu une peine formelle ».[28]

Certes, on aurait pu nous objecter ici que ce qui en vérité fut institutionnalisé en droit positif par des Codes pénaux était bien la notion de peine, quintessence et vrai mythe du droit pénal, et point celle de la sanction, notion entièrement inconnue à cette époque.

A première vue impressionnante, cette objection perd cependant toute sa force, une fois confrontée aux données du droit positif.

En effet, pour que cette objection soit fondée il faudrait que la peine représente quelque chose d'essentiellement différent de la sanction, ne répondant pas à ces traits essentiels, ce qui n'est pas le cas. Comme nous l'avons déjà montré en analysant des données du droit positif hellénique,[29] aussi bien que

[26] Art.4 « Nulle contravention, nul délit, nul crime, ne peuvent être punis de peines qui n'étaient pas prononcées par la loi avant qu'ils fussent commis »

[27] V. à titre d'exemple l'art. 9 de ce code selon lequel « Les peines en matière correctionnelle sont 1o l'emprisonnement à temps dans un lieu de correction ; 2o L'interdiction à temps de certains droits civiques, civils ou de famille ; 3o L'amende ».

[28] V. également les art. 2 de la même loi qui distingue en raison de la peine encourue entre crimes, délits et contraventions et art 3 qui énumère les peines criminelles, dont la mort et la réclusion à perpétuité, les peines correctives qui sont l'emprisonnement et la peine pécuniaire et les peines de police qui sont la détention et l'amende.

[29] V. S. Lytras, op.cit. p.69 et s.

celles du droit européen,[30] la peine n'est en fait -répondant aux mêmes caractéristiques essentielles de la sanction- qu'une subdivision de celle-ci.

En définitive, à supposer même que la peine était la seule mesure répressive prévue par l'ordre juridique, ce qui ne fut pas le cas, comme nous le montrerons par la suite, une fois consacrée automatiquement, la notion générique de la sanction, qui l'englobe, fut aussi institutionnalisée.[31]

2. Les sanctions prévues dans les codes pénaux ne sont pas cependant les seules en cette même époque, qui font partie du domaine pénal. Bien que ne figurant pas dans ces codes, mais dans des lois à part, d'autres mesures, infligées elles aussi par des tribunaux pénaux, s'incorporent également au même domaine.

C'est le cas, notamment, de la loi hellénique du 13 mars 1843 sur l'organisation des douanes, prévoyant des amendes fiscales, jugées par la jurisprudence,[32] comme données à caractère répressif, rattachées en tant que telles au domaine du droit pénal.[33]

[30] V. en détails, S. Lytras, La responsabilité pénales des personnes morales et la notion de sanction, p.42 et s., précitée.

[31] C'est, d'ailleurs, ce qui arrive en droit chaque fois qu'une notion nouvelle, en principe d'espèce, est instituée, auquel cas sont en même temps nées tant celle-ci que la notion générique, à laquelle la première appartient, qui voit le jour en même temps qu'elle. Comme c'est arrivé avec la notion de personne morale et la notion de contrat, qui sont introduites dans l'ordre juridique avec l'apparition de la première personne juridique, que ce soit de droit public ou de droit privé et tout de suite. S'il en était autrement, et l'on serait obligé de le faire, il faudrait que nous reconnaissions que la notion générique apparaît une fois qu'une deuxième espèce de la notion plus large voie le jour, chose qui heurte de front notre logique, ne serait-ce que pour la simple raison qu'elle conduit nécessairement à une reconnaissance rétroactive d'une notion depuis longtemps existante

[32] ΑΠ 241/1884 et infra p.41 et s.

[33] S. Lytras., *La notion des amendes administratives* ; *la conformité à*

Enfin, on doit ranger dans le même ordre d'idées le cas des sanctions infligées par des autorités incontestablement administratives dans la mesure où celles-ci, dépassant leur qualité principale, agissent, en dédoublement fonctionnel, comme autorités à caractère pénal.

C'est notamment le cas de certaines sanctions infligées, et même depuis longtemps[34] -aujourd'hui sur la base de l'Art. 335 du Code pénal suisse[35]- par des autorités suisses administratives cantonales. Prévues dans le code pénal même et portées après recours devant les tribunaux répressifs, voire pénaux, ces sanctions doivent être considérées comme sanctions à caractère pénal, les organes les infligeant agissant à la place des tribunaux pénaux.[36]

---

la Constitution de leur infliction, (en langue hellénique) éd. Sakkoulas, Athènes, 1986, p. 95 notes 123-124. Ce qui constitue un cas à part, les sanctions infligées par des organes de l'Etat en matière fiscale étant en principe des sanctions administratives. Infra p.41.

[34] Un aperçu fidèle de ce processus v. in H. Mattes. *Untersuchungen zur Lehre von den Ordnungswidrigkeiten*, Erster Halbband, Duncker et Humblot Berlin,1977,p.241 et s.Voir aussi à ce sujet infra p.82.

[35] Art. 335 *Gesetze der Kantone, Polizei und Verwaltungsstrafrecht, Steuerstrafrecht §1 « Den Kantonen bleibt die Gesetzgebung über das Übertretungsstrafrecht insoweit vorbehalten, als es nicht Gegenstand der Bundesgesetzgebung ist. Sie sind befugt, die Übertretung kantonaler Verwaltungs-und Prozessvorschriften mit Strafe zu betrohen" §2 « Die Kantonen sind befugt, Strafbestimmungen zum Schutze des kantonalen Steuerrechts aufzustellen* »

[36] Position qui reçoit l'accord général de la doctrine. V. -entre autres-B. Knapp, Précis de droit administratif, 2ème éd., Ed. Helbing&Lichtenhahn, Bâle et Francfort-sur-le-Main1982, p.203 (861). V. également H. Mattes op.cit. p.383, lorsqu' il dit « *Es handelt sich also letzten Endes doch nur um die Verteilung der im Grunde als Einheit begriffenen Strafrechtspflege auf verschiedenen Stellen* ».

Situation qui ressemble fort à celle -datant de la Constitution hellénique de 1927- résultant des dispositions de l'art.95 de la Constitution hellénique en vigueur-, selon lesquelles les appels contre les décisions des autorités de police infligeant une amende pour violation des ordres ou règlements de

Affichant une distance plus ou moins importante par rapport aux peines infligées en vertu des dispositions du code pénal, les mesures répressives que nous venons d'examiner revendiquent à plus forte raison leur appartenance à la notion générique de sanction, dont l'autonomie ne peut pas -pour les raisons évoquées plus haut- être contestée.

3. Les sanctions pénales mises à part, des mesures répressives méritant la qualification de sanction, donnant à cette dernière une autonomie notionnelle plus accusée, ne manquent pas d'être adoptées par des législations des pays européens au cours de cette période.

Il s'agit cependant, en principe au moins, de catégories particulières, spécifiques de sanctions, comme les sanctions disciplinaires, notamment celles infligées aux fonctionnaires publics, qui figurent très tôt dans toutes les législations de pays européens ou les sanctions dites fiscales,[37] enfin les sanctions appelées aujourd'hui administratives.

3a. On note ici, s'agissant du droit hellénique : le Décret

---

police sont portées devant des tribunaux pénaux. Sanctions, dont le caractère pénal est nettement reconnu tant par la jurisprudence que la doctrine hellénique. V. S. Lytras, op.cit, p.161 et s.

Parler, d'autre part, dans ce cas, de droit pénal administratif, comme le fait Knapp, à la suite de la loi du 22 mars 1974, ne soulève pas d'objections majeures, à ceci près cependant que l'on ne considère pas ces sanctions- et les comportements (délits) afférents- comme représentant quelque chose d'essentiellement différent des comportements soumis à la censure des tribunaux pénaux. En ce sens Mattes, *ibid.*

[37] De la prétendue autonomie de ces catégories de sanctions par rapport aux sanctions administratives v. S. Lytras, *La notion de sanction et la distinction fondamentale des sanctions,* p.75 et s., précité. Disons, dès à présent -quitte à apporter en temps utile les preuves nécessaires-, que pour nous, infligées par des organes administratifs, elles ne sont que des sanctions administratives, leur autonomie par rapport à celles-ci laissant à désirer.

du 3 avril 1833 prévoyant contre les fonctionnaires publics récalcitrants la sanction de la retenue de leur traitement. Du même droit, on note en plus, s'agissant des sanctions fiscales, le Décret « Des impôts et des artisanats » (JO 34/ « 15.7.1836), prévoyant en son art.26 des amendes pécuniaires, enfin la Loi ΑΣΧ/1885 « De l'impôt sur le tabac », prévoyant également des amendes pécuniaires (art.19-24 et 26).

A noter, aussi, s'agissant du droit hellénique, les sanctions prévues par les lois ΑΡΚΔ/29.4.1883 art. 7, ΑΡΞΔ/ 22.3.1884, art. 8-10 et ΑΡΞΗ/27.3.1884, art. 8-10 concernant respectivement des impôts sur le papier à cigarettes, les cartes à jouer et, enfin, les allumettes chimiques.[38]

3b. Sont également rangées ici, dans le cadre du droit français, les amendes prévues par les articles 26-29 de la loi du 31 juillet 1917 sanctionnant les omissions ou des inexactitudes dans les renseignements devant être fournis à l'Administration relativement aux salariés embauchés, effectuées dans le but d'éviter de payer des impôts/taxes afférents,[39] comme aussi la majoration de 50% prévue par l'art.13 de la loi du 1er juil.1916 en cas d'insuffisance de déclaration,[40] vraie pénalité aux dires de la doctrine et en nette opposition à l'amende pénale,[41] dont le caractère de sanction ne souffre point par le fait que, selon

[38] Ces sanctions infligées par des autorités administratives compétentes (chefs de services d'impôt et des douanes, sont portées après appel devant des conseils juridiques, tribunaux à caractère administratif de plein contentieux. V. là-dessus en détails G. Aggelopoulos, *Système de droit administratif*, 1886-1894, p.540 et s. (en langue hellénique) ; conseils juridiques également compétents pour juger des violations de la loi sur l'impôt du tabac, de la loi sur les bières et les boissons alcoolisés. G. Aggelopoulos *ibid.*

[39] Formellement qualifiées de sanctions par la jurisprudence. V.CE 8 janvier 1932 Société X, Rec. Lebon p.27

[40] CE 24 fév.1922, DP 1922.3.41, note JT.

[41] Note JT, précitée.

le droit français, -position heurtant la logique- les pénalités fiscales sont de nature mixte relevant aussi du caractère de réparation,[42] d'autant plus qu'appliquées par une vraie juridiction.

3c. Des mesures répressives qu'aujourd'hui on rangerait dans la catégorie de sanctions dites administratives, sont également ici et là adoptées en cette période. Il s'agit, cependant, comme très pertinemment l'a dit J. Mourgeon dans le cadre de son analyse portant sur la répression administrative, « soit de la nécessité, soit de l'anomalie ».[43]

Un cas caractéristique en est fourni par la législation française sur les contraventions de grande voirie, la loi du 29 floréal an X disposant que « les contraventions en matière de grande voirie … seront constatées, réprimées et poursuivies par la voie administrative».[44] Ressortissant de la compétence des tribunaux administratifs, les amendes prévues contre ces contraventions constituent le cas le plus manifeste d'une sanction qui, échappant au juge pénal, élargit du coup le domaine répressif.[45]

Du même droit français on relève également les sanctions infligées aux usagers de l'enseignement, en vertu de la loi du 15.3.1850[46] ou celles infligées aux membres de l'Ordre de

---

[42] *Infra* p.233 et s.

[43] J. Mourgeon J. : *La répression administrative*, Thèse Paris, LGDJ 1967, p.82

[44] J. Mourgeon, *op.cit.* p. 83 note 3. Régime durant jusqu'à nos jours. V. CE 5 fév.2024, Ministre de la transition écologique et de la cohésion des territoires c/SAS Kos, No 475508, AJDA 2024 p.982et s.,note V. Laugier.

[45] Élargi encore de sanctions pouvant remonter -c'est le cas des internements administratifs- jusqu'à la Révolution elle-même. (G. Mourgeon *ibid*, J.P. Munch, *La sanction administrative*, Thèse Paris 1947, p.62. CE 8 mai 1896, Gilotte, S.1897. III.113, note Hauriou.

[46] J. Mourgeon, p.83 et s. citant Paysant « Le régime disciplinaire de l'enseignement supérieur », AJDA 1966, p.287 et s.331 et s..

la légion d'honneur ou aux titulaires de décoration en vertu des décrets de 16.3.1852, 14.4.1874 et 25.6.1934, entre autres.[47]

4. Le droit positif allemand offre également, pendant cette période, diverses catégories de mesures répressives qui, sous la dénomination commune « *Ordnungsstrafe* », couvrent depuis le XVIIIème siècle des sanctions en matière douanière, fiscale et disciplinaire,[48] sanctions dont le trait caractéristique est de ne pas être pénales, voire de ne pas être infligées par des tribunaux pénaux.[49]

Ici on peut mentionner aussi -situées à la frontière pouvant être rangées également dans la période que nous avons appelée celle de la cohabitation du droit positif allemand- les mesures répressives sous la dénomination de *Zwangsgeld* (expressions synonymes : *Zwangstrafe, Erzwigungsstrafe*, entre autres), orientées, en principe, pour faire obtenir l'exécution d'un acte où provoquer un certain comportement, voulu par la loi. Infligées en vertu du §55 (exécution d'un ordre de police) et §33

[47] J. Mourgeon *ibid*

[48] Fr. Ioach. Ruisinger: *Die rechtliche Qualifizierung von Geldbusse, geburhenpflichtiger Verwarnung und Zwangsgeld zugleich eine Untersuchung zur Strafkompetenz der Verwaltung, Dissertation* Tübingen, 1970, p.2

[49] Le fait qu'avec cette dénomination étaient parfois qualifiées des sanctions pénales, est privé d'importance. Ce qui en effet compte, c'est que des mesures répressives méritant le nom de sanction -donc « fondatrices » de cette dernière notion- existaient depuis cette époque-là. Comme existaient depuis cette même époque des sanctions relevant du contexte et de la matière pénale, autres que celles infligées par des tribunaux pénaux, les sanctions de police (polizeistrafe), précurseures des *OWI* de la période suivant la seconde guerre mondiale. Sur le caractère pénal de ces sanctions, certainement de moindre importance, K. Binding, cité par H. Mattes, *op. cit. Erster Halbband* p.127. Qu'entre *Polizeidelikte et Kriminaldelikte* il n'existait pas de différence qualitative, Mattes op.cit. p. 105, utilisant le terme « matérielle » et B. Frank cité par Mattes *op.cit.* p.133, utilisant le terme « *begrifiiche* ».

(violation des Règlement de police) de la PVO de 1931, elles constituent bien des sanctions, au sens que nous concevons le terme dans ce travail, leur distinction des sanctions pénales s'avérant parfois assez difficile.[50]

5. Ecartées les objections pouvant être soulevées,[51] la conclusion que l'on peut dégager de cette brève analyse peut se formuler ainsi :

De l'examen des textes adoptés par des ordres juridiques dans la période envisagée, il ressort sans difficulté que la notion de sanction, au sens donné au terme dans ce travail, constitue une réalité certaine dans l'ordre juridique de l'univers européen ; ressortissant en tant que notion générique, tant dans les peines infligées par des tribunaux pénaux que dans les mesures répressives infligées par des autorités administratives agissant, soit dans le sillage du droit pénal, soit à plus forte raison dans le cadre du pouvoir exécutif.

Du coup, le domaine répressif semble être formé, et cela dès le début, tant par des mesures répressives infligées par des tribunaux pénaux, y compris celles infligées par des autorités administratives agissant dans le sillage du droit pénal, que des mesures répressives prises par ces mêmes autorités agissant cette fois-ci dans le cadre du pouvoir exécutif.

---

[50] Fr. Ioach. Ruisinger, op.cit. p. 9. Le fait que l'affaire, en cas de non-paiement par le contrevenant, est portée devant les tribunaux pénaux, sans être décisif, milite cependant en faveur de son caractère pénal.

[51] D'une autre objection possible, tenant elle au caractère non répressif des mesures énumérées par nous comme de sanctions, reconnu même par des tribunaux, on ne fait pas état ici. Cette objection, ayant trait au caractère des sanctions dites fiscales, qualifiées en partie au moins, comme des réparations, nous l'avons en autre occasion réfutée V. S. Lytras op.cit, p.50 et s.et S. Lytras, *La notion des amendes administratives ; la conformité à la Constitution de leur infliction*, précité p.84 et s. V. encore infra p.233 et s. Ici, on se contente simplement d'évoquer ce fait.

De cette image cependant, malgré le fait qu'elle ressortait clairement de son œuvre, le législateur européen, en la personne de son « homologue » grec également, ne semble pas se rendre compte. Ainsi, il n'a pas pu voir que, en instituant la peine, il a bien institué en même temps la notion plus large, générique, de sanction. Chose, d'ailleurs qui avait lieu chaque fois qu'il instituait d'autres mesures répressives. Par exemple, les peines disciplinaires dans le régime de la fonction publique -dans lesquelles il n'y voyait jamais des subdivisions de la notion de sanction. Restant toujours sous l'influence de la peine -notion dominante par sa force, due à la fois à sa sévérité et au poids de réaction sociale qu'elle comporte[52] -et incorporant, de ce fait, le propre du phénomène répressif, il traitait en fait les manifestations nouvelles du phénomène répressif comme des apparitions de catégories nouvelles dans le domaine répressif -en concurrence sous certains points entre elles- et point comme des espèces de la sanction, notion déjà incorporée dans le système juridique.[53]

Comme maintenant le progrès de notre analyse le montre clairement, cette image défigurante de la réalité juridique est celle qui ressort de la jurisprudence, en partie excusable, soucieuse comme elle l'est d'apporter des solutions pratiques aux problèmes qui quotidiennement, de tout temps, se posent à

---

[52] V. Lytras, *La notion de sanction et la distinction fondamentale des sanctions, précité,* p.115 et s., p.134 et s.

[53] A ce stade d'ailleurs, chaque nouvelle apparition du phénomène répressif se confrontait, en fait, à la notion de la peine ; la question qui se posait étant bien si celle-là s'apparentait à la peine, affichant par rapport à elle un aliud ou non. Il n'est pas sans importance de remarquer que l'infraction disciplinaire était toujours indiquée en droit positif hellénique, à l'instar du délit correctionnel, comme délit disciplinaire, et il a fallu que presque deux siècles passent avant que le législateur ne la qualifie de contravention disciplinaire dans le Code de la Fonction Publique hellénique de 1999.

elle, mais aussi -chose curieuse- celle qui résulte de la doctrine vouée, elle, à donner aux données du droit positif leurs dimensions exactes, que ce dernier se manifeste à travers les textes normatifs ou des décisions de la justice.

b. La jurisprudence

aa. Les données

L'examen de la jurisprudence, tout au long de la période qui nous préoccupe ici, fait apparaître sans la moindre difficulté que la notion de sanction, au sens où nous l'entendons dans le cadre de ce travail, représente dans l'univers européen une réalité certaine en droit positif.

Ainsi, de façon nette, la notion de sanction se dégage de la jurisprudence du Conseil d'Etat français relative aux amendes infligées pour contravention de grande voirie. La rédaction de l'arrêt Gilotte du 8 mai 1896, précité, parle en termes très significatifs :

« Considérant -dit le haut tribunal après avoir évoqué les dispositions appliquées en l'espèce, suivant lesquelles étaient passibles d'amendes ceux qui provoquaient des dégradations aux ouvrages construits sur des rivières navigables et flottables- que dès lors, c'est avec raison que, par application de cet arrêt, maintenu en vigueur par la loi de 19-22 juil.1791, le sieur Gilotte a été condamné, solidairement avec le marinier à son service, non seulement à des dommages-intérêts pour la réparation des dégradations commises et aux frais du procès-verbal, mais encore au paiement d'une amende ; que, dans ces circonstances la requête doit être rejetée ».[54]

---

[54] Du même tribunal, v. encore l'arrêt Dem. Chauvin du 23.3.1906, S 1908.3.17, note Hauriou, au sujet des mesures répressives pouvant atteindre les usagers des services publics, des usagers des PTT en l'espèce, cité par J. Mourgeon op.cit. p.83, note 4, et J. P. Munch, *op.cit.* p.104.

De même, la notion de sanction ressort de façon extrêmement claire de l'arrêt 106/1894 de la Cour de Cassation hellénique où le haut tribunal pénal, au sujet des amendes infligées en vertu de la législation relative à l'imposition du tabac, énonce sans ambages : « Considérant que le moyen selon lequel le tribunal pénal ne pouvait pas infliger au demandeur une peine, étant donné que l'autorité administrative lui avait déjà infligé la peine d'amende prévue par l'art.12 de la loi BNE, doit être rejeté, vu que de l'art.4 de la loi ΑΠΘ, appliquée en l'espèce, il découle que l'application de la peine infligée par l'autorité administrative n'empêche pas la peine appliquée par le tribunal pénal pour les mêmes faits ». Tout en répondant, à l'occasion, par l'affirmative à la question si le principe « *ne bis in idem* » s'applique ou non au cas concret.

bb. L'évaluation.

Au terme de cette brève analyse, la conclusion à laquelle on est arrivé -après l'examen des textes instituant des mesures répressives infligées par des organes autres que les tribunaux pénaux et à plus forte raison, à celles appliquées par ces derniers- se confirme pleinement à travers l'analyse de la jurisprudence de la période envisagée : la sanction constitue, en tant que notion générique, une réalité certaine du droit positif dans l'univers européen.

Il est par conséquent, presque impensable, sinon illogique, en présence de telles données dont elle a pris pleine connaissance, que la jurisprudence n'en ait pas pu saisir, en tirant les conséquences nécessaires, le caractère primordial de la notion de sanction dans le domaine répressif et ainsi la vraie consistance de ce dernier, minimisant en fait -et on pense ici, en principe, aux données des tribunaux helléniques- toutes les manifestations répressives qui ne ressortissaient pas de la compétence des tribunaux pénaux, qu'elle traitait soit comme faisant partie du pouvoir exécutif reflétant une action administrative propre (aaa), soit -par excellence dans cette période- comme accusant un caractère réparateur (bbb)

L'écrasante présence de la peine, dominant à ses yeux complètement le domaine répressif,[55] en plus de quelques considérations pratiques qui doivent y être ajoutées, constitue une explication valable de cette attitude qui continue, cependant, pour nous au moins, à être considérée comme étrange.

(aaa) La première réticence de la jurisprudence à voir dans les sanctions infligées par l'Administration un élément du domaine répressif propre, tient au fait que sous l'influence de la doctrine, elle y voyait un moyen de pouvoir exécuter ses décisions, donc un moyen de faire exécuter la loi même qui est son domaine propre, son activité naturelle.[56]

On voit ainsi la Cour de cassation hellénique, à l'occasion d'une amende infligée en vertu de l'art.51 de la loi sur les Timbres, caractériser celle-ci comme une sorte d'imposition « qui a comme but de contraindre des fonctionnaires à accomplir leurs obligations découlant de cette loi spéciale »,

---

[55] Situation de souveraineté en faveur de la peine en droit répressif français, donc européen de la période examinée, ressortant pleinement des conclusions Romieu (affaire Société Immobilière Saint-Juste, Tribunal des Conflits arrêt du 12 déc.1902- Les Grands Arrêts de la jurisprudence administrative, Dalloz,16ème éd. 2007 p.70), quant lui, faisant abstraction de toute autre sanction, prend soin de noter que « Si la sanction pénale existe, l'exécution forcée administrative n'existe pas, en dehors des cas d'urgence, de sécurité que tout le monde est d'accord pour réserver ».

[56] V. Lytras S. *La notion des amendes administratives; la conformité à la Constitution de leur infliction* p.69, précité, et les références, surtout à l'œuvre de G. Vedel, *Droit Administratif*, Collection Thémis,4ème éd. p.10 et s. et 154 et s. qui y sont mentionnées.

nullement imposée « comme peine sous le sens propre de ce terme ».[57]

Plus frappante est, néanmoins, la vue erronée du phénomène répressif qui ressort de la position de la jurisprudence, concernant la nature de certaines mesures répressives, notamment celles du domaine fiscal.

(bbb)) C'est au sujet des sanctions infligées dans le cadre de la législation fiscale, en effet, que sa réticence, en cette période, fut plus tranchée, la jurisprudence ayant avancé la thèse que celles-là ont un caractère réparateur, soit pur -c'est le cas du droit hellénique-, soit mixte ; c'est le cas du droit français. De façon claire, ainsi, la Cour de Cassation hellénique Chambre civile),[58] qualifie une mesure répressive de pécuniaire (8πλουν τελώνιον), prévue en vertu des dispositions douanières (art.88 et s. de la loi du 19 mars 1834, « Organisation des douanes de l'Etat ») et infligée en vertu de celles-ci aux personnes ayant commis des fraudes douanières, comme réparation civile, en la différenciant nettement des peines, à savoir des sanctions pénales, avec lesquelles elles se trouvaient en cumul, au moins après 1877.

Traiter les sanctions fiscales comme des données à caractère réparateur est aussi le propre de la jurisprudence des tribunaux français, à ceci près cependant que pour elle, c'est le caractère mixte de ces sanctions qui prévaut. Voir ainsi, entre autres, Cass.Crim.19.8.1836 Baurin, S 1836.I .762, selon laquelle les

[57] ΑΠ 511/1924, THEMIS, ΛΕ (35), p.663. Il est vrai que cette attitude de la jurisprudence de s'appuyer sur le caractère contraignant -donc exécutif- des actes d'imposition, surtout individuels et ainsi les éloigner du domaine répressif, marque essentiellement la période d'après, qui a connu une ingérence plus forte de l'Administration dans ce domaine-là. Elle n'est pas, pour autant, totalement absente ici.

[58] ΑΠ 467/1878

amendes en matière fiscale, vu leur nature, « sont moins une peine que la réparation civile du préjudice causé à l'Etat par la fraude ; qu'elles sont donc plutôt réelles que personnelles ».[59]

Le caractère répressif de ces mesures, cependant, n'est pas inconnu, même de la jurisprudence hellénique et on l'a vu se dessiner clairement sous le libellé de l'arrêt 106/1894 de l'ΑΠ, précité.[60]

En définitive, l'attitude non cohérente de la jurisprudence envers la notion de sanction a eu comme résultat que le caractère répressif de mesures aspirant à ses caractéristiques reste longtemps de côté, et cela en dépit de sa présence forte que nous venons de constater.

Du coup, la jurisprudence s'est trouvée -quant au caractère répressif de ces mesures, voire de leur rôle dans la consistance du domaine répressif tout entier- constamment en confusion, sinon en erreur.

B. La doctrine

Malgré le fait qu'elle faisait recours au terme de sanction en la période envisagée,[61] la théorie n'a pas pu voir en elle la notion primordiale du domaine répressif, bien que son existence, même son autonomie, y était certaine, comme nous venons de le constater.

Deux raisons majeures, en effet, chacune d'elles ayant sa valeur propre, ne lui ont pas permis d'arriver à ce résultat, imposé cependant par l'analyse du droit positif.

---

[59] V. dans le même sens, encore Cass.Civ. 3 janv.1923, S.1923.I.63

[60] *Supra* p.41.

[61] V. ainsi H. Nezard. *Les principes généraux du droit disciplinaire*, Thèse Paris, 1903, p.9, qui distinguait nettement, entre sanction pénale, sanction civile et sanction professionnelle (disciplinaire), toutes étant pour lui des sanctions juridiques.

La première tient au fait que, de tout temps, la théorie n'y voyait que la caractéristique, le corollaire du droit même, l'existence de la sanction, synonyme de la contrainte, érigeant des règles, formulées par la société pour régulariser la vie des citoyens en règles de droit. L'intérêt des théoriciens ainsi vite tourné vers cet aspect de la sanction, permettant d'assurer la prééminence du droit, voire son existence même, son contenu répressif ne pouvait qu'être minimisé et privé d'importance. De la sorte, on a toujours eu de longues analyses sur l'influence de la sanction dans la notion de droit, mais point d'analyses sur son contenu en soi.[62]

La deuxième tient au fait que, nettement orientée vers la notion de peine, la doctrine portait son intérêt majeur sur celle-ci, représentant à ses yeux en matière répressive la notion de base du droit positif. [63] Ainsi effacée devant la présence de la peine pendant toute cette longue période, la notion de sanction n'a pas pu être décelée par la doctrine, hautement influencée -et donc victime, elle aussi en définitive -de l'écrasante présence de la peine.

Et cela encore même dans des cas où on l'a vraiment effleurée. Comme cela arrive avec Labbé qui, en donnant dans sa thèse la définition de la peine, donne en même temps, en

---

[62] On mesure bien cette attitude de la doctrine en voyant J. Rivero « Sur l'effet dissuasif de la sanction juridique » in Mélanges P. Raynaud 1985 p.675 et s., porter -à cette époque-là- le poids de son analyse sur cette caractéristique de la notion de sanction.

[63] Voir, à titre indicatif, M. Ghetat *Etude de pratique judiciaire et fiscale sur les amendes*, Thèse Grenoble, 1908 qui, tout au long de ce travail ne fait qu'opposer les données répressives qu'il examine, à la notion de la peine.

« Historiquement, et jusqu'à la fin du XIX siècle -dit de son côté Catherine Tzutzuiano, L'effectivité de la sanction pénale, Thèse Toulon 2015, p.2- la sanction est assimilée à la peine, la peine étant la seule réaction punitive prononcée par le juge pénal ».

substance, la définition de la sanction, voire de ses traits essentiels, présentés dans sa définition comme des traits de la peine, en fait une de ses subdivisions.[64] Ou avec R. Garraud pour qui « La peine consiste en un mal que subit le délinquant en raison de sa désobéissance à la défense ou à l'ordre de la loi : elle a donc le caractère d'une sanction »,[65] allant même au point de caractériser la peine comme « une sanction tout à fait spéciale, qui n'est prononcée qu'à raison de certaines violations de l'ordre juridique », donc comme une notion subalterne de la sanction.[66] Des travaux scientifiques sans liaison évidente avec la notion de la peine ne manquent pas pendant toute cette longue période. Elles concernent cependant des domaines répressifs particuliers dans lesquels la doctrine voyait des catégories de répressions autonomes -par rapport à celle de la peine- et point de démembrements, de subdivisions, de la notion même de sanction. Ainsi, si l'on a des contributions

[64] « Une peine -écrit E.-H. Labbé, *Amende pénale et amende fiscale*, Thèse Lille, 1894. p.1- c'est un mal infligé par la société à un individu coupable d'une infraction à la loi dans le but de prévenir toute récidive de sa part et d'intimider ceux qui seraient tentés de l'imiter ». On se trouve devant une vraie définition de la sanction, les références de l'auteur quant au but de la peine ne pouvant obscurcir les choses, non seulement parce que ce but est présent dans toutes les mesures répressives, mais en plus parce que le but vers lequel tend la peine, représente un trait, non de sa définition, mais de sa fonction. -V. sur ce point S. Lytras, La notion de sanction et la distinction fondamentale des sanctions, précité, p.84 et s.- Par ailleurs, Labbé tout au long de sa thèse, à chaque fois qu'il se réfère soit aux positions de la doctrine, soit à celles de la jurisprudence et parle de la peine, ne fait en fait que photographier la sanction, au sens que nous l'entendons dans ce travail.

[65]R. Garraud, Traité théorique et pratique du droit pénal français, Tome Deuxième, Troisième éd.1924, Sirey, p.70 par. 462.

[66] Ibid. D'autant, cependant, qu'il entend ce terme dans le contexte répressif, parce qu'il y range, entre autres, aussi (ibid) les nullités et les réparations.

importantes concernant les sanctions, à part notamment disciplinaires ou fiscales, aucune d'elles ne portait sur la notion générique de la sanction[67], laissant ainsi de côté l'adage de Bacon pour qui, cité par Nezart,[68] « Diviser n'est pas savoir, savoir c'est unifier ».

Cette attitude défaillante de la doctrine ne se vérifie pas seulement dans les cas évoqués ci-dessus, aussi bien -d'une façon ou d'autre- que dans de rares apparitions de mesures répressives en droit positif, autres que strictement pénales qui, poussées à une conception d'ensemble, pouvaient faire déceler l'existence de la notion de sanction.[69]

Elle est présente aussi dans des cas où l'adoption dans une large mesure des sanctions infligées par des organes, autres que les tribunaux pénaux, bien qu'en substance du même type que les peines, donnait à réfléchir et même à en saisir l'existence dans l'Etat considéré d'un domaine répressif à part, distinct -en partie du moins, vu notamment les conditions de consta-

---

[67] V. ainsi H. Nezard, Thèse précitée, Hochstaedter Ern., *Die rechtliche Natur der Disziplinarstrafe. Insbesondere der Disziplinarstrafe gegen Beamte.* Diss. Goetingen 1896, R. Bonnard, *De la répression disciplinaire des fautes commises par les fonctionnaires publics*, Thèse Bordeaux 1903, E.-H. Labbé, Amende pénale et amende fiscale, Thèse précitée.

[68] H.Nezard, *op.cit. p.*5.

[69] Assez caractéristique sur ce point, la position de R. Bonnard, Thèse précitée p.5 et s., qui distingue nettement entre répression disciplinaire, à laquelle il reconnaît également un caractère afflictif, et répression pénale, sans s'occuper de la notion de sanction, tout en utilisant ce terme en parlant de sanction afflictive et tout en s'alignant -s'agissant des sanctions disciplinaires- sur la terminologie pénale en parlant des peines. Aussi caractéristique la thèse de H. Nezard, *op.cit.* p.174, qui trouve normal d'utiliser l'adjectif pénal avec le terme de peine -en juxtaposition et en comparaison à la peine disciplinaire- sans s'apercevoir qu'ainsi c'est la notion de sanction qui s'esquisse, le terme de peine n'ayant pas besoin d'être accompagné d'adjectif, désignant carrément une mesure répressive infligée par des tribunaux pénaux.

tation et d'application des sanctions concernées- du domaine pénal.[70]

Même dans ce cas, en effet, le discours scientifique fut porté à son tour sur la distinction de ce domaine par rapport au domaine strictement pénal et sur celui des notions qui les animaient, en principe peine ou sanction administrative et point sur la notion générique de sanction et les conséquences de son existence en droit positif.

Comme l'écrivait fort bien Mourgeon en 1967 en commentant la fin de la période qui nous préoccupe ici, « Il y a seulement trois décennies, utiliser sans réticence les vocables que l'on trouvera maintes fois au long de ces pages » -il songeait en principe à l'expression « répression administrative »- « eût été interprété comme un non-sens… En disant "droit pénal" et "sanction pénale", on croyait avoir épuisé, ou presque, le phénomène répressif développé sous l'impulsion et la surveillance de l'autorité publique. La réalité n'offrait pas matière à un enrichissement du vocabulaire juridique ».[71]

Chose encore plus importante, la doctrine n'a pas pu saisir la notion de sanction même là où le discours scientifique est amené à admettre l'existence d'un délit administratif essentiellement différent du délit pénal -un aliud- en conséquence, même de nature qualitativement autre, la notion de sanction aurait pu en ressortir, suite normale en tant que réponse de la

---

[70] V. On songe notamment ici à l'ordre juridique autrichien qui plongeait ses racines dans le siècle précédent et connaissait un pouvoir sanctionnateur en faveur de l'Administration active, bien qu'institutionnalisé en 1925 par la *VstG*- le dotant d'une partie générale contenant des règles appliquées à toute sanction infligée par l'Administration et jouant ainsi, en partie au moins, le rôle d'un vrai Code- V. sur ce sujet en détails H. Mattes, *Untersuchungen.... erster* Band, 1977, p.183 et s., Fr. Moderne, *Sanctions administratives et justice constitutionnelle*, précité, p.7 et s., entre autres.

[71] J. Mourgeon op.c. p.10.

société contre ces deux délits.

Comme cela est arrivé en Allemagne, s'agissant du discours scientifique développé sous l'impulsion de l'œuvre de J. Goldschmidt [72], la doctrine limitant son intérêt à la distinction entre ces deux cas,

Goldschmidt, en effet, devant de nouvelles réalités poussant l'Administration et l'Etat plus généralement à développer, en vue du bien commun, une action plus énergique nécessitant de leur faire endosser des pouvoirs répressifs, en partant d'une approche historique et comparative et en arrivant à l'idée d'une différence qualitative entre « *Straftaten schweren* » et « *Straftaten leichten* », « *einfachen* », interprète cette différence « *als Gegensatz zwischen Verfassungs-und Verwaltungsstrafrecht* », la Constitution représentant l'ordre juridique (*Rechtsordnung*), l'Administration, quant à elle, orientée vers le bonheur de la Société humaine (*Wohlfahrsforderung*).

Or, la violation de l'ordre juridique constitue un délit *(Unrecht, Rechtswidrigkeit)* contre lequel la Société réagit avec la peine. Par contre, si quelqu'un agit contre la volonté de l'Administration ou ses ordres, il rend caduque son action en faveur du bonheur de la Société, et manque (Unterlassung) à son concours à une action dirigée vers le bonheur commun. Le résultat est que le droit pénal administratif est un *« Pseudostrafrecht» et die Verwaltungsstrafe «enthält... prinzipiell nicht, wie die Rechtsstrafe,die Beeinträchtigung des Rechtssphäre eines Willensträgers, sondern Maassregelung eines Hilfsorgans* ». (V.J.Goldschmidt op.cit. p.552 ,554 et nos références infra note 73).

---

[72] V. J. Goldschmidt, Das Verwaltungsstrafrecht (1902), E.Wolf, « Die Stellung der Verwaltungsdelikte in Strafrechtssystem », Festgabe für Reinhard v. Frank II, p.517-588, Tubingen 1930, E. Schmidt, Das neue westdeutsche Wirtschaftsstrafrecht, 1950.

Quoi qu'il en soit, et sans entrer dans plus de détails,[73] on constate que contre ces deux types de délit, qui se différencient qualitativement entre eux selon la théorie de Goldschmidt,[74] sont appliquées deux types de sanctions (Verwaltungsstrafe et Rechtsstrafe), chose qui aurait permis à la doctrine de procéder à la révélation du caractère propre, autonome, de la notion de sanction et du rôle principal de celle-ci dans le droit répressif en tant que notion générique (mère) et ainsi, en conséquence, de la mettre à la base de toutes les analyses scientifiques ayant comme objet l'ensemble des mesures répressives prévues et infligées par des organes publics en tant que réaction contre l'illicite, voire le domaine répressif tout entier.

Chose plus grave encore, la doctrine allemande n'a pas poussé la sanction au sommet du domaine répressif même quand, abandonnant sa thèse de jadis, elle avait admis qu'entre les deux types de délit n'existe qu'une différence quantitative,

---

[73] V. une approche plus détaillée sur l'œuvre de Goldschmidt in S. Lytras, La responsabilité pénale des personnes morales et la notion de sanction, précité, p.44 et s. V. sur ce sujet, avec profit, aussi, Fleiner F. Institutionen des Deutschen Verwaltungsrechts,8ème éd. Tübingen 1928, traduit en langue hellénique par G. Stymfaliades, p.197, note 7.

[74] Différence portant sur l'intérêt protégé consistant dans le cas des comportements jugés criminels en la violation de ses intérêts juridiques (*Rechtsgüter*), condition n'existant pas dans le délit administratif, où l'on est devant une omission de prêter son soutien à l'Administration pour atteindre ses objectifs (*Verwaltungsgüter*), différence irradiée par ses adeptes, notamment E. Schmidt et E. Wolf, tant sur le contenu de l'illicite que sur son imputation.

V. sur ce point -entre-autres- S. Lytras, *La notion des amendes administratives; la conformité à la Constitution de leur infliction,* précité, p.232 note 48. Que la théorie de Goldschmidt, d'ailleurs, ayant une grande répercussion à la doctrine, n'a pas eu la moindre influence sur le législateur, même dans le cas des *OWI*, ses idées figurant seulement dans les projets des lois (*Entwürfe*) Mattes, *op.cit. erster Halbband* p.150.

qu'elle a même précisée comme une différence de sanction.

Du moment qu'elle caractérisait chaque réponse à l'illicite de quantitative, il est au moins curieux qu'elle n'ait pas rangé les deux réponses répressives sous ses yeux dans une et même plus vaste catégorie, celle de la sanction.[75]

Encore inapte à penser, à l'instar de la jurisprudence des temps qui suivirent, et à tirer du droit positif cette vérité, excellemment exprimée dans l'arrêt 27.18 (29) du B.Verf.G, quand ce dernier, adoptant en substance une thèse égale à celle que nous soutenons ici, énonçait :

« Schwiriger ist es die exacte Grenzlinie zwischen dem Kernbereich des Strafrechts und dem Bereich der blossen Ordnungswidrigkeiten zu ziehen, zumal in diesen Grenzbereich die in der Rechtsgemeischaft herrschenden Anschauungen über die Bewertung des Unrechtsgehaltes einzelner Verhaltensweisen in besonderem Masse dem Wechsel unterworfen sind ».

Conclusion

Vu l'état du droit positif qui ressort nettement, aussi bien des textes que -sinon en affluence- de la jurisprudence, ayant vu le jour dans l'espace européen lors de la période envisagée, l'affirmation qui s'impose à nous est que la notion de sanction y constitue une réalité certaine.

La présence, cependant, de la peine, considérée comme l'incarnation même du phénomène répressif, a fait que des manifestations nouvelles de ce phénomène passaient comme de nouvelles apparitions de notions à contenu répressif dans ce

[75] Une antinomie certaine, que nous avons d'ailleurs bien décelée dans notre étude « La responsabilité pénale des personnes morales et la notion de sanction » précitée, p.47 note 42, celle de caractériser les réponses répressives à l'illicite comme des données à caractère quantitatif et en même temps ces données comme qualitativement différentes, explique sans doute cette prise de position.

domaine et non comme des manifestations d'un phénomène déjà apparu et connu. De sorte que devant une nouvelle apparition du phénomène répressif, la question qui effectivement se posait était bien si celui-ci s'apparentait à la peine, en constituant -ou non- un aliud par rapport à elle.

Ainsi, la notion de sanction, entièrement étouffée, pendant tout ce stade, par celle de la peine et restant en fait dans l'obscurité, n'a pas pu montrer son vrai visage, la jurisprudence et aussi la doctrine hautement influencées, sinon dominées elles aussi par la présence de la peine, n'ayant pu l'aider à hisser à la surface ses caractéristiques toujours bien cachées et en conséquence, la faire sortir de cette situation néfaste.

Sous la domination écrasante de la peine, ce stade primitif a pu durer, au moins dans le plus grand nombre de pays européens, tout le long du XIXe siècle et d'une grande partie du XXe. C'est sous l'influence de facteurs nouveaux et divers, ayant conduit à la formation de tout un autre domaine répressif à côté du domaine traditionnel, dominé par l'arsenal pénal, que cette situation a pu changer, les choses étant passées par la suite, du stade que l'on peut nommer de l'émergence de la notion de sanction de son état de notion ignorée, à celui d'une sorte de coexistence, de cohabitation, avec la notion de sanction pénale, sa rivale.[76] Stade, auquel est réservé la suite de notre exposé.

---

[76] La notion de sanction étant la notion primordiale, la notion mère, dont la peine ne constitue qu'une simple subdivision, il s'agit, en réalité, d'une rivalité apparente, fausse, aucune d'elles ne pouvant pas, par la force des choses, voire de la pure logique, exister l'une sans l'autre. La présence de la peine a eu pour résultat tout-à-fait différent, ainsi que nous venons de le constater, de faire cantonner la notion de sanction longtemps dans l'ombre, situation dont cette dernière est sortie lentement au cours de la période que nous allons approcher.

Section II : Casser les œufs : La cohabitation.[77]

Les manifestations du phénomène répressif dans l'espace juridique européen -en plus de celles concernant le strict domaine pénal- précédemment évoquées, nous ont effectivement permis d'y repérer la notion de sanction et la montrer présente

---

[77] Il devient clair, pour poursuivre nos pensées évoluées ci-dessus (*p.44 et s.*), qu'à première vue, c'est d'une façon arbitraire que nous parlons de cohabitation au sujet des relations peine-sanction, ce terme trouvant son sens, s'agissant du rapport peine-sanction administrative qui -cette dernière, bien que non souvent introduite en droit positif, du moins en ce temps-là- nous permet de parler dès à présent de cohabitation entre celle-ci et la peine.

Si l'on y recourt, néanmoins, c'est uniquement pour mettre l'accent sur le fait que la prolifération de la notion de sanction administrative gagnant de l'importance, elle a fini par mettre en lumière les traits caractéristiques du domaine répressif qui -communs à plus d'un des objets qui le composent- révèlent la pierre angulaire de ce domaine, son fondement qui est bien la notion de sanction, devenant de la sorte et de quelque façon, la cohabitante avec la peine dans le domaine répressif.

Il saute aux yeux, en effet, que si l'on avait affaire à la sanction administrative et son rapport avec la notion de la peine, notre préoccupation serait pratiquement sans objet, étant donné, qu'aujourd'hui au moins, on peut sans difficulté parler de cohabitation entre elles, le recours à la sanction administrative, en tant que donnée du droit positif, accusant un point élevé et important. Image qui ne semble pas facilement changer dans l'avenir, sauf à voir un jour soit les sanctions administratives remplacer entièrement la peine, soit cette dernière reprendre de nouveau sa place de jadis.

En définitive : bien que contribuant de façon décisive à la destitution de la peine de sa place de notion principale du domaine répressif, la sanction administrative n'est cependant pas la rivale de la peine, occupant à son tour une partie seulement de ce domaine. Sa vraie rivale -donc au fond sa cohabitante- dans la lutte pour la primauté est bien, comme nous venons de le préciser dans ses dimensions exactes ci-dessus (v. note 76), la notion de sanction, à l'émergence de laquelle la forte présence en droit positif de la sanction administrative a joué un rôle décisif.

dans toute la période examinée.

Et, de plus, elles n'étaient surtout pas en mesure de contester la position dominante de la peine dans ce domaine, encore moins de faire priver cette dernière de sa prépondérance.

Il a fallu ainsi attendre l'apparition, aux alentours de la seconde guerre mondiale ou un peu avant, dans certains ordres juridiques, des cas clairs de sanctions connues aujourd'hui comme des sanctions administratives, pour que les choses commencent à changer, (A). Un fort mouvement de dépénalisation, apparu dans certains autres ordres juridiques, a constitué également dans la même période un facteur de changement, (B). Affichant toujours une originalité, le cas de l'Autriche mérite d'être cité à part, pas unique cependant (C).

A. La présence accusée des sanctions administratives.

Bien qu'isolées -et on l'a vu clairement- des cas de sanctions infligées par l'Administration sont présents dans la période examinée dans la Section précédente.

Ainsi, l'importance de nos analyses présentes se trouve dans le fait, qu'à l'époque ici examinée, la recherche décèle des cas de sanctions qui, sortant plus ou moins de leur isolement, commencent à former la catégorie des sanctions communément appelées aujourd'hui « sanctions administratives ». Sans cependant être à même de contester l'hégémonie de la peine en droit répressif.

On fait état de cas appropriés dans le paragraphe qui suit (a. Les faits), avant de procéder par la suite à leur évaluation (b), aussi bien qu'à l'approche doctrinale en la matière. (c)

(a) Les faits

(aa) Les textes.

1. La législation hellénique d'avant la seconde guerre mon-

diale sur les pharmacies offre un cas caractéristique d'adoption par le droit positif de sanctions, nettement distinctes de celles infligées par des tribunaux pénaux, sans que l'on puisse les expliquer par des raisons de nécessité ou d'anomalie, dont parlait J. Mourgeon en se référant à des cas de répression administrative pour la période précédant 1939.[78]

Poussé, en effet, par le besoin de se tourner vers un nouveau type de répression que celui représenté par les sanctions pénales classiques, le législateur grec a procédé à l'institution de sanctions rentrant aisément dans la catégorie des sanctions administratives, appelées à remplacer, en partie au moins, les sanctions pénales.

Très caractéristique en ce sens l'art. 5 du DL 6-11/9 Dec. 1925 « Inspection des pharmacies et des pharmacies de commerce ». Or, en vertu de ce DL -comme également des dispositions des lois, qui ont suivi- à la place des sanctions prévues par le décret « Règlement sur les Pharmacies » du 5-9/3-10-1861 et les dispositions de la loi No 1626 du 3-7 janvier 1919 « Vente de poisons et inspection des pharmacies » et ressortissant de la compétence des tribunaux pénaux, sont instituées des amendes pécuniaires infligées par le Ministre de la Santé, organe par excellence appartenant à l'Administration active.

La loi 4862/31 « Des écoles étrangères » en son article 2 prévoit également des amendes administratives, comme par ailleurs la loi 4581/1930 « De la communication postale », en son article 13.

S'agissant de la France, c'est la législation concernant les activités économiques, adoptée à l'époque de la seconde guerre mondiale, qui constitue le terrain privilégié de cette évolution. L'Etat français, en effet, obligé de faire face aux nécessités de cette guerre, a dû procéder à la création d'institu-

[78] *Supra* p.36 note 43.

tions nouvelles et les doter de moyens aptes à les faire réussir à leur œuvre.[79]

Ainsi, organes du pouvoir exécutif, les impératifs du régime de Vichy allant du dirigisme au corporatisme, sont dotés de moyens forts de répression, en dehors des domaines habituels (fiscal et disciplinaire).

Un exemple caractéristique offre à cet égard la législation sur la répartition des produits industriels,[80] réservant sous des titres divers aux organes administratifs propres, comme le Ministre de l'Industrie et du Commerce ou aux organismes agissant sous leur contrôle, dont les fameux comités d'organisation ou l'office central de répartition, des pouvoirs répressifs, notamment ceux d'infliger des sanctions, allant d'amendes à l'interdiction pour les dirigeants d'entreprises d'exercer une activité professionnelle ou même à la fermeture de l'entreprise. La guerre finie, le phénomène -on parle surtout de la France- un certain temps estompé, a repris après les années 1950 et cela pour des raisons différentes. La principale, en dehors du domaine de l'économie où les impératifs du dirigisme, du moins d'un interventionnisme accusé, manifestaient toujours leur présence, tenait à l'insuffisance de l'appareil répres-

[79] De l'avis général cette période commence en 1939, année à laquelle a vu le jour le DL 9.9.1939 portant réglementation des prix. Ainsi J. Mourgeon (op.cit. p. 86 note 11), G. Viché, *La sanction professionnelle Notion du droit administratif* nouveau, Thèse Montpellier, 1948, p.33, J. P. Munch op.cit. p.5. Pour sa part, G. Morange, note sur CE Chaverou, 11 août 1944, R. Dalloz 1945 Jurispr. p.228 et s., qui -refusant en quelque sorte leur autonomie en tant que catégorie juridique, accordant aux sanctions administratives un caractère disciplinaire- met l'amorce de cette tendance en principe en 1940, date à laquelle d'après M. Waline, Manuel élémentaire de droit administratif, quatrième édition, Sirey1946, p.367, «...les sanctions administratives ont pris brusquement une grande extension ».

[80] En principe, L.10 Sept.1940, mod. par L.19 Jan.1943 et après la guerre par L.29 Juillet 1947

sif pénal -constitué du Parquet et des Juges Pénaux- pour faire face, avec les moyens dont ils disposaient (le Codes Pénal et celui de Procédure Pénale notamment), à des situations et à des problèmes nouveaux, demandant des processus plus énergiques et moins diffamants.

On ne pouvait ainsi, le pensait-on du moins, -démunis devant la façade de la personnalité de la peine, jugée comme destinée à être appliquée uniquement aux personnes physiques- affronter la « délinquance » des personnes morales ; tout en ne voulant pas d'autre part que la réaction sociale passe par le biais des seuls tribunaux pénaux, comportant d'une façon ou d'une autre un degré de diffamation sociale pour ceux qui passent à la barre, qu'ils soient punis ou non.

La conséquence en fut de voir la sanction administrative occuper constamment -que ce soit en continuation de la législation du passé ou en vertu des dispositions nouvelles- les domaines les plus variés. Ainsi, si elle ne connaît pas en cette période l'essor qu'elle devait connaître par la suite, notamment après les années 1960-1970, sa présence dans des domaines tels que celui des transports, de la circulation automobile, de l'activité bancaire, des ordres professionnels et par excellence celui de l'économie, est toujours manifeste.[81]

2. L'entrée de la sanction administrative dans le terrain répressif a pris deux directions principales.

Tout d'abord la sanction administrative s'est vue apparaître dans des domaines où la réaction pénale ne fut jamais manifeste.[82]

Ensuite, elle a été présente dans des domaines dominés

---

[81] J. Mourgeon, *op.cit.* p.89 et s. M. Ghenima, *Les sanctions administratives en dehors de la fonction publique*, Thèse Bordeaux, 1955 p.51et s..

[82] V. sur ce point, S. Lytras, *La notion des amendes administratives; la conformité à la Constitution de leur infliction, précité,* p.4 note 14 et les références qui sont là mentionnées.

jusque-là par la notion de peine qu'elle remplace entièrement ou en partie. Exemple caractéristique de cette dernière évolution, emprunté au droit hellénique, la législation sur la protection des Antiquités qui, en sa première forme, prévoyait uniquement des peines (L.BXMΣT /1899, « Des Antiquités », art. 6,7,10, entre autres ; par la suite V.L .5351/1933 « Des Antiquités » a prévu à leur place, tant des peines (art.2,3), que des sanctions administratives (art.2).[83]

Dans le même ordre d'idées, on peut citer ici, tiré du droit français, le cas des sanctions appliquées aux infractions du code de la route qui sont, soit pénales, soit administratives.[84] De même que le cas de la répression des infractions en matière d'économie qui, à la suite de l'ordonnance du 30 juin 1945, fut partagée entre l'Administration et le pouvoir judiciaire.[85]

3. De ce bref tracé, une conclusion simple s'impose. Lentement mais constamment et sans interruption, la notion de sanction administrative devient un élément certain et à la fois important du domaine répressif de la période envisagée.

Si elle ne peut encore rivaliser avec la sanction pénale, donnée répressive en prééminence dans ce domaine, elle y trouve cependant une place à son côté.

Conclusion qui se dégage, aisément, de la jurisprudence de cette même période.

(bb) La jurisprudence

L'examen de la jurisprudence de la période envisagée prouve que la notion de sanction constitue, dans l'univers eu-

---

[83] V. là-dessus Lytras, La notion de sanction et la distinction fondamentale des sanctions, précité, p.121, note 6. Encore que ces phénomènes sont en pleine expansion dans le stade d'après, stade final de l'évolution.

[84] F. Moderne, *op.cit.* p32.

[85] J. Mourgeon, *op.cit. p*.89.

ropéen, une donnée certaine du droit positif en cette période.

Caractéristique de cette évolution, et même dans un temps avancé, en est le libellé de la décision No 626/1931 de l'Assemblée du Conseil d'Etat hellénique, dont la notion de sanction ressort sans la moindre difficulté :

« Considérant -lit-on dans l'arrêt- que la prétention du requérant que le retrait de son permis de conduire et des documents du véhicule constitue une privation de sa fortune qui, d'après l'article 19 de la Constitution, est permise uniquement après indemnisation totale, n'est pas fondée, étant donné que le retrait, tant du permis de conduire que des documents du véhicule, sont la sanction de la violation par lui des règles en vigueur concernant la circulation de l'automobile en tant que peine spécialement prévue par la loi, par conséquent ce moyen doit être rejeté ».

La notion de sanction ressort, aussi, aisément de la jurisprudence du Conseil d'Etat hellénique, relative aux différends nés de l'application des dispositions de la législation sur les pharmacies :

« Considérant » -lit-on dans l'arrêt 32/1957 de son Assemblée- « que d'après l'art. 8 de la loi…1844/1939 … le chef du service de contrôle des pharmacies, comme aussi les inspecteurs, ont le droit d'entrer dans les pharmacies et de noter dans un registre rédigé à cette fin, chaque contravention qu'ils constatent », registres, qui, par la suite, en vertu de l'art.11 de la même loi- « sont envoyés au Ministère par le chef du service de l'Inspection qui propose les peines à appliquer », lesquelles sont, d'après l'art.13 de la même loi, infligées « par le Ministre de la Santé ».

Sans le moindre rapport avec les peines appliquées par des juges pénaux, la preuve en est que leur application est confiée à une autorité administrative par excellence, comme le Ministre, il est légitime de penser que le terme peine était ici pris comme l'équivalent du terme sanction, au sens que nous l'entendons dans le cadre de ce travail, donc de conclure que la jurisprudence hellénique, par le biais de la reconnaissance du caractère répressif des mesures autres que celles infligées par des tribunaux pénaux, met en relief l'existence, en droit positif, d'une notion autonome de sanction, englobant en tant que telle toutes mesures répressives répondant à ses traits.

Mettant l'accent sur l'indépendance entre sanctions administratives et peines judiciaires, le CE français -sans le dire expressément- reconnaît à son tour l'existence autonome de la notion de sanction. C'est ce que nous pouvons tirer du libellé de son arrêt Chaverou du II août 1944[86] où l'on lit : « ….Que le fait qu'à la suite d'une plainte au parquet déposée contre lui par cette administration, il (Sieur Chaverou) a bénéficié d'une ordonnance de non-lieu, n'est pas de nature, en raison de l'indépendance des sanctions administratives et des peines judiciaires, à entacher d' illégalité l'arrêté par lequel le préfet a ordonné la confiscation d'une partie des marchandises qu'il détenait, et la décision par laquelle le préfet a refusé de rapporter cette mesure ».

Egalement caractéristique de l'état de cette époque, issue de la législation concernant la répartition des produits industriels (loi du 29 juillet 1943, modifiée), la position du Conseil d'Etat français de 12.5.1950 sur l'affaire S. Marcaillou R.p.280, à l'occasion de laquelle et, en se référant aux pouvoirs que le Ministre compétent peut déléguer à d'autres Organes de l'Administration, le Haut Tribunal prend soin de noter : « Considérant d'autre part qu'il résulte de l'instruction que le chef du

[86] Rec. Dalloz 1945 Jur.p.228 note G. Morange (précité).

service juridique et financier du ministère de l'Industrie et du Commerce, auteur de ladite décision a reçu délégation du Ministre par un arrêté en date du 15 nov.1947 pour signer toutes décisions de sanctions prises au titre de l'art.14 de la loi du 29 juillet 1943 », dissociant ainsi nettement la notion de sanction de celle que représente chacune de ses subdivisions.[87]

Mais c'est à l'occasion de l'arrêt Dame Veuve Trompier-Gravier du 5 mai 1944 que le Conseil d'Etat français approche de façon exemplaire le concept de la notion de sanction, en précisant que les droits de la défense devaient être appliqués au retrait d'une autorisation, du fait que celle-ci présentait dans les circonstances de l'affaire le caractère d'une sanction. [88]

« Cons. -dit l'arrêt -qu'eu égard au caractère que présentait dans les circonstances susmentionnées le retrait de l'autorisation et à la gravité de cette sanction », arrêt, que l'on doit lire à la lumière des conclusions Chenot[89], selon lequel « lorsque une décision administrative prend le caractère d'une sanction et qu'elle porte une atteinte assez grave à une situation individuelle, la jurisprudence exige que l'intéressé ait été mis en mesure de discuter les motifs de la mesure qui le frappe ».

Malgré le fait que l'existence, dans le cas concret, de la notion de sanction faisait typiquement défaut, la mesure prise n'étant pas prévue comme telle dans l'ordre juridique intéres-

---

[87] Conclusion nettement renforcée par le considérant du tribunal selon lequel-ibid- « Cons., d'une part, que les règles du droit pénal ne sont pas applicables par elles-mêmes aux décisions des autorités administratives infligeant des amendes administratives et qu'aucun des textes spéciaux régissant la procédure de ces sanctions n'exige que les décisions qui les infligent visent les textes dont elles font application ».

[88] CE Sect. 5.mai 1944, Dame Veuve Trompier-Gravier, Rec.p.133, GA 16ème éd. p. 357 et s.

[89] D.1945.110, RDP 1944.256

sé, ce qui constitue en droit positif l'un des éléments essentiels de cette notion,[90] l'arrêt garde toute son importance, la conception de la notion de sanction y étant manifeste.

On doit cependant noter que même en cette époque, l'intime conviction de la jurisprudence que le domaine répressif est indissociablement lié à la peine reste intacte. Ainsi c'est à la peine que se compare la sanction administrative comme nous venons de le constater à l'occasion de l'arrêt Chaverou du II août 1944, préc.[91], tandis que la même impression ressort de la jurisprudence concernant la matière fiscale, lorsque l'on lit dans l'arrêt de la Cour de Cassation du 15.dec. 1953[92] :

« Attendu que les amendes dans la matière d'enregistrement sont moins des peines que les réparations civiles à raison du préjudice éprouvé par l'Etat et que le droit à les obtenir est acquis, dans les limites fixées par la loi, dès la contravention ». Encore que l'on pourrait avancer qu'ici le tribunal touche au cœur du problème en tirant une ligne directe entre la notion de sanction, au sens que nous l'entendons dans le cadre de ce travail, et le terme de peine.

(cc) L'évaluation

L'envahissement progressif du terrain répressif par la nouvelle venue que constitue la sanction administrative, présente dans un grand nombre de textes, ajouté à l'existence dans ce domaine des manifestations répressives connues de la période préexaminée, fut plein de conséquences. Remplaçant ou en cohabitation avec la notion de peine, l'insertion de la

---

[90] Infra p. 202. V. encore sur ce point S. Lytras, La notion de sanction et la distinction fondamentale des sanctions, p.36 et s, précité.

[91] *Supra* note 86

[92] Cass.Crim.15. déc.1953, JCP La semaine juridique 1954 II Jur. 8020 observations D.L.

sanction administrative dans le terrain répressif met en relief l'existence autonome de la notion de sanction en droit positif et l'érige -émergée de sa léthargie- en notion principale de ce terrain, englobant, comme mesures répressives d'importance, tant celle-ci que la sanction pénale. La présence de la sanction administrative dans le domaine répressif devenue définitive, du coup l'image, même la consistance de ce domaine change complètement.

Bien que le plus souvent inconscient, le rôle de la jurisprudence, attachée encore aux anciens concepts, dans cette émergence fut décisif, la notion de sanction figurant, comme nous avons pu le constater, nettement dans son œuvre, voire dans ses décisions.

S'agissant, même, de la jurisprudence du Conseil d'Etat hellénique, nous pouvons affirmer que sa création en 1928, a pu donner une poussée très forte à ce processus, encore que cette jurisprudence -comme d'ailleurs celle des autres pays européens- n'en a pas pu tirer toutes les conséquences logiques. Il est choquant de constater en effet, devant des données si claires, que la jurisprudence continue à affirmer que certaines mesures présentent un caractère mixte ou à se demander si une mesure constitue une sanction ou pas.

b. La doctrine.

Etant d'habitude en avance sur la jurisprudence, cette dernière cherchant en principe des situations plus ou moins stables, on s'étonne que la théorie de l'époque envisagée n'ait pas pu, devant des manifestations du droit positif tellement claires, en tirer les conclusions qui s'imposaient.

La cause est que, en insistant toujours pour comprendre les données du droit positif à travers des concepts prévalus dans la période précédente, la doctrine s'est montrée, naturellement, inapte à saisir ces données-là.

Ainsi, en s'occupant en premier de la sanction en tant que corollaire du droit et en mettant en exergue sa force de contrainte, la théorie n'a pas pu pousser la démarche scientifique jusqu'à aller au contenu répressif même de la notion.

Un exemple caractéristique en offre, ici, l'approche de J. Mourgeon qui, dans sa thèse consacrée à la répression administrative, ne s'y réfère que comme facteur de l'efficience des normes juridiques. « Toute norme -écrit-il[93]- peut être assortie d'une contrainte matérielle. Si l'on préfère, il n'est pas de norme qui ne comporte la possibilité d'une sanction ». Ce sont d'ailleurs les caractéristiques propres de cette contrainte qui expliquent à ses yeux la primauté de l'ordre juridique de l'Etat sur les ordres juridiques inférieures à lui.[94]

De même, toujours sous l'influence du concept de la peine, représentant principal du domaine répressif, la doctrine, pendant cette période également, se voit empêchée de s'occuper vraiment de la sanction, comme catégorie autonome du domaine répressif, digne d'un examen propre à elle. En effet, dans toutes les recherches ayant comme objet ce domaine, le terme de sanction fut en outre accompagné d'un qualificatif, soit disciplinaire, fiscal, civil, administratif, toujours en opposition, caché ou visible, ou pénal.

Un cas caractéristique vient de l'approche de J.P. Munch qui, bien qu'il distingue entre sanctions pénales, civiles, disciplinaires et administratives, ne sent pas le besoin de définir la notion de sanction -ne serait-ce que celle à caractère répressif- qui de façon claire ressort de son œuvre, étant manifestement

[93] J. Mourgeon *op.cit. p.*41

[94] J. Mourgeon *ibid.*p.42

tributaire des traits qui permettent à certaines mesures répressives d'être qualifiées, soit de sanctions pénales, soit de sanctions administratives, et ainsi de suite.[95]

Telle est aussi l'attitude de M. Ghenima qui, dans sa thèse, passe directement à l'approche de la notion de sanction administrative, y compris de sa distinction de la peine, de sa nature et de ses classifications, et enfin à la procédure qui conduit à son infliction et au contentieux y afférent, sans la moindre référence à la notion de sanction en soi.[96]

L'attitude de la doctrine est d'autant plus inconcevable lorsqu'elle emploie le terme de sanction sans qualificatif, sans se rendre compte qu'en le faisant, elle admet que ce terme reflète une notion autonome.

L'approche de J.P. Munch, portant sur le but comme critère possible de la notion de sanction administrative, est à cet égard significative.

« La création d'une sanction -écrit-il-[97] poursuit toujours l'un ou l'autre des objectifs suivants….. » pour continuer : « Il est enfin des cas où les sanctions sont en même temps répressives et réparatrices » [98] et pour finir « En conséquence, on ne peut pas considérer comme un critère décisif le but que poursuit la sanction ».[99]

De même J. Mourgeon, bien qu'il fasse recours au seul terme de sanction, le conçoit toujours lié à son objectif. Les

[95] J-P Munch, *op.cit.*, p.3 et s.

[96] M. Ghenima *op.cit. passim.*

[97] J.P Munch, *op.cit.* p.9

[98] J.P. Munch *ibid* p.10

[99] J.P. Munch ibid. p.12. Telle aussi l'approche de R. Merle : Droit pénal général complémentaire, PUF Thémis 1957, parlant successivement « de sanction spécifiquement pénale » p.13 et sa distinction « des sanctions d'une autre nature », p.14.

autorités répressives, écrit-il,[100] -« auront ainsi à décider par exemple de l'opportunité de déclencher une répression, du caractère répréhensible… du fait commis, de la sanction applicable » et, plus clairement encore, lorsque il fait état de deux droits répressifs : « Ce n'est pas dire -écrit-il-[101] que les deux droits répressifs s'ignorent totalement, bien au contraire. Parce qu'ils ont tous deux pour fondement le maintien de la discipline au sein des institutions à l'ordre juridique desquelles ils appartiennent, et tous deux pour objet éventuel le prononcé d'une sanction, ils ne peuvent être parfaitement hétérogènes l'un à l'autre ».

La sanction est là, omniprésente, mais elle est vue à travers sa fonction et non son contenu répressif en soi.

Une approche différente, restée cependant à mi-chemin, est due à G. Viché, qui semble bien concevoir les choses, lorsque au sujet du retrait par l'administration d'une autorisation d'occuper ou d'utiliser une parcelle du domaine public, en cas de non-conformité aux prescriptions légales ou réglementaires assurant la conservation de ce domaine, il écrit [102] : « Il s'agit bien encore d'une sanction au sens matériel du terme, puisqu'un individu se voit appliquer une peine, parce qu' il a contrevenu à ses obligations juridiques ».

La suite de son analyse, portant sur la notion de sanction administrative l'a contraint à abandonner cette démarche fructueuse, dont les traces, cependant, sont plus qu'évidentes.

Ainsi, après avoir procédé à la définition de la sanction administrative « comme un acte administratif à portée individuelle qui produit des effets de droit portant atteinte à la situa-

---

[100] J. Mourgeon op.cit. p.71

[101] J. Mourgeon *ibid.*p.79

[102] G. Viché op.cit. p.31

tion patrimoniale ou à la liberté de l'individu puni »[103] et, tout en voulant expliquer sa démarche, écrit-il : [104]

« Il convient en effet d'écarter une confusion que la terminologie rend possible. Le terme "sanction" évoque deux idées absolument différentes : 1o) d'abord l'idée d'un résultat matériel désigné avec plus de précision par le terme " peine". C'est ainsi qu'une amende, une interdiction d'exercer une profession, une incarcération sont autant de peines, de sanctions au sens matériel du terme ». Consécration pleine de sens, à laquelle l'auteur ne s'attarde pas, se sentant obligé d'ajouter en se référant à la fonction de la sanction par rapport à son rôle, à la consistance du droit ; « 2o) l'idée d'un acte juridique, dont la sanction au sens matériel, dont la peine, n'est qu'une conséquence de fait qui lui est juridiquement rattachée ».

On ne peut que regretter que, Viché -ayant vu si correctement les choses, au sujet de la notion de sanction en soi et ayant même donné ses traits propres- n'ait pas pu l'isoler en tant que catégorie autonome et avancer une théorie générale à son égard ou bien esquisser, au moins, ses traces.

B. Les mouvements dans le sillage du droit pénal

La prolifération des sanctions administratives n'est pas cependant, comme nous l'avons déjà ailleurs montré,[105] le seul terrain qui, « servant de base à la constitution d'un champ sanctionnateur solide, à côté de celui strictement pénal » nourrit la notion de sanction qui, couvrant l'ensemble du domaine répressif, revendique dès cette époque la primauté du domaine

---

[103] G. Viché *op.cit. p.*39

[104] G. Viché *ibid* p.40.

[105] S. Lytras, La notion de sanction en droit répressif européen : droit pénal ou droit sanctionnateur, précité, p.838.

répressif devant la peine, étendue à une partie seulement de ce dernier.

Ce sont, également, les évolutions sur le terrain propre de celle-ci qui ont poussé fermement en avant les choses.

On repère ici deux courants importants, qualifiés respectivement de dépénalisation et de pénalisation, dont le dernier a commencé timidement en cette période à tracer sa route, tandis que le premier a connu un essor remarquable.

a. La Dépénalisation

Sous le terme de dépénalisation on entend ici ce processus qui, opérant à l'intérieur du droit pénal, cherche à l'alléger de ses lourdeurs dues, soit au fait de rendre à la compétence des tribunaux pénaux des comportements ne devant pas y être soumis, soit à l'application aux coupables de peines plus sévères qu'il ne le fallait.[106]

Cas typique de ce processus, apparu après la seconde guerre mondiale en Allemagne et certains autres pays européens, l'institution des *OWI (Ordnungswidrigkeiten*-infractions contre l'ordre).

aa. Le cas de l'Allemagne.

C'est, en principe, dans le cadre de l'ordre juridique allemand que la dépénalisation, conçue comme un moyen de la politique contre le crime, a pu, en agissant sur le domaine répressif, transformer son image et faire passer dans les mains de l'Administration une large part des sanctions traditionnellement infligées par des tribunaux pénaux.[107]

[106] S. Lytras, *ibid ;* notamment note *22*, et les références y citées.

[107] On ne se réfère point ici à la portée de la dépénalisation en tant que processus ayant réussi ou non son but dans la politique contre le crime, mais uniquement à son impact par rapport à l'évolution de la notion de sanction. Pour une évaluation de la dépénalisation dans le domaine pénal en soi, voir -entre autres- les intéressantes remarques de P. Martens, « Les sanctions ad-

aaa. L'amorce de ce processus coïncide avec la *Wirtschaftsstrafgesetz de 26 juillet 1949 (Wi GBl.S.193)* qui, rompant avec le passé, avait qualifié certains comportements contraires à la législation économique et punis jusque-là en tant que contraventions, *d'Ordnungswidrigkeiten*, les a nettement distingués des *Straftaten*, (actes criminels) et a prévu contre eux l'amende (*Geldbusse*) comme sanction, au lieu de la peine pécuniaire (*Geldstrafe*).[108]

L'introduction générale des OWI dans l'ordre juridique allemand a eu cependant lieu avec la *Ordnungswidreigkeitengesetz de 25 Marz 1952 (BGBL.I. S.177)*, qui a fait étendre l'institution dans l'ensemble du terrain pénal répressif, englobant la totalité ou presque des cas qui jusque-là constituaient des contraventions de police, passibles de peines pécuniaires (*Geldstrafe*), infligées par des tribunaux pénaux.

Un pas encore vers cette direction fut la transformation par l'article 3 de *EGOWIG 1968* des contraventions routières en *OWI*, (*§ 24 StVG*), tandis que comme le point final, en principe

---

ministratives. Un droit pénal dégénéré ? » in : « Les sanctions administratives » (Sous la dir. R. Andersen, D. Diom et D. Renders) Bruylant 2007, p.13 et s. D'une approche utile aussi A. Sykiotou-Androulakis « Le mouvement de dépénalisation en France et en Grèce : l'alternative administrative », Sakkoulas-Bruylant, 1997.

108 Le fait que les *OWI* aient succédé aux *Ordnungsstrafe*, en application en Allemagne depuis le XVIIIe siècle (Ruisinger Franz-Ioachim: *Die rechtliche Qualifizierung von Geldbusse, geburhenpflichtiger Verwarnung und Zwangsgeld zugleich eine Untersuchung zur Strafkompetenz der Verwaltung, précitée*, 1970, p.1 et s.), ne change en rien les choses. En effet, ce qui est important et on le note ici, est que les *OWI* sont introduits en droit allemand uniquement pour alléger l'arsenal pénal, tandis que leurs prédécesseurs *Ordnungsstrafen*, prévues en matière douanière, fiscale et disciplinaire ne constituaient que des cas de sanctions typiquement administratives en application dans toute la période antérieure mais toujours dans des domaines bien isolés. *Supra* p.37.

du moins de ce processus nous pouvons signaler l'abolition des contraventions en tant que catégorie soumise à sanction du Code pénal allemand.[109]

bbb. Malgré le fait que l'application de ces amendes fut confiée aux autorités administratives, l'institution des *OWI* et corrélativement les *Geldbusse*, n'ont effectivement pas cessé d'avoir des relations étroites avec l'arsenal pénal, sinon d'appartenir au domaine répressif pénal même, la preuve étant que des recours éventuels contre les actes infligeant ces derniers sont jugés par des tribunaux pénaux.[110]

Pour H. Mattes, même, « *Als Ergebnis bleibt somit die Festellung dass die Geldbusse eine echte Strafe im Sinne des Strafrechts, und zwar eine Geldstrafe ist, die sich von der sonstigen Geldstrafe, insbesondere der (früeren) Ubertretungsgeldstrafe, ausser in einigen positiv-rechtlich zu regelnden Besonderheiten, nicht unterscheidet* ». [111]

---

[109]Art.13 EG StGB 2. mars 1974 (§12 StGB/2.1.1975, §1 OWIG/19.2.1987). Que ce changement se situe dans le mouvement de dépénalisation reçoit l'accord de la doctrine. Ainsi K. Tiedemann, pour qui « *Verfassungsrecht und Strafrecht», C.F.Müller Juristischer Verlag Heidelberg 1991,*p.16, les *OWI* constituent bien « *...eigenen Mittel staatlichen Handels zwieschen Strafrecht und Verwaltungsrecht, geeignet als allgemeines Instrument der Entkriminalisierung »,* une fois la réserve qu'en réalité, il ne s'agissait que d'un réhabillement de l'ancien droit de police (*alte polizeiliche Strafverfugungen*) repoussé, résultat obtenu selon l'auteur, (ibid), par l'effort conjoint du législateur (Art.5 *EG StGB*) et de la jurisprudence constitutionnelle. Voir encore, en partie au moins partageant cet avis, Jo. Bohnert; Einfürung in « *Gesetz über Ordnungswidrigkeiten »,* Deutscher Taschenbuch Verlag, 22e Aufl.2013, s.IX.

[110] Données hybrides du pouvoir exécutif, nous les avons d'ailleurs caractérisées dans notre étude, S. Lytras, *La notion des amendes administratives* ; *la conformité à la Constitution de leur infliction*, précité, p. 208 note 381 et p. 297 note 64.

[111] H. Mattes, *Untersuchungen zur Lehre des Ordnungswidrigkeiten*, 2te

ccc. Quoi qu'il en soit, l'essentiel est que, le *Geldbusse* du droit allemand, faisant partie entière du domaine répressif, celui-ci est constitué, tant des peines prévues contre les actes criminels, que des amendes sanctionnant les infractions contre l'ordre.

Evolution ayant comme résultat, à côté du champ répressif pénal classique, de voir s'installer un autre champ sanctionnateur, différent et autonome, celui des OWI.

De sorte qu'à la suite de cette évolution, la sanction pénale, sous son sens classique au moins, a cessé de représenter tout le domaine répressif, œuvre étant dorénavant en partie seulement accompli par elle.

Du coup, la notion de sanction, en tant que notion principale, prédominante en ce domaine, sort décisivement de son ombre, devenant ainsi substrat commun à toute mesure répressive, la peine comprise.[112]

Halbband p.299.Prise de position transversant l'étude de K.A.Bettermann, Strafgewalt und rechtssprechende Gewalt, Verkehrswissenschaftliches Seminar E. V. Hambourg, 2. Deutscher Verkehrsgerichtstag, 1964.

Qui, après avoir repoussé la thèse de l'existence d'une « qualitativen Unterschide » entre « Strafe und Geldbusse », nettement caractérisée par lui-même comme « nicht möglich » (p.38), parle (ibid) des, Sanktionen Strafe und Busse », pour arriver (p.41) à la constatation que, Ordnungswidrichkeiten sind Straftaten, Geldbusse und Bussgeld sind Strafen, weil damit Unrecht geandet wird", donc au caractère de sanction comme notion générique du domaine répressif, mettant en exergue ainsi -sans le dire- la position autonome, voire en perspective dominante de la notion de sanction en ce domaine, ses caractéristiques étant présentes aussi bien dans les Strafe que dans les Geldbusse. Approche ressemblant à celle qui a conduit la CEDH, dans les années qui s'ensuivirent, à caractériser certaines mesures répressives ayant les traits de sanction comme ressortissant de la matière pénale, tout en étant l'œuvre de l'administration dans le cadre national. Là-dessus infra p.150 et s.

[112] L'existence, en droit positif allemand, des mesures répressives autres

Si néanmoins la sanction n'a pas pris la place qu'elle méritait, cela est dû au fait que, en dernière analyse, la *Geldbusse* étant considérée comme une donnée en substance à caractère pénal, donc une donnée à inégalité de traitement par rapport à la peine et à elle subalterne, le terrain répressif continuait à être dominé par cette dernière.

Qu'il s'agissait, ainsi, de quelque chose d'artificiel, vient de la position de la jurisprudence, quand celle-ci se trouve devant des cas qu'elle ne peut pas ranger dans l'une ou l'autre de deux catégories. « *Schwiriges ist es*, -enonce *BVerfG très caractéristiquement (arrêt du 16.7.1969, 27.18 (29), auquel on s'est déjà référé, supra p.57 -die exacte Grenzlinie zwischen dem Kernbereich des Strafrechts und dem Bereich der blossen Ordnungswidrigkeiten zu ziehen, zumal in diesen Grenzbereich die in der Rechtsgemeinschaft herrschenden Anschauungen über die Bewertung des Unrechtsgehaltes einzelner Verhaltensweisen in besonderen Masse dem Wechsel unterworfen sind* ».

Notons, en plus, que les choses ne seraient pas différentes, même si à la suite de Goldschmidt -l'œuvre à l'origine de la distinction entre *Straftaten* et *Ordnungswidrigkeiten*-[113] la thèse avait prévalu qu'entre peines et contraventions d'ordre existait bien une différence qualitative, de sorte que l'on pouvait parler d'un vrai droit pénal administratif. Parce que, même dans ce cas, les traits caractéristiques de la notion de sanction[114] y seraient présents. Tout au plus, pourrait-on dans cette

---

que typiquement pénales, dont les *Geldbusse* du droit disciplinaire (N. Achterberg, *Allgemeines Vervaltungsrecht*, 2ème éd. 1986, C.F. Müller Jurist. Verlag Heidelberg, p. 257), renforce ce résultat.

[113] A Czer, Dissertation Würzburg, 1961 p.47, encore que lui (Goldschmidt) parlait, comme on l'a déjà vu –*supra* p.49 - d'une distinction radicale entre délit criminel et délit administratif.

[114] *Supra* p. 49 et s.et de façon analytique *infra* p. 189 et s.

condition parler de différence qualitative entre sanctions, ce qui aujourd'hui est, vu les données du droit positif, nettement prohibé.[115]

Nous devons enfin, situé dans le courant de la dépénalisation, relater ici le fait que parmi les sanctions typiquement pénales, les sanctions privatives de liberté -les seules ne pouvant pas être infligées en principe par des autorités administratives-sont en droit répressif en nette régression devant les sanctions pécuniaires. Fait qui porte, lui aussi encore un coup, si minime que ce soit, à l'hégémonie de la sanction pénale dans le domaine répressif, assailli par le nombre excessif des sanctions pécuniaires infligées par l'Administration.[116]

bb. Le cas d'autres pays en mouvement de dépénalisation.

On doit, en principe, ranger ici le cas de l'Italie et du Portugal, deux pays qui, dans le cadre de la dépénalisation, suivant le modèle allemand, ont introduit dans leur ordre juridique l'institution des OWI et les sanctions afférentes.[117]

Il est à noter que, dans ces deux pays, des cas de sanctions infligées par l'Administration existaient bien avant, mais c'est dans le cadre de ce mouvement qu'elles ont connu, notamment en Italie, une expansion importante.

---

[115] V. là-dessus, entre autres, S. Lytras, La responsabilité pénale des personnes morales et la notion de sanction, op.cit. p.44 et s.

[116] Environ le 10% « de toutes les peines prononcées chaque année par les tribunaux suisses ».B. Viredaz / V. Thalmann, *Introduction au droit des sanctions, Abrégé*, Schulthess, Editions Romandes, 2013, p. 4, d'après lesquels, (p. 23), « Le droit pénal actuel met la sanction pécuniaire au centre de son système, que ce soit pour les délits, les crimes, ou les contraventions ».

[117] V. là-dessus H. Mattes, Untersuchungen....Erster Halbband p. 384, pour qui, en dernière analyse, « *Lediglich in Italien ist man den umstrittenen Weg einer " Entpönalisierung" gegangen* ».

En ce qui concerne l'Italie, on doit évoquer ici, du passé, la sanction pécuniaire (poena pecuniaria), instituée dans l'ordre juridique italien par la loi du 7 janvier 1929 No 4, en faveur de l'Administration, en matière fiscale.

Destinée à faire face à des violations des règles relatives au bon fonctionnement de l'Administration, punies jusqu'alors uniquement par des peines infligées par des tribunaux répressifs,[118] et étendue par la suite, dans le cadre de la dépénalisation cette fois, à d'autres domaines, notamment ceux de la circulation routière, la peine pécuniaire se trouve à la base d'un pouvoir répressif important dans les mains de l'Administration, nettement dissocié de celui développé par le biais des tribunaux répressifs.[119]

Son caractère répressif ne pouvant ainsi être contesté,[120] tout en n'étant pas une peine, la peine pécuniaire représente un cas caractéristique de l'élargissement du domaine répressif de la période envisagée en dehors des données à caractère strictement pénal.

---

[118] Le but d'introduire des sanctions sans rapport avec le code pénal et ainsi faciliter l'œuvre des tribunaux, fut d'ailleurs selon la doctrine, la vraie cause de l'établissement de la nouvelle institution, Mattes *op.cit.* p.383.

[119] H. Mattes,op.cit. p.366.

[120] H. Mattes, pour qui, *ibid.* p.384, les peines pécuniaires ne peuvent pas « *ihren materiellen Strafcharakter (nicht) verleugnen* » les suites attachées à celles-ci ayant « *eindeutig die Funktion einer Strafe* ». De même, l'auteur s'exprime en termes non équivoques, lorsqu'il affirme, p.384, en précisant la nature de ces peines: « *Eine Unterscheidung des Unrechts soll dadurch nicht herbeigeführt werden, es soll lediglich für weniger strafwürdige Zuwiderhandlungen die Strafbarkeit entfallen* ». V. encore C.E. Paliero et A. Travi –cité par F. Moderne *op.cit. p.*92- pour qui « La peine pécuniaire en matière financière présente un caractère typiquement sanctionnateur ».

S'agissant, maintenant, du mouvement de la dépénalisation, on doit mentionner ici :

En plus des lois du 3 mars 1967 No 317 et du 9 Octobre 1967 No 950, celle du 24 décembre 1975 No 706 qui, à quelques exceptions près, a cessé de sanctionner pénalement toutes les infractions punies de peines d'amende et du 24 novembre 1981, qui avait soumis au même régime toutes les infractions administratives punies d'amende.[121]

En ce qui concerne le Portugal, l'alignement au modèle allemand paraît presque naturel, l'existence dans ce pays d'un système répressif en faveur de l'administration datant depuis fort longtemps.

Ce système, renforcé essentiellement après la première guerre mondiale a pu prendre place dans le domaine répressif de ce pays et constituer ainsi, à côté du système pénal classique, un deuxième système sanctionnateur autonome,[122] fait plein de signification.

A sa suite, en effet, la notion de sanction, en tant que notion principale du domaine répressif entier, en sort fortifiée, la marche vers ce processus en droit positif gagnant toujours en importance.

Etat des choses ressortant, aux temps qui suivirent l'art.1 du Décret-loi du 27 oct.1982, selon lequel une contra-ordenaçao est « tout acte illicite et répréhensible prévu par la loi comme

---

[121] V. ici, en détails, F. Moderne, *op.cit.* p.13 et s. et H. Mattes, op.cit. p.370 et s.

[122] F. Moderne, *op.cit.* p.22 et p.49 où l'on voit figurer la législation y afférente et le régime juridique en résultant. Régime excellemment décrit chez José Faria Costa, Les problèmes juridiques et pratiques posés par la différence entre le droit criminel et le droit administratif pénal, in RIDP 1988 p 347 et s., caractérisant clairement le droit de mera ordenançao social comme « droit sanctionnateur » op.cit. p.355, tout en le voyant -ibid- avec le droit pénal comme « deux branches du droit »

un acte devant être sanctionné par un "coima" ».[123]

Récit qui se termine avec la certitude qu'en définitive, la position de la notion de sanction dans ces deux ordres juridiques de la période examinée en sort fortifiée, résultat devenant plus fort vu qu'une différence qualitative entre délits et contraventions justifiant éventuellement une différence essentielle entre sanction et peine ne pouvait nullement être soutenue.[124]

b. La pénalisation

Normalement, un mouvement de pénalisation ne pouvait pas avoir de place dans un récit concernant la régression de la peine dans le domaine répressif, militant lui en faveur de sa suprématie dans ce domaine.

Or, si l'on tient à se référer ici à un cas de pénalisation, notamment à l'acceptation par le droit positif de la responsabilité pénale des personnes publiques, c'est uniquement parce que cet événement, donnée de première importance, renforce de façon décisive notre position sur la consécration et l'autonomie de la notion de sanction en droit répressif.

Ce qu'il n'est pas difficile à expliquer. Infligée uniquement aux personnes physiques, aux particuliers, cachée donc derrière son caractère "anthropocentrique", la peine -comme nous l'écrivons en notre étude précitée,[125] « ne trouvait pas de difficulté à se prévaloir toujours comme étant le représentant authentique du domaine répressif, un "*aliud*" par rapport aux

---

[123] F. Moderne, *op.cit. p.*116, José Faria Costa op.cit. p.352.

[124] V. ainsi H. Mattes *op.cit. p.*383 (in fine), lorque il affirme au sujet de la peine pécuniaire « *dass die mit poena pécuniaria bedrohten Taten nicht wegen einer Verschidenartigkeit des Unrechts (die nicht vorhanden ist), sondern nur deswegen aus dem Strafrecht im engeren Sinne ausscheiden, weil die Androhung einer im StGB geregelten Strafe wegfällt* ».

[125] La notion de sanction en droit répressif européen, Droit pénal ou droit sanctionnateur ? p. 840.

autres sanctions… Or, l'application des peines aux personnes juridiques enlève toute sa valeur a cet argument. Le caractère anthropocentrique de la peine, en effet, base solide de tout pouvoir pénal mis à part, la peine, devant l'ampleur du phénomène sanctionnateur en faveur de l'Administration ne doit que céder sa place souveraine à celle de la sanction couvrant désormais comme notion dominante la totalité du pouvoir répressif ».

De cette évolution, on n'a cependant pas de sérieuses traces à cette époque. C'est en effet dans le courant des années post 1990 que ce mouvement a pris une ampleur qui l'érige en facteur déterminant du domaine répressif.[126]

Il n'en reste pas moins que le droit néerlandais connaît la responsabilité pénale des personnes morales dès 1953,[127] tout en évoquant en notre faveur qu'en Grande Bretagne cette conception était toujours présente.[128]

c. La doctrine

Le mouvement de dépénalisation, suivi par certains pays du continent européen, dont par excellence l'Allemagne, a fait avancer le processus vers la mise en valeur de la notion de sanction, tant en soi, que comme la notion principale dans le domaine répressif.

D'autant plus qu'il avait comme conséquence d'ériger en droit positif à côté de l'arsenal pénal, un deuxième arsenal répressif axé en principe, sous une forme ou une autre, autour de la notion de sanction issue de l'action de l'Administration.[129]

[126] V. sur ce point notre étude : La responsabilité pénale des personnes morales et la notion de sanction, précitée, passim.

[127] V. C.P. Pays-Bas art. 51, cité par J. Pradel, *Droit pénal comparé*, Précis Dalloz 3ème éd. 2008,p.170, note 2.

[128] V. sur ce point, S. Lytras, La responsabilité pénale des personnes morales et la notion de sanction, p.31, note 1, précité.

[129] Le fait par ailleurs qu'en ces mêmes temps on a aussi vu de mouvements

Avoir ainsi un domaine répressif constitué d'au moins deux grandes composantes aurait normalement poussé la théorie à dégager la notion de sanction, comme la notion principale coiffant tant la sanction pénale, que la réponse répressive contre les *OWI*.

Or, même si la doctrine comprend bien qu'il s'agit de deux domaines répressifs différents, comme cela a déjà été montré, elle n'arrive pas à en tirer la conclusion nécessaire qui aurait conduit au résultat que nous venons d'indiquer.

Cela est clair s'agissant, tant de la doctrine allemande,[130] que de celle des autres pays inspirés par elle, étant donné que dans ces pays, l'Allemagne et l'Italie notamment, la place souveraine dans le domaine répressif de la peine empêchait décisivement de concevoir que le champ répressif constitué puisse trouver une même équivalence répressive dans des sanctions autres que les peines. Sanctions permettant ainsi à la notion de sanction, substrat commun à toutes sortes de sanctions, d'être érigée en notion dominante de ce domaine.

En ce qui concerne la doctrine allemande, cela devient même presque inexplicable, vu que la notion de sanction, en tant que notion générique (Oberbegriff), était sienne[131] -reflétant cependant un sens incertain, plutôt typique- comme cela

---

de pénalisation ne change en rien notre prise de position. Comme on l'a déjà dit-et cela à plusieurs reprises-, la peine constitue aux mains des Etats l'arme répressive la plus forte, à laquelle ils ne renonceront jamais.

[130] On relève ainsi à Jo. Bonhert, Einfürung, précitée, note 109, s. XIX que « *Oberbegriff über Straftat und Ordnungswidrigkeit ist deren Bezeichnung als Delikt. Oberbegriff über ihre Verfolgung ist die « Ahndung ». Strafrecht und Ordnungswidrigkeitenrecht bilden zusammen das Ahndungsrecht* »

[131] Ce que nous avons eu l'occasion de noter dans notre étude, S. Lytras La notion de sanction en droit répressif européen, Droit pénal ou droit sanctionnateur ? p.848 note 47, précitée.

ressort aisément de l'œuvre de P. Cramer,[132] à laquelle on se réfère plus systématiquement à la suite de notre exposé.[133]

Malgré le fait que celle-ci, en effet, à travers l'œuvre de Cramer -son exposé étant valable aussi pour la période envisagée- constatait qu'il existe un droit sanctionnateur, auquel font partie en principe le droit pénal, le droit des OWI et le droit disciplinaire (op.cit. p .16 sous 5), elle n'est pas arrivée au point de conclure à l'existence de la sanction comme notion souveraine en droit répressif. De plus, Cramer lui-même n'y voyait qu'une différence qu'il qualifiait de formelle.[134] « Die Rechtsordnung -dit-il p.18 sous 11- knupft also bei der Unterscheidung beider Rechtsgebiete formal an die angedrohten Hauptfolgen an, die sie einmal als Strafe, einmal als Busse bezeichnet ».[135]

C. Les cas à part

a. L'Autriche

aa. Les faits

Suite à une longue tradition, datant du moins du début du 19e siècle,[136] -corroborée par l'idée que l'on se fait dans ce pays

[132] Cramer P., Grundbegriffe des Rechts des Ordnungswidrigkeiten,Verlag W.Kohlhammer, 1971.

[133] Infra p.285 et s.

[134] L'imposition des peines contre la liberté pourrait justifier -sur la base du mal que chaque sanction comporte- une différence qualitative des sanctions, à condition qu'elle ait été le contenu unique des peines (Strafe). V. sur ce sujet, S. Lytras, La notion de sanction et la distinction fondamentale des sanctions, p.80 et s. précité.

[135] La difficulté profonde de la doctrine allemande de saisir au fond les choses est manifeste dans son approche du temps qui suivit, où la notion de sanction lui est familière, comme cela vient de notre exposé qui suit. V. là-dessus infra,notamment p. 285et s.

[136] On se réfère ici, en principe, au *Strafgesetz über « Verbrechen und schwere Polizeyubertretungen »* von 1803 (*StG 1803*) -précédée de peu de

de la fonction exécutive, pouvant être confiée indifféremment aux tribunaux ou à l'Administration,[137]considérés tous les deux comme étant des organes d'exécution de la loi- l'Autriche connaît depuis 1925 un système cohérent de sanctions infligées par des autorités administratives, un vrai code.[138]

Ce qui fait, maintenant la particularité de ce système- institué à côté d'autres sanctions traditionnellement appliquées par des autorités administratives de l'Etat[139]-c'est que l' Administration et les tribunaux répressifs partagent la totalité des sanctions ressortissant ailleurs du seul domaine pénal, à ceci-près, cependant, que dans l'arsenal sanctionnateur fonctionnant au profit de l'Administration, sont, en principe cantonnées les

---

la *Josefinische Strafgesetz von 1787*- prévoyant des cas de sanctions infligées par des autorités administratives.

[137] H. Mattes, *Untersuchungen...erster Halbband*, 1977, p.183 et s., Fr. Moderne, *Sanctions administratives et justice constitutionnelle*,précité, p.7 et s.

[138] Loi du 21 juin 1925 (VstG-datant de 1991 en son état actuel, BGBL 52/1991). VstG étant privé d'une partie dans laquelle figurerait la description des comportements spéciaux punissables, qui devaient ainsi être recherchés ailleurs, il manque -en vérité- l'image pure d'un code pénal. Il n'en reste pas moins cependant que cette loi, disposant d'une partie générale où sont décrites les conditions sous lesquelles certaines sanctions sont infligées -comme les conditions de dol-, acquiert la qualité d'un système sanctionnateur, à la fois cohérent et autonome dans le sens que l'on n'a pas le besoin de se pourvoir ailleurs pour compléter les lacunes.

[139] Par excellence celles à caractère disciplinaire, Thienel, Verwaltungsverpharensrechts 4e Aufl. 2006, Verlag Österreich, p.393 et s. V. encore ici N.Wess,Verwaltungssanktionen-Abrenzung zu strafrechtlichen Sanktionen im weiteren Sinne, in: Unternehmensanktionen in der Europäischen Union, G. Dannecker/Fr.Meyer (Hersg), Nomos DIKE Manz, 2023,p.95 , au sujet des sanctions infligées par le Kartellgericht,als Zivilgericht, en vertu des dispositions (§29) du KartellGesetz(BGBL I 2005§61).

mesures répressives les moins sévères.[140]

On aurait pu nous objecter que la catégorie institutionnalisée des sanctions appliquées par l'Administration -bien que constituant un domaine répressif à part, autre que celui des sanctions appliquées par des tribunaux pénaux- n'ajoute rien à notre approche, dès lors que les peines à appliquer n'étant pas différentes de celles appliquées par ces tribunaux, la notion de sanction en tant que notion générique n'a rien à gagner ; le cas de l'Autriche ne reflétant ainsi en fait aucun mouvement en évolution justifiant d'être évoqué ici.

Si néanmoins on le cite ici c'est, d'une part pour la raison que l'importante loi du 21 juin 1925 (*VstG*) a pris l'allure d'un vrai Code, consacrant ainsi officiellement l'existence d'un terrain répressif autre que celui réservé aux seuls tribunaux pénaux, terrain soumis même à un régime juridique tout à fait différent, et d'autre part -conséquence majeure- pour le fait que l'affaire est restée entièrement en dehors de toute intervention de la part des tribunaux pénaux.[141]

bb. L'évaluation.

Ainsi conçu, le système adopté par l'ordre juridique autrichien offre le cas d'un domaine répressif pénal composé de deux terrains à part[142], chacun d'eux revendiquant son autono-

[140] Sans que l'on doive voir là une différence matérielle. Presque unanime sur ce point la doctrine. V -entre autres- A. Merkl, *Allgemeines Verwaltungsrecht*, 1927, p.266 et s. notamment p.272, G. Kucksko-Stadlmayer, « Ne bis in idem" im österreichischen Verwaltungsstrafrecht, ZVR, 2001, p.809.

[141] V. là-dessus, Walter-Mayer, Verwaltungs-Vefahrensrecht,8e Aufl.2003, Manz, p.469 et s.,p.485 et s.,Walter/Mayer/Kucsko-Stadlmayer: Bundesverfassungsrecht,10.Auflage 2007,Manz,p.466 et s.

[142] Deux systèmes mêmes sanctionnateurs complètement indépendants, si l'on suit R. Miklau dans son étude «The légal and practical problems posed by the différence between criminal law and administrative penal law»,

mie, bien que non sur une base matérielle. Du coup, la notion de sanction, encore qu'approchée et saisie ici sous un aspect organique[143], en sort renforcée, l'existence de deux terrains répressifs d'une telle importance la rendant automatiquement notion mère.[144] [145]

b. La Suisse

Le système suisse, auquel on vient de se référer plus haut,[146] présente des similitudes certaines avec le système en vigueur en Autriche. On rappelle ici qu'il s'agit de sanctions infligées par des autorités administratives cantonales suisses sur la base de l'Art. 335 du Code pénal suisse, lesquelles, comme on vient de le préciser, jugées même après recours par des tribunaux pénaux, doivent être considérées comme des sanctions à caractère pénal.

Bien que notre approche ici ne s'identifie que partiellement avec celle portant sur le régime juridique autrichien, ce dernier affichant, comme nous venons de le constater, une présence

---

RIDP 1988 (59) p.109 et s., notamment p.115.

[143] Thienel. en disant, op.c.p.394, au sujet des sanctions infligées par des tribunaux (Justizstrafrecht) et celles infligées par l'Administration (Verwaltungsstrafrecht), que « Zwieschen diesen Bereichen des Strafrechts gibt es keinen « Wesenunteschied », die Zuordnung richtet sich vielmehr allein nach den zur Vollziehung berufenen Behörden », partage entièrement ce point de vue. Approche organique toute présente dans l'arrêt (Erkentnis) du VfGH du 12 déc. 2001 16400 (G.269/O1 ua), reconnaissant même que l'infliction des sanctions par l'administration appartient au "Kernbereich der staatlichen Verwaltung" (ibid p.950, p.967).

[144] V.sur ce sujet,entre autres,H.Mattes,*Untersuchungen..erster Halbband*, 1977, p.183 et s., Fr. Moderne, *Sanctions administratives et justice constitutionnelle*, précité, p.7 et s. Thienel op.cit p.503 et s.

[145] Conclusion renforcée par l'existence de sanctions appliquées par des autorités administratives dans des cas sans aucune relation avec le droit pénal classique, que nous avons déjà évoquées, supra note 139.

[146] Supra p.33, Bundesgericht 116 IV 19 26 Mars 1990.

répressive plus forte, étant donné que le processus sanctionnateur est resté dans les mains de l'Administration, il n'en reste pas moins que le cas de la Suisse alimente à sa façon l'existence en droit positif européen -et cela depuis fort longtemps- la notion générique de sanction.[147]

c. Une vue d'ensemble.

Apparentée d'une façon ou d'une autre aux sanctions infligées par des tribunaux pénaux et restée presque intacte jusqu'à nos jours, cette catégorie de mesures répressives donne à penser que dans ces deux pays la notion de sanction a acquis son autonomie dès le début, la présence des sanctions appliquées par des autorités administratives à côté d'autres mesures répressives et à la place des tribunaux pénaux mettant en évidence même sa primauté par rapport à celle de la peine.

Constatation renforcée par le fait et en cela d'autant plus acceptable que la distinction évoquée ci-dessus de ses mesures répressives, reste -et cela de caractère organique- la seule base possible d'une *summa divisio* des sanctions en droit positif.[148]

d. La position de la doctrine

Devant une situation si claire, la doctrine devait saisir l'image juste du droit positif et conclure en l'existence de la notion de sanction en tant que notion principale du domaine répressif.

---

[147] Le fait que dans l'ordre juridique suisse des sanctions à caractère incontestablement administratif s'appliquent aussi (H. Mattes, op.cit. p.280 et s., Knapp, op.cit. p.198 et s.) renforce décisivement notre point de vue. Egalement à notre faveur, J. Aufrictig, Pekuniäre Verwaltungssanktionen und strafrechtliche Verfahrensgarantien am Beispiel des Kartellrechts, LeGes, 29 (2018) 1,https//leges.weblaw.ch/legesissues/2018/1/pecuniare-verwaltung_48ba8dd471.html

[148] Voir sur ce point, pour le seul droit positif hellénique, S. Lytras, La notion de sanction et la distinction fondamentale des sanctions, précité, p.69 et s.

En réalité, elle l'a fait sans le dire expressément. C'est au moins ce qui résulte du processus suivi par A. Merkl qui, après avoir constaté qu'avec la législation concernant le pouvoir de l'Administration d'infliger des peines « *…ist das Strafmonopol der Justiz durchbrochen und die Strafrechtssprechung in zwei Zweige, die Strafgerichtsbarkeit, auch Kriminalstrafwesen gennant, und das Verwaltungsstrafwesen gegliedert* »[149] il prend soin de noter…. « *..ist mit allem Nachdruck festzustellen, dass die Kriminalstrafe und die Verwaltungsstrafe rechtlich gleichwertige, gleich gut mögliche Sanktionen für jegliches Unrecht sind…* ».[150]

Or, constater que les deux mesures répressives, à savoir la Kriminalstrafe et la Verwaltungsstrafe, sont de même valeur, n'est-ce pas reconnaître qu'elles appartiennent toutes deux à une notion commune plus large, notamment celle de sanction ? D'autant plus que l'auteur le signale expressément en utilisant même le terme Sanktion.

De sorte que l'on s'étonne que, même sous de telles investigations doctrinales, la notion de sanction n'ait pas fait l'objet d'une approche devant la mettre au cœur du domaine répressif, dont elle constitue la notion principale.

C'est une conclusion analogue à laquelle nous arrivons si nous nous penchons sur l'œuvre de Giacometti, travaillant lui sur les données de l'ordre juridique suisse.

Or celui-ci, après avoir tiré l'attention sur la différence entre *Kriminalstrafrecht* et *Verwaltungsstrafrecht*, « *...die Straftatbestände sind jedoch im Verwaltungsstrafrecht nicht speziell umschrieben wie in Kriminalstrafrecht,sie werden vielmehr von Gesetzgeber nur generell bestimmt…* », ce qui

---

[149] A. Merkl, op.cit. p.267

[150] A. Merkl, op.cit. p.272

emporte la conséquence que les règles générales du Code pénal trouvent application « …für das nicht kodifizierte *Verwaltungsstrafrecht* »[151], finit par remarquer que « *So knupft auch in der Schweiz das Verwaltungsrecht an seine Übertretungen die Strafe als Sanktion an* », ce qui constitue la meilleure preuve que, pour cet auteur, la sanction est la notion la plus large, la peine n'étant, en fait, qu'une de ses subdivisions.[152]

En définitive il est pratiquement impossible -sous la domination totale de la notion de peine- de concevoir le champ répressif constitué de sanctions autres que pénales, notamment administratives, comme équivalent à celui de la peine, ce qui permettrait à la notion de sanction, substrat commun à toutes ces sanctions, pénales ou administratives, d'être érigée en notion souveraine de ce domaine ; la doctrine, ici aussi, est restée loin de ce résultat.

Conclusion

Sous l'influence des facteurs évoqués plus haut, le domaine

---

[151] Giacometti, Allgemeine Lehren des rechtsstatlichen Vervamtungsrechts, Polygraphischer Verlag A.G.Zurich,1960, p.544.

[152] Giacometti, *ibid.* Si l'auteur- nous raisonnons ainsi du fait que l'auteur consacre une part entière, le paragraphe 33 de son œuvre, à la *Verwaltungsstrafe (Op.cit. p.542 et s)* -range parmi les sanctions- dans des cas-là précisés- également les mesures de contrainte, cela ne change pas les choses, la peine (Strafe) étant toujours une sanction, donc en définitive une de ses subdivisions *Caractéristique dans ce sens son afirmation, op. cit. p.535 que « die Verwaltungssstrafe als Strafsanktion zwzcks Ahndung von Dienstpflichtverletzungen der Beamten heisst Disziplinarstrafe oder Ordnungsstrafe", laquelle Verwaltunfsstrafe est pour lui (op.cit. p.534) « eine echte Strfe wie die Kriminalstrafe ».* A noter, chose qui doit nous rendre attentifs chaque fois que dans la littérature juridique germanophone le terme Strafe est utilisée soit comme synonyme de peine (sens étroit), soit comme synonyme de sanction (sens large), ce que nous constatons aussi dans l'œuvre de Giakometti.

répressif a commencé à changer de physionomie tout au long de la période envisagée.

S'étant emparée de domaines extrêmement différents, la sanction administrative -prévue et infligée à un nombre croissant de matières et en vraie cohabitation avec la peine- a pu se présenter comme la rivale de celle-ci, ouvrant en même temps à la notion de sanction la voie pour s'affirmer comme la notion primordiale du domaine répressif.

Bien que non rivale, à proprement parler, et produit de la dépénalisation, la Geldbusse du droit allemand poussait également -aussi bien que les notions similaires des autres ordres juridiques européens- en direction de saisir l'existence d'un domaine répressif plus large que celui représenté par la peine. Résultat auquel pourrait également amener l'existence des données issues du droit autrichien ou celles du droit suisse, qui réservait à la notion de sanction des domaines purs et d'importance unique.

Ainsi, bien que de façon incomplète, on discerne dès ce temps-là dans le domaine répressif deux domaines sanctionnateurs d'importance, le premier étant celui classique de la répression pénale, le second localisé dans la constitution d'un arsenal sanctionnateur particulier à travers, en principe, la promotion de la sanction dite administrative comme notion autonome et de première importance en ce domaine.

Tous deux ayant comme conséquence de pousser vers l'évidence la notion de sanction, ce que la doctrine devait faire sienne. Prisonnière cependant de sa façon de vouloir comprendre les choses par le biais des systèmes existants et les ranger dans ces systèmes-là, la théorie fut complètement incapable de saisir et d'expliquer les faits. Encore qu'elle disposait, comme on l'a vu, de la vérité entre ses mains.

On aurait plaidé en sa faveur qu'elle trouvait incommode, sinon bizarre, le fait que l'Administration fût habilitée par le législateur à prendre à diverses occasions des mesures à caractère répressif à l'encontre des administrés.

Cela, cependant, n'était pas nouveau et, de plus, ne se présentait pas à une telle fréquence qui l'inciterait -sinon l'obligerait- à réfléchir et à faire quelque chose de plus que de signaler son inconstitutionnalité.

Elle pouvait néanmoins -vu que les sanctions administratives ont augmenté considérablement en nombre et en espèces et sont en voie de couvrir la totalité ou presque des domaines où se développe l'activité des Etats modernes- porter un regard perçant sur les répercussions qui en résultaient pour le domaine répressif, voire pour ses notions de base.

Conclusions de la première Partie

Produit des codes pénaux de la fin du 18e et du début du 19e siècles, la notion de sanction, à l'existence certaine en droit répressif européen, n'a pas pu durant cette longue période, dépassant même la moitié du 20e, se montrer importante dans le monde répressif, la peine née en même temps qu'elle prenant dans ce monde toute la place disponible ou presque.

Elle s'est limitée ainsi à se développer via de petites naissances, soit fiscales ou disciplinaires qui, malgré leur grand nombre, ne pouvaient pas rivaliser avec la peine.

Devant cette réalité, il n'était pas facile à la théorie de pouvoir saisir la vraie image des choses en droit répressif.

Elle n'a pas pu arriver là, même lorsque les sanctions administratives devenaient peu à peu des réalités importantes du domaine répressif et les nécessités de la dépénalisation poussaient dans les mains de l'Administration des domaines dont la protection continuait, en ce temps là, à tomber sous l'emprise de la sanction pénale.

De même, la présence écrasante de la peine -la jurisprudence se demandant souvent, devant des données répressives incontestables, si l'on a affaire non à une sanction, mais à une peine- a empêché la doctrine d'y voir clairement et d'accorder à la notion de sanction -dès cette époque- la place qu'elle méritait en droit positif répressif européen. Le malheur est qu'elle n'a pu le faire- chose surprenante-,qu'exceptionnellement même à la phase suivante, qui a vu la notion de sanction prendre carrément le devant face à la peine et devenir ainsi la notion souveraine dans cet univers.

Chose qui -effleurée dans notre étude « La notion de sanction en droit répressif européen : droit pénal ou droit sanctionnateur ? », précitée- nous demande impérativement que l'on lui consacre tout notre temps dans le cadre de la suite de notre exposé.

PARTIE II

La consécration

Au fur et à mesure que les exigences accrues des sociétés contemporaines les ont conduites à un recours excessif au procédé des sanctions administratives, pouvant parer de façon efficace aux carences de la peine, chose généralement acceptée, on passe du stade de la cohabitation décrit plus haut, à une parution forte de la sanction dans l'univers répressif, événement qui, de façon générale, est considéré ayant eu lieu notamment après les années 1960-1970, que nous constatons en Europe la prolifération de sanctions administratives en nombre important, sinon parfois impressionnant.[153]

Ebranlée fortement par la présence de la sanction administrative, jugée à tort comme sa rivale pendant un certain temps lors de la période de la cohabitation -le mouvement de ladite dépénalisation aidant toujours- la peine a finalement, dans la période que nous examinons ici, cédé sa place à la notion de sanction, devenue ainsi la notion dominant le domaine répressif.[154]

---

[153] Ainsi, dans le seul droit hellénique on compte dans l'espace 1976-1985 au moins 20 lois importantes qui autorisent l'Administration à infliger des sanctions. Voir entre autres les lois : 703/1977, « Contrôle des... monopoles et protection de la libre concurrence », 743 /1977, « Protection de l'environnement maritime et régulation des questions afférentes », 1316/1983, « Création, organisation et compétences de l'Organisme national pharmaceutique, de l'Industrie nationale pharmaceutique etc.. », 1337/1983, « Extension des plans d'urbanisation, développement urbain et dispositions afférentes », enfin, 1559/1985 « Régulation des questions concernant l'énergie alternative, la production du courant électrique, des carburants conventionnels etc. ». Pour plus de détails sur ce point, S. Lytras, *Les amendes administratives ; la conformité à la constitution de leur infliction, précité*, p.1 et s. V. encore l'identification du phénomène en France, par J. M. Sauvé in : Colloque du 13 décembre 2013, organisé par le Conseil d'Etat et la Cour de Cassation sur le sujet, La sanction : regards croisés du Conseil d'Etat et de la Cour de Cassation, La documentation française 2015, Séance d'ouverture, p.24, précité.

[154] Situation désignée par le terme de consécration, dont l'approche est facilitée en recourant à nos développements, supra note 77.

Du coup, toutes les données répressives de cet univers que sont les peines, les sanctions administratives, lesdites sanctions civiles dans lesquelles s'inscrivent d'autres mesures afférentes, deviennent ses simples subdivisions.

Repérer les données du droit positif concernant la notion de sanction et son existence dans l'ordre juridique des pays européens en cette période constitue notre première préoccupation (Section I).

Dépister ses traces dans l'ambiance supranationale, notamment dans la jurisprudence de la Cour Européenne des droits de l'Homme, comme également dans l'ordre juridique de l'Union européenne, constitue notre deuxième préoccupation (Section II).[155]

Riche en conséquences et difficile souvent à être saisie, la notion de sanction demande impérativement qu'elle soit approchée à travers ses traits essentiels en droit positif, bien qu'elle s'y distingue des notions avec lesquelles elle pourrait, sans cette approche, se confondre facilement. C'est le contenu de notre Section III.

Consacrée à la doctrine qui est développée en la matière, la Section IV clôt notre Partie II.

Section I : L'évolution dans l'espace national des pays européens

On a signalé plus haut les événements qui marquent le passage décisif du stade de la cohabitation entre peine et sanction à celui de la consécration de la notion de sanction en tant que notion souveraine en droit répressif européen.

Ces événements devant en priorité être repérés dans les

[155] On se permet de parler de supranationalité s'agissant de l'activité de la Cour européenne des droits de l'homme, organisme appartenant, à l'appui des critères usuels, aux institutions internationales.

données du droit positif en vigueur dans l'ordre juridique des pays européens, nous y procédons ci-après. (Chapitre Unique).

Chapitre Unique : Les données du droit positif

A. Les textes.

1. A titre indicatif, de l'énorme quantité de textes ayant institué des sanctions autres que pénales dans une diversité de matières, on cite du seul droit hellénique :

L'article 13 de la loi 743/1977[156] « Protection de l'environnement maritime et régulation des questions afférentes », intitulé « Sanctions », précité, selon lequel « Les contrevenants de la présente loi, de la Convention et des Décrets Présidentiels et des Décisions Ministérielles, prises pour leur exécution sont punis pénalement, administrativement et disciplinairement comme suit :

(a) Sanctions pénales

...

(b) Sanctions administratives

(i) A ceux qui polluent la mer ou les côtes est imposée par décision de l'Autorité compétente une amende allant jusqu' à 5.000.000 drachmes.

...

Si la pollution continue, est imposée par l'Autorité une amende allant jusqu'à 2.000.000 de drachmes pour chaque jour de dépassement du délai fixé pour le rétablissement de la situation antérieure.

En cas de pollution sérieuse, est imposée par le Ministre de la Marine Marchande une amende allant jusqu'à 250.000.000 drachmes... ».

---

[156] Codifiée par le Décret Présidentiel 55/1998(JO A 58).

L'art 3 par.1 de « l'Acte de Contenu Législatif » du 18.6.1982 « Faire face aux cas imprévus de pollution de l'environnement ...)[157], également intitulé « Sanctions Administratives », selon lequel : « Au contrevenant aux mesures qui sont précisées par les actes administratifs cités plus haut, est appliquée par décision du Préfet...une peine administrative pécuniaire d'un montant allant jusqu'aux 800.000 drachmes, si dans des dispositions spéciales une peine plus grave n'est pas prévue ». Article qui doit être comparé, avec l'art. 2 du même Acte, intitulé « Mesures d'urgence » dans lequel sont décrites les limitations qui peuvent être imposées aux entreprises ou aux particuliers -comme les limitations à la consommation de carburants industriels et les limitations corrélatives à leur production ou à la circulation alternée des voitures particulières- mesures qui n'ont rien de commun avec une sanction, n'étant pas prévues comme une réaction contre des comportements illicites, mais destinées uniquement à faire face à des besoins de lutte contre la pollution.

Enfin, la relativement plus récente loi, 3674 /10.7.2008 « Renforcement du cadre institutionnel de sauvegarde du secret des communications téléphoniques et autres dispositions » [158] qui, par ses articles 9 et 10, modifie les articles 292A et 370A du Code Pénal hellénique en prévoyant des sévères sanctions pénales contre certaines infractions, par exemple l'emprisonnement contre les auteurs d'une atteinte à la sureté des communications téléphoniques (art.292A) ou l'incarcération (jusqu'à 10 ans de prisons) pour les violations du secret téléphonique et de la conversation orale, tandis qu'elle prévoit dans son article 11 contre les mêmes actes, s'ils sont le fait de

[157] Validé par la loi 1327/1983(JO A 21)

[158] JO A 136.

celui qui fournit les services de téléphonie ou de ses représentants et agents, des sanctions nettement caractérisées dans le texte de la loi comme administratives, dont :

(a)…

(b) une amende allant de 20.000 à 5.000.000 euros.

(c) le retrait provisoire -allant d'un mois à une année- ou définitif du droit de fournir des services de téléphonie.

Importante, aussi, au niveau constitutionnel cette fois, la reconnaissance par l'art.15 par 2 alinéa 2 de la Constitution hellénique -produit de sa révision constitutionnelle de 2001- de la possibilité d'imposition de sanctions administratives par une autorité administrative indépendante :

« Le contrôle et l'application des sanctions administratives » -il s'agit des sanctions du domaine de la Radiotélévision prévues par diverses dispositions, dont par excellence celles de la loi 2328/1995- précise l'article, « sont la compétence exclusive du Conseil National de la Radiotélévision, qui est une autorité administrative indépendante, comme la loi en dispose ». On ne pouvait pas s'attendre à une consécration plus solennelle de la catégorie des sanctions administratives en droit positif hellénique qui, servant de base à un champ sanctionnateur parallèle à celui des sanctions pénales, contient en elle l'émergence de la notion de sanction comme la notion principale, dominante, du domaine répressif tout entier. (CE Hellénique 3704/2010, 49/2011,2719/2011).

2. S'agissant du droit français, on recueille un point intéressant dans l'art. L8253-1 du Code du travail français -du temps de son ancien contenu- selon lequel (dernière modification par la loi No2018-1317 du 28 déc.2008 (art.245(v) « Sans préjudice des poursuites judiciaires pouvant être intentées à son encontre, l'employeur qui a employé un travailleur étranger

en méconnaissance des dispositions du premier alinéa de l'art. L.8251-1 acquitte, pour chaque travailleur étranger non autorisé à travailler, une contribution spéciale. Le montant de cette contribution spéciale est déterminé dans des conditions fixées par décret en Conseil d'Etat. Il est, au plus, égal à 5.000 fois le taux horaire du minimum garanti prévu à l'art. L.3231-12. Ce montant peut être minoré en cas de non cumul d'infractions ou en cas de paiement spontané par l'employeur des salaires et indemnités dus au salarié étranger non autorisé à travailler mentionné à l'article R.8252-6… ».[159]

Sans présenter le même vif intérêt, mais témoignant également en faveur de notre approche, la nouvelle rédaction de l'art. L.8253-1 en vigueur depuis le 28 janvier 2024 (modification par la Loi No 2024-42 du 26 janvier 2024 art.34, Légifrance,https://www.legifrance.gouv.fr/codes/article_lc/LEGIAR1000037994153). Selon elle, en effet, le manquement à l'art. 8251-1 du même code est sanctionné par l'application d'une amende infligée par le ministre de l'immigration, dont le caractère de sanction administrative, voire de sanction tout court, ne prête pas à discussion.

3. La reconnaissance de la responsabilité pénale des personnes morales dont on a eu l'occasion de constater plus haut la consécration en droit positif, ayant pris en cette période une énorme extension, offre de sa part nombre de textes dignes d'être mentionnés ici.

---

[159] Imposée par l'Office français de l'immigration et de l'intégration (OFII), cette contribution et son caractère de sanction -impliqué carrément dans la langue du législateur parlant d'infractions- furent sans difficulté reconnus par la jurisprudence. V., à titre indicatif, Tribunal administratif de Cergy-Pontoise, 30 décembre 2019, No1711170, AJDA 2020 No20, p.1132 et s. conclusions Céline Garnier.

Il s'agit des textes insérés, en principe après 1992,[160] dans l'ordre juridique d'une pluralité d'Etats européens, dont par excellence la France et la Belgique, pour rester à ces deux exemples, militant fort en faveur de l'émergence de la notion de sanction en tant que notion souveraine du domaine répressif.

En droit français, c'est par l'art.121-2 du Code pénal de 1994 que cette responsabilité fut introduite. Selon cet article, en effet, « Les personnes morales, à l'exclusion de l'Etat, sont responsables pénalement…des infractions commises, pour leur compte, par leurs organes ou représentants… »

De même, s'agissant de la Belgique, la responsabilité pénale des personnes morales fut l'œuvre de la loi du 4 mai 1999, suivie en cela par le Code pénal belge, dont l'article 5 est ainsi libellé : « Toute personne morale est pénalement responsable des infractions qui sont intrinsèquement liées à la réalisation de son objet ou la défense de ses intérêts ou de celles dont les faits concrets démontrent qu'elles ont été commises pour son compte ».[161]

---

[160] A la suite de la directive 2011/92/UE du Parlement européen et du Conseil du 13 décembre 2011, selon le paragraphe 1 de son article 13 « Les Etats membres prennent les mesures nécessaires pour que toute personne morale déclarée responsable au sens de l'art.22, paragraphe 1, soit passible de sanctions effectives, proportionnées et dissuasives, qui incluent des amendes pénales ou non pénales et éventuellement d'autres sanctions, notamment …» Or, parmi les pays qui ont accepté cette possibilité nous pouvons citer, la France et la Belgique mis à part, l'Angleterre, les Pays–Bas et la Roumanie.

[161] L' évolution sur ce sujet en droit belge v. entre autres : P. Thevissen, « Retour sur la genèse de la responsabilité des personnes morales en droit belge », in « La responsabilité pénale de la personne morale » (sous la dir. de D. Brach-Thiel et Ann Jacobs), L'Harmattan, 2015, p.15 et s., Ann Jacobs, « La loi belge sur la responsabilité pénale des personnes morales

Le fait que cette évolution n'est pas celle du droit positif de certains des Etats européens, parmi lesquels la Grèce,[162] est privé de sens particulier. On vient d'ailleurs juste de voir que cela peut survenir d'un moment à l'autre, la possibilité étant désormais ouverte.

A partir du moment, en effet, où cette évolution touche l'ordre juridique même d'un Etat européen, à plus forte raison un nombre important d'entre eux, de ce seul événement, un changement profond a lieu dans le domaine répressif des pays européens, la base éthico-sociale de la peine, présupposant toujours son application à des êtres humains, cessant d'exister.

Etant instituée, ainsi dans l'espace juridique européen, la responsabilité pénale des personnes morales acquiert la valeur d'une institution solide en droit positif, avec pour consé-

---

à l'aune de la jurisprudence », ibid, p.113 et s.et Ad. Masset, « Consécration du principe de la responsabilité pénale des personnes morales en droit belge : le principe des peines et les particularités procédurales », ibid, p.53 et s.

[162] Comme nous avons déjà eu l'occasion de le signaler, S. Lytras La responsabilité pénale des personnes morales et la notion de sanction, op.cit. p.40, S. Lytras, La notion de sanction en droit répressif européen : Droit pénal ou droit sanctionnateur op.cit. p. 840, le droit hellénique -sous l'influence allemande- a fermement refusé cette possibilité.

On voit cependant ces derniers temps -à la suite de certains documents (Protocoles, Conventions) internationaux, parmi lesquels la Convention des Nations Unies du 31 octobre 2003 contre le crime international -s'esquisser une perspective différente. Selon, en effet, l'art. 10 de la loi de ratification 3875/2010 de cette Convention « Sous la réserve des principes de droit de l'Etat Partie, la responsabilité des personnes juridiques peut être pénale, civile ou administrative ».

Ainsi, il ne semble pas tellement lointain de voir le droit hellénique procéder dans les temps à venir à la reconnaissance du caractère pénal d'une sanction infligée à une personne morale.

quence, chère à notre propre approche, de faire décisivement avancer, pour des raisons qui sont déjà exposées plus haut, la primauté de la notion de sanction en droit répressif européen.

B. La jurisprudence

La notion de sanction que nous défendons -aussi bien que sa primauté en droit répressif par rapport à celle de peine- ressort nettement de la jurisprudence de la période envisagée, les jugements de justice montrant clairement que la première devance la deuxième, qui n'est en fait rien de plus qu'une des notions qui en dérivent.

Le résultat auquel nous faisons allusion ressort, tant de décisions des Cours ou des instances suprêmes constitutionnelles (a) que de celles des hauts tribunaux administratifs, y compris les juridictions administratives spécialisées(b). Une place à part est réservée à l'activité sanctionnatrice des autorités administratives dites indépendantes (c).

a-1. Le Bundesverfassungsgericht. (BVerfG)

La jurisprudence du BVerfG, à plusieurs points intéressante, active notre approche du fait, en outre, que la culpabilité -jouant un rôle prépondérant dans la conception allemande de la peine, bien qu'elle ne soit pas cantonnée autour de celle-ci, caractérisant, en principe, aussi d'autres données du domaine répressif- nous pousse à nous demander si la notion de sanction qui en ressort[163] est, finalement, plus étroite de celle dégagée par nous.

On y répond en regardant de près cette jurisprudence (1a, les faits), avant de passer (1b) à son évaluation.

---

[163] Que la notion de sanction ressort aisément de la jurisprudence du BVerfG on l'a déjà constaté.V. supra p.68 et s..

1a. Les faits.

En s'approchant de la jurisprudence du BVerfG concernant le domaine répressif, on tombe vite sur la constatation que le Haut Tribunal entend ce domaine en tant que couvert par des données qui vont au-delà de la peine, œuvre exclusive des tribunaux pénaux.

Constatation qui ressort en premier du très important arrêt

20.323 (333) du 25.10.1966, à l'occasion duquel le BVerfG énonce que le principe fondamental « Strafe setz Schuld voraus » est en vigueur, non seulement « fur die Kriminalstrafen, sondern auch fur strafänliche Sanktionen », principe déjà reconnu, comme il le précise toute de suite après, par son arrêt 9.167 (169) aux Ordnungswidrigkeiten, voire aux Geldbusse afférentes.

Rendu au sujet de l'une des sanctions prévues à l'art.890 Abs.1 ZPO / Ordnungsgeld d'une certaine somme ou Ordnungshaft d'une certaine durée/ appliquée après préavis au sanctionné « eine Handlung zu überlassen oder die Vornahme einer Handlung zu dulden » cet arrêt voit le BVerfG traiter clairement comme sanctions des mesures répressives portées devant lui sur la base du mal à infliger et de la violation d'une règle, donc sur la base des traits repérés par notre analyse comme ceux de la sanction.

Encore plus significatif, l'énoncé du Haut Tribunal dans l'arrêt (9.137.(144), au contenu suivant « Als Strafe kann nur ein Übel betractet werden, das wegen eines rechtswidrigen Verbrechens verhängt wird. Das gibt für Kriminalstrafen und für Verwaltungsstrafen (Geldbussen) in gleicher Weise ».

On range, aussi, dans la même voie :

- l'arrêt du BVerfG du 110.1(59) du14 janvier 2004, où l'on lit :«Dem Schuldgrundsatz unterliegen auch Sanktionen, die wie eine Strafe wirken (vgl. BVerfGE 22,125(131);27,36(40ff); 35, 311(320);74,358(375)f.)».Lesquelles prend soin de préciser tout de suite après en disant:«Strafänlich ist eine Massnahme freilich, nicht schon dann, wenn sie mit einer Einbusse an Freiheit oder Vermögen verbunden ist und damit faktisch die Wirkung eines Übels entfaltet. Bei der Beurteilung des poenalen Charakters einer Rechtsfolge sind vielmehr weitere, wertende, Kriterien heranzuzien, insbesondere der Rechtsgrund der Anordnung und der vom Gesetzgeber mit ihr verfolgte Zweck(vgl.BVerGE 9.137(144ff)...»

-l'arrêt 9.167, précité, à l'occasion duquel le BVerfG traite sur la même base les « Strafe » (sanctions pénales) et les Geldbusse, (sanctions pécuniaires, appliquées aux contrevenants aux Ordnungswidrigkeiten), en y indiquant comme seul point de différence entre elles le fait que ces dernières font partie des Ordnungsstrafen qui « keinen ehrenrührigen Charakter hatten und nicht in Strafregister eingetragen wurden ».[164]

1b. L'évaluation.

Cela étant, on ne trouve pas de difficulté à admettre que le BVerfG voit le domaine répressif étendu à un espace qui dépasse nettement celui de la peine. Le tribunal, en parlant en effet entre autres, dans les cas ci-dessus évoqués de Kriminalstrafen, de Stafhänlichen Sanktionen, de Verwaltungsstrafen, fait carrément sienne cette constatation.[165]

---

[164] V. même contenu à BVerfG du 14.10.58, NJW 1958 p.1963, auquel larrêt 9.167 renvoyait.

[165]Ainsi on ne se sent pas surpris de voir, en lisant sa décision -Erste Senat- du 5.11.2019 -1BvL 7 /16(https://www.bundesverfassungsgericht.de/SharedDocs/Entscheidungen/DE/2019/11/ls20191105-1bvl000716.html), le Haut Tribunal de parler de Sanctions s'agissant des mesures répressives prises en vertu des §31, §31a, §31b SGB, dans lequels le terme même de

Cela dit, deux sortes de questions sont posées ici.

La première se résume au fait, si le BVerfG -sous les expressions utilisées- entend un tout, synonyme du terme sanction, de sorte que la notion de sanction devient ainsi, en droit positif allemand, une notion générique couvrant en sa totalité le domaine répressif. Le tribunal mettant en exergue au domaine répressif la notion de la culpabilité, question qu'il considère même comme trait venant, en droit allemand, directement de la Constitution, devant être traduite en celle de savoir si, pour lui, la notion de sanction se rencontre là où ce trait est présent, toute autre mesure répressive ne méritant pas cette qualification. [166] [167]

Que la position du *BverfG* étend à certaines sanctions, autres que strictement pénales, l'application du principe de la culpabilité,[168] est d'importance. Elle ne saurait, cependant,

---

sanction ne figurait pas, terme couvrant ainsi tout le domaine répressif. Réalité dont la doctrine faisait, en partie au moins, déjà état. Ainsi Tiedemann, La constitutionnalisation de la « matière pénale » en Allemagne, Revue de science criminelle et de droit pénal comparé, Sirey, 1994, p.4, en affirmant : « Il s'ensuit que la notion de peine et le concept de matière pénale sont très larges dans la jurisprudence du TCF, ce qui correspond d'ailleurs en grande partie à celle de la Cour européenne des droits de l'homme à Strasbourg (cas Oztürk, Engel et autres). Bien sûr, les limites de ce large concept restent, ou deviennent, de ce fait un peu floues ».

[166] De sorte que l'on se trouverait dans ce dernier cas devant une catégorie juridique à caractère simplement pédagogique.

[167] Le thème ne s'identifie que partiellement avec celui de la responsabilité pénale des personnes morales et des préoccupations qui y sont posées. On connaît ainsi qu'au sujet de cette dernière, le BVerfG, dans son arrêt 20.323(335), ne se montre pas, en principe, hostile à accepter cette responsabilité ; son argument majeur contre elle est en effet l'impossibilité d'existence de la culpabilité d'une personne morale, cette qualité étant inhérente à la personne humaine.

[168] V. in *BverfG* 9.167(170) l'application du principe aux *OWI*.

priver de la qualification de sanction d'autres mesures répressives, dans lesquelles les traits caractéristiques de cette notion sont présents.

Comme le dit pertinemment K.Tiedemann « « Strafe » *ist damit aus der Sicht des BverfG innerhalb eines sehr weiten und jedenfalls für die materiellen Garantien des Verfassungsrechts geltenden Begriffverständnisses jede staatlicherseits erfolgende Übelzufügung, die mit einen Schuldvorwurf verbunden ist oder zumindest punitive Elemente enthält* »[169][170]

Eléments punitifs, base pour une définition conforme aux données du droit positif évoquées, bien que le tribunal se réfé-

[169] Tiedemann, *Verfassungsrecht und Strafrect, précité*, p.16 et s., qui prend soin de noter par la suite -p.17- que ces garanties sont réservées en une « tendenziell grosse Reichweite ». Giacometti, pour qui, op.cit. p.551, « Angesichts dieser Tatschache -il parlait de moindre importance de Verwaltungsstrafe face à la Kriminaldtrafe vu les différents ''Strafzwecke'' visés par chacune de ces peines -erscheint als Schuldform im Verwaltungsstrafrecht nur der Vorsatz, wie das im allgemeinen für das Kriminalstrafrecht gilt, sondern grundsätzlich, wenn nichts anderes bestimmt wird, auch jede Fahrlässigkeit », enrichit davantage, bien qu'en une occasion différente, ce point de vue.

Et cela sans perdre de vue que la notion de faute n'est pas exigée par le droit positif, même pour les sanctions pénales, tandis qu'elle caractérise non seulement les seules sanctions, mais aussi les mesures réparatrices, qui, en principe, sont possibles après faute.

[170] D'autant plus que, d'après la doctrine allemande, des éléments de la "sozial-ethischen Unwerturteils'' ne manquent pas aux OWI qui ne sont pas d'après H.H. Jescheck (Das heutige Wirtschaftsstrafrecht, JZ 1959 p.461), keineswegs belanglos". Thèse à laquelle s'aligne Mattes, Untersuchungen zur Lehre von den Ordungswidrigkeiten,Halbband 2, précité, pour qui, p.299, « Als Ergebnis bleibt somit die Feststellung, dass die Geldbusse, eine echte Strafe im Sinne des Strafrechts, und zwar eine Geldstrafe ist, die sich von der sonstigen Geldstrafe, insbesondere der [früheren] Übertretungsgeldstrafe, ausser in einigen positiv-rechtlich zu regelnden Besonderheiten, nicht unterscheidet» .

rait ici à la seule sanction pénale, dans son arrêt 22.125. (132) selon lequel « Ihrem Wesen nach ist jede Kriminalstrafe Vergeltung durch Zufügung des Strafübels ».

Accepter, d'ailleurs, la thèse contraire serait admettre que ce principe trouve aussi application aux personnes morales, thèse constamment refusée en droit allemand.[171] Autrement, les sanctions contre les personnes morales, passibles en droit allemand de sanctions autres que strictement pénales, les Geldbusse des OWI notamment, devraient être caractérisées comme des non sanctions. Ce qui est un non-sens.[172]

Quant à la deuxième question, celle-ci a trait à la valeur des données évoquées par le tribunal dans les arrêts que nous venons de citer, qui, différentes des traits repérés par notre analyse, comme des traits essentiels de la définition de la sanction, nous poussent à nous demander si celles-ci ont une importance quelconque sur notre approche, de sorte que la notion de sanction qui en ressort, bien différente de celle préconisée par nous, puisse menacer même sa position dominante en droit répressif.

Disons, dès le début, que porter la discussion sur les critères, comme le fait le tribunal dans son arrêt 110.1(59), éloigne en

---

[171] V. là-dessus, R. Scholz, Strafbarkeit juristischen Personen ? ZRP, 2000, Heft 10, p.435 et s., F. J. Bedecarratz Scholz, Rechtsvergleichende Studien zur Strafbarkeit juristischer Personen, Nomos, Dike, 2015, p.97 et s. Encore que le droit constitutionnel allemand n'est pas hostile à une telle évolution d'après le TCF, comme nous l'affirme Tiedemann, (La constitutionnalisation de la « matière pénale » en Allemagne, précité, p.4) en se référant à son arrêt Bertelsmann (Coll.off.vol.20 p.323 et s. de même, vol.58, p.159), cas auquel la culpabilité des personnes morales « se baserait sur l'imputation de la faute des auteurs matériels ».

[172] En définitive, même si l'opinion contraire aurait prévalu, le seul risque que courrait notre approche était de voir son champ se rétrécir, la notion de sanction couvrant, dans le cadre de la jurisprudence du BVerfG uniquement des mesures répressives prises contre des agissements coupables.

principe l'approche des traits essentiels de la définition d'une notion, les critères n'étant que des moyens de repérer les objets qui rentrent dans celle-ci, non de préciser son contenu.[173]

Nous ne pouvons d'ailleurs accorder aucune importance à ces critères, vu que le Tribunal (9.167(172) ne voit qu'une différence de degré entre Ordnungsstraftatbeständen et Kriminalvergehen -ce qui a une répercussion directe sur les sanctions afférentes-indépendamment de l'étendue de son approche- en énonçant dans son arrêt 45.272 (278) du 21 juin 1977 (cité aussi par F. Monderne p.132 note 208) que, «Im Grenzbereich bestehen zwischen dem Kriminalunrecht und dem Ordnungsunrecht nur graduelle Unterschiede».[174]

A partir du moment, en effet, où il n'est pas certain qu'un nombre de données du domaine répressif, si minime soit-il, fait partie -par lui-même- de Kriminalstrafen ou de Geldbussen, il paraît extrêmement difficile de dire que ces deux types de mesures répressives n'appartiennent pas à une et même notion générique voire à la notion de sanction.[175]

---

[173] V. là-dessus, notamment en ce qui concerne la valeur du but comme trait essentiel d'une définition, S. Lytras La notion de sanction et la distinction fondamentale des sanctions, précité, p.84 et s.

[174] Situation excellemment décrite par Chr.Voigt « Konzernumsatzbezogene Verbandsgeldbussen im Marktmissbrauchsrecht, Mohr Siebeck, 2022, qui, en se référant à la prise de position de la doctrine envers la jurisprudence de BVerfG, en la matière, note bien (p.13) « In dem Grenzbereich bestehen lediglich graduelle quantitative Unterschiede des sanktionierten Unrechts, jedoch keine qualitativen.Kriminalunrecht ist ausserhalb der Kernbereiche folglich kein aliud zum Ordnungswidrichkeitenunrecht ». Voir infra en note 178 et l'ensemble de sa position sur ce point.

[175] Voir dans C. Mylonopoulos, Droit pénal, Partie Générale I, précité p.49 et s., l'effort angoissant de la doctrine hellénique d'apporter une réponse aux problèmes théoriques que pose ce terrain de coïncidence.

Pour la dévalorisation, maintenant, des critères invoqués par la juris-

Nous prêtons aussi tout particulièrement un aspect négatif aux expressions comme « ehrerurige Charakter » ou « sozialethische Missbilligung » utilisées à l'occasion par le Haut Tribunal pour faire dissocier Kriminalstrafe und Geldbusse oder kriminaltatbestände et Ordnungswidrigkeiten. Sans aller trop loin,[176] on se contente ici d'avancer l'argument tenant au fait de l'admission par le droit positif de la responsabilité pénale des personnes morales, entités étrangères à des situations évoquées par ces expressions, inhérentes aux seuls êtres humains.[177]

On conclut ainsi que la conception du tribunal de la notion

---

prudence du BVerfG, K.Volk Der Begriff der Strafe in der Rechtssprechung des Bundesverfassungsgericht, Zeitschrift für die gesamte Strafrechtswissenschaft, 1971, p.405 et s., notamment p.409 et s.

[176] Comme on l'a bien montré analysant le droit positif hellénique (v. S. Lytras, op.cit. p.69 et s.) on ne peut accorder la moindre importance à de telles expressions qui tournent autour de la désapprobation du coupable par l'ordre juridique pour son acte, élément caractérisant selon la doctrine du droit pénal, les sanctions qui répondent aux violations des lois pénales. Comme on l'a bien marqué (p.103), cet élément « n'est pas, quoi qu'en ait cette doctrine, un élément particulier de la sanction, c'est-à-dire un élément interne à celle-ci, mais l'autre face, la « résultante » des conditions qui, comme le constate la même doctrine, doivent obligatoirement exister pour que son imposition soit valable ».

Tout en ajoutant par la suite (p.104) « Donc, en dernière analyse, ce que nous considérons comme désapprobation n'est que l'expression de notre possibilité d'imposer à un coupable concret une certaine sanction, et rien de plus ».

Position partagée par une partie au moins de la doctrine allemande. Ainsi, quand T. Geiger, Die Rechtsnatur der Sanction, Duncker et Humblot, Berlin 2006, p.86 en disant, au sujet de la distinction entre Strafe et Geldbusse « Der Begriff der sozialethischen Missbilligung ist somit funktionlos », ne nie pas seulement à celle-ci son caractère d'élément de la définition de la peine (Strafe), mais encore sa possibilité de jouer le rôle d'un critère pouvant nous dire si certaine donnée appartient ou non à cette dernière.

[177] V. sur ce point, S. Lytras, La responsabilité pénale des personnes morales et la notion de sanction, précitée, p.42 et s., p.51 et s.

de sanction, indépendamment du sens qu'elle accorde à certaines de ses émanations, ne s'éloigne pas en substance de la nôtre, sa position reflétant dans le fond une notion de sanction plus vaste de Kriminalstrafe et de Verwaltungsstrafe même, si l'on pouvait concevoir le domaine répressif, ce qui n'est pas le cas, sous un aspect qualitatif.[178]

a.2. Le cas du Conseil constitutionnel français

Très intéressante, parce que déployée pendant cette période, en pleine coïncidence avec les lois qui ont introduit dans le droit positif français des données à caractère répressif, est la jurisprudence du Conseil Constitutionnel, dont ressort sans la moindre difficulté l'autonomie de la notion de sanction et par conséquent -selon nous- sa suprématie.

Il en est ainsi de sa décision No 96-378 DC du 23.7.1996, rendue à l'occasion de la loi de réglementation des télécom-

---

[178] C'est la conclusion que l'on tire de l'approche de Ch. Voigt « Konzernumsatsbezogene Verbandsgeldbussen im Marktmissbrauchsrecht, précitée, qui, faisant une image fidèle de la position de la doctrine sur la jurisprudence du BVerf.G sur le sujet qui nous préoccupe note bien (p.13) « Das Schriftum erkennt daher überwiegend in der Rechtsprechung des BVerfG eine gemischt qualitativ-quantitative Abgrenzung. Demzufolge besteht auf der einen Seite ein Kernbereich kriminellen Strafunrechts, der eine Kriminalstrafe unumgänglich macht. Auf der anderen Seite steht ein rein verwaltungsverfahrenstechnisches Ordnungswidrigkeitenunrecht. Diese beiden Pole unterscheiden sich in ihrem qualitativen Unrechtsgehalt hinsichtlich des moralisch-ethischen Vorwurfs einer Sanktion. In dem Grenzbereich bestehen lediglich graduelle quantitative Unterschiede des sanktionierten Unrechts, jedoch keine qualitativen. Kriminalunrecht ist ausserhalb der Kernbereiche folglich kein aliud zum Ordnugswidrigkeitenunrecht' Conclusion sortant renforcée du domaine des Kapitalmachtrechtlichen Verbandsgeldbussen par rapport auxquelles l'auteur constate avec emphase que, „wohnt somit ein Unrechtsvorwurf inne, der zwar keinen sozial-ethischen schuldausgleichenden Vergeltungscharakter beinhaltet, dem Sanktionsadressaten dennoch einen tadelnden Vorwurf macht '' (ibid).

munications. En y déclarant (Cons.17) que l'art. L 36-11 2o b de cette loi « ne permet d'infliger une sanction administrative de nature pécuniaire, que si le manquement concerné n'est pas constitutif d'une infraction pénale », il est clair qu'il traite la sanction administrative et la sanction pénale comme notions distinctes et autonomes en droit positif. Il considère ainsi, par conséquent, bien qu'indirectement, leur appartenance à une notion plus large qui, par la force des choses, est la notion de sanction, notion générique, autonome, et superposée à celles-là.

Conclusion nettement renforcée par son affirmation, dans le même arrêt (Cons.15), « qu'en particulier une sanction administrative de nature pécuniaire ne peut se cumuler avec une sanction pénale ».

Ainsi egalement de sa décision 82-155 DC du 30 décembre 1982, rendue à l'occasion de la loi de finances rectificative pour 1982. Or, en y disant (Cons.33) que le principe de non-rétroactivité « ne concerne pas seulement les peines appliquées par les juridictions répressives, mais s'étend nécessairement à toute sanction ayant le caractère d'une punition, même si le législateur a cru devoir laisser le soin de la prononcer à une autorité de nature non judiciaire » le Conseil constitutionnel concourt décisivement à l'autonomie -et par la force des choses à la suprématie- de la notion de sanction.

Le fait qu'il semble distinguer -fait assez significatif- au moins trois espèces particulières, à savoir les peines infligées par des juridictions répressives, les sanctions ayant le caractère d'une punition et les sanctions privées de ce caractère,[179] prime

[179] Comme il ressort de la décision du Conseil Constitutionnel CC 2011-211 du 27 janvier 2012 (Cons.1 et 4) au sujet de l'inéligibilité définitive aux chambres, organismes et conseils professionnels des notaires et de certains

de façon forte cette thèse.

Ayant recours, cependant, dans sa décision que nous venons de citer, à l'expression de sanction « ayant le caractère d'une punition », le CC pousse impérativement notre approche à vouloir éclaircir, s'il s'agit ici d'un pléonasme ou bien s'il en découle un sens propre, le seul -en vérité- répondant aux vues du CC, au contenu du terme en droit positif.

C'est de cette question que l'on va s'occuper par la suite, en se référant successivement : aux faits (2a), à la position de la doctrine sur cette question (2b), enfin, à notre propre approche sur ce sujet (2c).

2a. Les faits.

La décision No 82-155 du 30 décembre 1982, précitée, est, à notre connaissance, la première d'une longue série de décisions, auxquelles le Conseil Constitutionnel a recours à l'expression « sanction ayant le caractère d'une punition ». Que l'on précise ici que, en rendant cette décision, la haute instance constitutionnelle devait se prononcer sur la conformité à la Constitution du par. II de l'art. 22 de la loi de finances rectificative pour1982, portant validation de la délibération No374 du 11 janvier 1982 de l'assemblée territoriale de la Nouvelle Calédonie et dépendances.

Or, le Conseil Constitutionnel, en s'appuyant sur l'art. 8 de la Déclaration de Droits de l'Homme de 1789, énonce (Cons.34) que cette validation qui avait un effet rétroactif, « ne saurait avoir pour effet de soustraire au principe de non rétroactivité les dispositions de ladite délibération édictant des sanctions, sans distinction entre celles dont l'application revient à une juridiction et celles dont l'application revient à l'administration… », sans apporter la moindre précision sur le

officiers ministériels, en vertu de l'art.4 de l'ordonnance du 28 juin 1945.

sens qu'il avait donné à la notion de sanction contenue dans l'expression « sanction ayant le caractère d'une punition » à laquelle il venait de recourir au Cons.33.

Ce qui ressort de son approche (Cons.34) - conclusion à laquelle on arrive de façon négative, par soustraction même- est, seulement, que cette expression ne concerne pas les majorations des droits et des intérêts de retard qui, d'après lui, ont un caractère de réparation.

Ce manque de précision est aussi présent dans toutes ses décisions qui se réfèrent au même sujet :

Ainsi dans sa décision No 88-248 DC du 17 janvier 1989, rendue à propos de la loi modifiant la loi No 86-1067 du 30 septembre 1986, relative à la liberté de communication, à laquelle (Cons.36) le CC prend soin d'affirmer que :

« Considérant que ces exigences ne concernent pas seulement les peines prononcées par les juridictions répressives, mais s'étendent à toute sanction ayant le caractère d'une punition, même si le législateur a laissé le soin de la prononcer à une autorité de nature non judiciaire ».

De même de sa décision No 2004-497 DC du 1er juillet 2004, concernant la loi relative aux communications électroniques et aux services de communication audiovisuelle, au Cons.14 de laquelle on lit :

« Cons. que les règles et principes de valeur constitutionnelle n'imposent pas par eux-mêmes aux autorités administratives de motiver leurs décisions dès lors qu'elles ne prononcent pas une sanction ayant le caractère d'une punition ».

Le CC est toujours resté sans préciser le sens sous lequel il entend son recours à l'expression en cause, en rendant sa décision 2003/489 du 29 décembre 2003, concernant la loi des Finances pour 2004, à l'occasion de laquelle et en se référant à l'art. 8 de la Déclaration des Droits de l'Homme et du Citoyen du 1789, il énonce (Cons.11) :

« Cons. qu'il résulte de ces dernières dispositions qui s'appliquent à toute sanction ayant le caractère de punition, qu'une peine ne peut être infligée qu'à la condition que soient respectés les principes de légalité des délits et des peines, de nécessité des peines, et de non rétroactivité de la loi répressive plus sévère ; que s'impose en outre le respect des droits de la défense ».

Même image de son arrêt 2021-826 du 21 oct. 2021, à l'occasion duquel, en se référant au principe ressortant de l'art. 8 de la Déclaration de1789, il prend soin de noter (4) que « Ce principe s'applique non seulement aux peines prononcées par les juridictions répressives mais aussi à toute sanction ayant le caractère d'une punition ».

Tel étant le contenu des décisions susmentionnées du CC, prises à titre d'exemple et en principe au hasard,[180] la conclusion qui s'impose est que la haute instance constitutionnelle recourt constamment à l'expression « sanction ayant le caractère d'une punition », sans pour autant en préciser le sens,[181] ce

---

[180] Nombre d'arrêts auxquels le CC, s'agissant de sanctions, recourt à la notion de « punition » v.in Botton Ant. « A la recherche de la peine perdue en droit constitutionnel (dossier7) » Droit pénal (9), 2015.

[181] Nettement en faveur de cette position la doctrine. V. sur cela -à titre indicatif- M. Leblond, Le principe d'individualisation de la peine en droit pénal français, Droit. Université Montpellier, 2021, selon lequel, p.126, « Si le Conseil s'applique depuis plus de trente ans à étendre les garanties constitutionnelles à toutes peines et sanctions ayant le caractère de punition il ne définit pourtant pas cette notion, semant le doute sur le contenu de cette catégorie de mesures ». Sur l'absence d'orthodoxie juridique, des décisions du Conseil, caractérisé par lui comme « juridiction politique pour laquelle le droit n'est donc qu'un instrument au service de finalités d'un autre ordre que juridique », Philippe Conte, (/

qui nous oblige de chercher, du moins, de le faire nous-mêmes.

Ceci dit, il nous faut, pour y arriver, mettre cette expression dans l'ambiance entière créée par les décisions du CC et cela de façon tant positive (2aa), que négative (2ab).

2aa. Une approche positive.

On estime que le sens de l'expression utilisée par le CC dans les décisions susmentionnées, doit être précisé à la lumière de certaines autres de ses décisions, notamment de la très importante décision No 97–395 DC du 30 décembre 1997, concernant, elle aussi, une loi de finances, cette fois celle concernant l'année 1998.

Or, dans cette dernière, le CC -à l'occasion de sanctions de nature fiscale prévues par cette loi- se réfère non seulement à la notion de sanction, comme une notion autonome, au sens que nous entendons ce terme -englobant, c à d en tant que plus large, toutes les autres- mais de plus, a procédé à une identification totale entre régime répressif et régime d'application des sanctions, tout en étendant la notion de peine au sens de l' art. 8 de la Déclaration, aussi bien aux sanctions pénales, qu'aux sanctions administratives.

C'est, en effet, à notre avis, le sens que l'on doit tirer du contenu de la décision évoquée, où l'on lit :

« Cons. que le principe de non-rétroactivité des lois n'a valeur constitutionnelle, en vertu de l'art.8 de la Déclaration des droits de l'homme et du citoyen qu'en matière répressive ; qu'il est loisible au législateur d'adopter des dispositions fiscales rétroactives dès lors qu'il ne prive pas de garantie légale des exi-

---

auteur/philippe-conte-964. html) » La matière pénale revue par le Conseil constitutionnel », Jus Politicum, No 21 [http://juspoliticum.com/article/La matière-pénale-revue par- le Conseil-constitutionnel-1260.html]

gences constitutionnelles ; que l'art. 12 n'édicte pas une sanction ; qu'il modifie un avantage fiscal antérieurement accordé dont aucune règle constitutionnelle n'impose le maintien ;... » (Cons.17).

« Cons. qu'il suit nécessairement de ces dispositions » -la référence est à l'art.13 de la Déclaration de 1789- « ayant force constitutionnelle que l'exercice des libertés et droits individuels ne saurait en rien excuser la fraude fiscale, ni en entraver la légitime répression: que, toutefois, il appartient au législateur d'assurer la conciliation de ce principe avec celui qu'énonce l'article 8 de la Déclaration des droits de l'homme et du citoyen, aux termes duquel: « La loi ne doit établir que des peines strictement et évidemment nécessaires et nul ne peut être puni qu'en vertu d'une loi établie et promulguée antérieurement au délit, et légalement appliquée ». (Cons.36).

« Cons. qu'il résulte de ces dernières dispositions, qui s'appliquent à toute sanction ayant le caractère de punition, comme des principes fondamentaux reconnus par les lois de la République, qu'une peine ne peut être infligée qu'à la condition que soient respectés le principe de légalité des délits et des peines, le principe de nécessité des peines, le principe de non rétroactivité de la loi répressive d'incrimination plus sévère ainsi que le principe du respect des droits de la défense ; » (Cons.37).

« Cons. que, toutefois, lorsqu'une sanction administrative est susceptible de se cumuler avec une sanction pénale, le principe de proportionnalité implique qu'en tout état de cause, le montant global des sanctions éventuellement prononcées ne dépasse le montant le plus élevé de l'une des sanctions encourues ; qu'il appartiendra donc aux autorités administratives et judiciaires compétentes de veiller au respect de cette exigence;... » (Cons.41).

Il ne saurait mieux être exprimé, à notre sens, que, d'après le CC –qui en déployant sa prise de position fait, au fond, l'identification totale entre les termes peine et sanction- la matière répressive embrasse tout le terrain où sont déployées des sanctions, notion à laquelle font partie aussi bien les mesures répressives infligées par des tribunaux pénaux (sanctions pénales) que les mesures répressives infligées par des autorités administratives (sanctions administratives), comme aussi que dans tout ce domaine répressif peuvent et sont appliquées des règles identiques, en l'espèce le principe de proportionnalité.[182]

---

[182] A noter que le Conseil Constitutionnel n'hésite pas à parler de sanctions ayant le caractère de punition même s'agissant des sanctions appliquées dans le cadre du droit civil, à certaines desquelles, qualifiées de mesures de procédure civile, la Cour de Cassation -suivie en cela par le Conseil d'Etat faisant état lui de leur liaison à l'ordre public- refuse le caractère de sanction. Voir sur ce point les conclusions de Dutheillet de Lamothe sur CE 24 avril 2019 No 412271 (AJDA 2019, p.2193 et s.) et les arrêts qui y sont cités. Quoi qu'il en soit, si la question des sanctions dans le cadre du droit civil présente des particularités, du fait notamment que celles-ci se réfèrent en principe aux comportements développés dans le cadre des relations soumises au droit privé, comme nous l'avons bien montré (v. là-dessus S. Lytras, Sanctions judiciaires, in Ephimerida Dioikitikou Dikaiou, 2018 p.443 et s. notamment p.454 et s. en langue hellénique), la notion de sanction y est présente à condition que la mesure à appliquer prend le caractère de mal. Caractère qui est absent tant que la personne « sanctionnée » n'a pas suivi les règles qui sont exigées par le droit pour obtenir les résultats visés. Comme cela arrive -pour rester à ce seul exemple-, si l'acte en cause n'est pas soumis à la forme exigée par la loi, que celle-ci concerne le fond de l'acte où la procédure. (V. sur ce sujet infra p.189 et s.) De sorte que la critique éventuelle de la position du Conseil Constitutionnel sur ces sanctions, est uniquement fondée, si celui-ci accepte qu'entrent dans le contenu de la notion de sanction des cas auquels manquent les traits ressortant de notre analyse. Ce qui n'est pas ici le cas.

2ab. Une approche négative

A part les décisions, où le CC, tout en utilisant le terme de punition, n'offre pas de points sur lesquels s'appuyer pour pouvoir dégager le vrai sens par lequel il entend le terme de « sanction ayant le caractère d'une punition », des cas existent dans sa jurisprudence, dans lesquels la Haute Instance ne sent pas le besoin de se référer à cette notion, pour pouvoir justifier les thèses que chaque fois elle adopte. Cas qui nous poussent à penser que l'expression « sanction ayant le caractère d'une punition » n'a pas de sens particulier, hors celui exprimé par le terme sanction, par rapport à laquelle elle n'implique pas un sens restrictif.

A titre d'exemple on peut noter ici :

La Déc. 86-224 DC du 23 janvier 1987, dans laquelle le CC, n'utilise pas cette expression, bien qu'il s'agisse, à ses propres dires d'ailleurs, de sanctions pécuniaires de gravité. (Cons. 22).

La Déc. 96-378 du 23 juillet 1996, concernant la Loi de réglementation des télécommunications, précitée, dans laquelle le Conseil Constitutionnel ne fait pas non plus la moindre référence à l'expression en cause, malgré le fait qu'il s'agissait également de sanctions pécuniaires, qui représentent pour lui de façon constante des sanctions ayant le caractère d'une punition.

La Déc. 95-369 du 28 déc.1995 -loi de finances pour 1996- dans laquelle la Haute Instance constitutionnelle, ayant à juger la conformité à la Constitution d'une disposition contenue dans la loi qui restreignait le champ d'application d'une réduction de l'impôt sur le revenu au titre des contrats d'assurance-vie écarte l'argument/thèse en disant qu'il ne s'agissait pas en l'espèce d'une sanction, sans utiliser le terme « sanction ayant le caractère d'une punition ».[183]

« Considérant » -dit la Haute Instance (Cons.4), tout en marquant ainsi une identification totale entre sanction et sanction ayant le caractère de punition- « que le principe de non-rétroactivité des lois n'a valeur constitutionnelle en vertu de l'art. 8 de la Déclaration des droits de l'homme et du citoyen qu'en matière répressive : que l'art. 4 de la loi n'édicte pas une sanction mais limite les effets dans le temps de réductions fiscales ; qu'il est loisible au législateur d'adopter des dispositions nouvelles permettant dans certaines conditions de ne pas faire application des prescriptions qu'il avait antérieurement édictées dès lors qu'il ne prive pas de garanties légales des exigences constitutionnelles… »

Citons enfin ici l'arrêt 2007/556 du 16 août 2007 où -s'agissant des mesures répressives dont la nature de sanction ne fait pas de doute, la question portant sur des sanctions disciplinaire- le CC parle tout simplement de sanction ne sentant pas le besoin d'y ajouter le terme « punition ».

De toutes ces décisions, une conclusion simple s'impose. Ne sentant pas le besoin d'ajouter au terme de sanction, qu'il utilise, l'expression « à caractère de punition », malgré le fait qu'il s'agissait de données répressives selon lui même incontestables, le Conseil Constitutionnel nous dit clairement que, pour lui, sanction et sanction punitive ne sont qu'une et même chose.

Que l'on constate, maintenant, si cette conclusion reçoit l'accord de la doctrine qui est développée sur cette matière.

2b. Les positions doctrinales

La jurisprudence du Conseil Constitutionnel n'a pas laissé

[183] F. Moderne, Le pouvoir de sanction administrative au confluent du droit interne et des droits européens, RFDA 1997 p. 3-4

indifférente la doctrine en France. A sa suite, en effet, celle-ci n'hésite pas à parler, au sujet notamment des sanctions infligées par l'Administration, de sanctions ayant un caractère punitif ou tout simplement de punitions, sans y accorder toujours et obligatoirement un sens restrictif.

L'étude de J. Kluger sur l'élaboration de la notion de sanction punitive par le Conseil Constitutionnel est la première devant être citée ici.[184]

« Le travail que nous nous proposons ici de faire » -écrit au début de son approche Kluger- « prend son origine dans la constatation que le droit pénal a perdu sa position dominante dans la politique répressive des Etats » et, un peu plus bas, « Sur le plan interne, l'évolution la plus significative est l'émergence d'une sanction non pénale par sa forme (car prononcée par les réseaux administratif, disciplinaire...) mais présentant sur le fond des similitudes certaines avec les sanctions pénales (notamment par son intensité) ».[185]

Sur cette base -et ayant constaté[186] que « La question qui s'est alors posée au Conseil Constitutionnel est de savoir si, considérant la ressemblance de la sanction extra-pénale avec la sanction pénale, on devait lui étendre les garanties et les principes fondamentaux du réseau pénal. Ou si au contraire, on devait laisser subsister le particularisme de cette répression, en la soumettant aux règles du réseau qui la prononce », l'auteur -s'intéressant plutôt à dépister le mode de raisonnement du CC en pensant que, de cette façon, il pourrait arriver plus vite au résultat voulu-, n'a pas pu avancer une formule concluante sur notre sujet.

---

[184] J. Kluger, L'élaboration d'une notion de sanction punitive dans la jurisprudence du Conseil Constitutionnel, RSC, 1995,p.505 et s.

[185] Même p.505.

[186] ibid

Cette façon de procéder a constitué la difficulté majeure pour M. Kluger, dont l'analyse sur les critères utilisés par le Conseil Constitutionnel dans ses décisions n'apportait que rarement réponse à la question du contenu de la notion de punition, vu le silence du CC sur ce contenu même.[187]

En estimant par ailleurs que les critères que le CC a utilisés dans six de ses décisions, où il emploie le terme de punition, qu'il avait en détail analysé, ne sont pas convaincants, il a conclu -vu les données qu'il avait entre les mains et dont il parlait- à un résultat plutôt décevant par rapport à ses ambitions. « En effet -écrit-il, p.528- rien dans le raisonnement du Conseil ne permet d'expliquer pourquoi la sanction détenue par le CSA ou la COB est plus une sanction ayant le caractère d'une punition que celle détenue par le préfet en matière de reconduite à la frontière ».[188]

De son analyse, qui est à plusieurs égards intéressante, on

[187] « Cette formalisation -écrit à propos de l'œuvre de J. Kluger-Farina-Cussac Jerôme : « La sanction punitive dans la jurisprudence du Conseil Constitutionnel et de la Cour Européenne des Droits de l'Homme (éléments pour une comparaison) » RSC 2002 p.518, in fine- porte sur les critères de détermination de la constitutionnalité de la mesure punitive (et non sur la détermination de sa notion proprement dite) ; » tout en estimant par ailleurs, p.519, que les expressions qu'utilisent la CEDH (matière pénale) et le CC (sanction ayant le caractère d'une punition) sont identiques en l'esprit.

[188] Sans toucher notre problème ici -tout en indiquant les traits qui d'après l'auteur doivent caractériser une sanction- un autre point intéressant de son approche ressort de la page 519, de son article, où à l'occasion de l'arrêt CC 13 août 1993, il dit de façon non sujette à deuxième lecture « On ne peut que regretter cette jurisprudence dans la mesure où il nous apparaît que « la mesure de police » est une punition au même titre que la sanction prononcée par le CSA et le COB. En effet, elle se présente, comme la sanction prononcée par le CSA ou la COB, comme un châtiment, une réaction du corps social à un certain comportement ».

doit relever la place importante qu'il accorde à la comparaison de la façon, par laquelle le CC et la CEDH approchent le domaine répressif.

Approche qui, ajoutée au recul de la notion de peine comme la principale réaction de l'ordre public à l'illicite, le domaine répressif étant envahi par l'afflux de mesures répressives autres que pénales, conduit fatalement à ériger la notion de sanction en notion souveraine de ce domaine.[189]

Réservant à la notion de sanction à caractère punitif un sens sensiblement restreint, l'approche de M. Degoffe, auteur d'un livre d'importance concernant la sanction non pénale,[190] doit être également citée ici.

M. Degoffe, part de l'idée -ici on se réfère à son étude plus récente relative à la notion de sanction à caractère punitif- que la notion de punition, utilisée par la Jurisprudence du CC, constitue une catégorie isolée au sein de la catégorie plus large des sanctions, et même des sanctions infligées par l'Administration.

« Le pouvoir répressif de l' administration -car il ne sera question dans cette étude que de cela » -écrit-il[191]- « se dédouble donc : - Il y a les sanctions proprement dites pour lesquelles le Conseil constitutionnel n'exige que le respect des

---

[189] Approche dont on a donné déjà un aperçu en indiquant, ci-avant dans le texte, la constatation par l'auteur du recul du droit pénal ayant perdu sa position dominante dans la politique répressive des Etats au profit d'autres mesures à caractère répressif notamment, celles de sanctions administratives.

[190] M. Degoffe, « Droit de la sanction non pénale », Economica, 2000.

[191] M. Degoffe, La sanction à caractère punitif selon le Conseil Constitutionnel, in La Sanction, Colloque du 27 novembre 2003, à l'Université Jean Moulin Lyon 3, Préface B. Mallet-Bricout, L'Harmattan, Logiques juridiques, 2007, p.47.

principes du droit disciplinaire. L'on pourrait parler de sanction disciplinaire par habilitation étatique…-Les punitions qui, en raison de leur caractère quasi pénal, se voient appliquer certains des principes du droit pénal ».

Après avoir précisé, à la suite de son exposé, que les sanctions disciplinaires existent « pour faire observer les règles d'un ordre juridique partiel, d'une institution »,[192] de sorte, comme dit Degoffe en reproduisant la thèse d' Auby, qu'elles visent celui « qui a un lien particulier avec l'administration » à l'opposé de la sanction administrative qui « … peut, elle, viser tout administré, même s'il n'a aucun lien préétabli avec l'administration », ensuite il passe à la définition de la notion de punition, à laquelle, cependant, il n'arrive jamais directement. En fait, pour lui il y a -en principe- punition s'il y a répression d'un comportement développé sous un régime de liberté affirmé par le législateur, lorsque ce comportement constitue un abus. Il y a aussi punition, bien que l'activité se déroule sous un régime de réglementation, dans lequel quelqu'un entre par sa seule volonté, si la sanction infligée ne touche pas le destinataire dans sa liaison particulière avec la réglementation, elle est c à d -de par son contenu- étrangère à la réglementation, dont il s'agit. « En somme il existe -écrit-il, étude précitée, p.50- :

- un régime de liberté, l'activité de l'individu se déployant librement ; la répression des abus sera une punition ;

- un régime de réglementation où l'activité de l'individu ne peut se déployer qu'avec l'approbation de l'Etat. La répression

---

[192] En s'alignant en cela sur J. M. Auby, pour lequel les sanctions disciplinaires, différentes des sanctions administratives, sont fondées, aux dires de M. Degoffe, sur le « caractère volontaire ou non de l'utilisation du service public ».

sera alors une sanction sauf si, par son contenu, elle ne présente pas dans ses modalités de lien avec la réglementation ».

Telle étant en substance la position de M. Degoffe, elle appelle de vives critiques[193]. Evidemment, on se rend compte qu'il s'agit d'une matière difficile à cerner. Cela n'a pas échappé à M. Degoffe ; son approche, cependant, manque de cohérence et, par conséquent, elle n'est point convaincante. Nous précisons.

Les sanctions disciplinaires auxquelles M. Degoffe compare les punitions, ont toujours un sens très restreint. Même, si l'on accorde à ce terme une extension très large, son champ d'application ne peut dépasser certaines limites, cette caractéristique concernant, d'une façon ou d'une autre, des ensembles organisés, encore que cette organisation peut prendre par moment des dimensions importantes.

Il paraît ainsi extrêmement difficile de ranger dans cette catégorie toutes les sanctions infligées par l'Administration, si l'on n'arrive pas à les ranger dans les punitions. Même si, cependant, l'on passe outre cette difficulté -procédant à une identification totale entre les termes administratif et disciplinaire, comme nous y pousse l'exposé Degoffe[194] - du fait que ces sanctions disciplinaires peuvent avoir un poids considé-

---

[193] Sans s'occuper de montrer si le départ de son approche, à savoir que l'expression « punition » signalait une particularité répressive, était justifié ou non.

[194]Ainsi, quand il affirme (P.53) au sujet des critères pour se prononcer sur l'existence ou non d'une punition « -ou bien la sanction touche l'individu dans l'objet même de la règlementation. Celle-ci a conféré des droits, la sanction les lui retire provisoirement ou définitivement, partiellement ou complètement. Il y a alors sanction administrative, ou bien, la sanction n'a aucun rapport avec l'objet même de la réglementation. La sanction frappe l'inividu mais sans chercher atteindre les droits qu'il détient de l'autorisation. Alors, il y a punition. L'exemple le plus manifeste est l'amende ».

rable, comme cela arrive, si l'on met en dehors du service un fonctionnaire, les choses deviennent plus graves, s'agissant des sanctions faisant partie du domaine disciplinaire élargi,[195] il paraît peu conforme de ne pas appeler ces sanctions des punitions et de l'autre côté, ranger dans cette catégorie -comme le fait M. Degoffe- les sanctions pécuniaires, même celles de moindre importance, sous l'argument qu'elles sont étrangères à la réglementation.

Sans être conforme au droit positif, la thèse d'Auby qui distingue entre sanctions administratives et sanctions disciplinaires -comme si les sanctions disciplinaires n'étaient pas des sanctions administratives, du moins lorsqu'elles sont appliquées par des autorités administratives- est plus cohérente en soi, la sanction disciplinaire s'étant toujours -en droit positif et en théorie- confrontée à la sanction pénale, en dehors du fait que cette distinction constitue une distinction traditionnelle.

Lier par ailleurs, comme le fait Degoffe, une sanction ayant toujours le caractère de punition à une liberté, relève en grande partie de l'arbitraire, étant donné qu'il n'existe pas de sanction sans répercussion sur une liberté individuelle, que celle-ci concerne la liberté d'entreprendre, celle d'aller et venir et ainsi de suite.

Si, d'ailleurs, on pouvait ériger en catégorie autonome les sanctions qui comportent une répression à un abus de liberté, par la force des choses, on aurait mis, dans l'essentiel, dans une et même catégorie juridique, toutes les sanctions qui présentent ce caractère, en principe, tant les sanctions appliquées par l'Administration, que celles appliquées par des tribunaux pénaux, chose contraire aux données du droit positif qui dis-

---

[195] V. sur ce sujet S. Lytras, Le phénomène disciplinaire dans le droit public hellénique contemporain, L'Harmattan, 2019, passim.

tingue nettement ces catégories de sanctions, encore que cette distinction est loin de constituer la summa divisio en la matière.[196]

Et si M. Degoffe soutient que l'attitude du Conseil Constitutionnel de qualifier certaines sanctions de punitions est normale, « sans quoi il suffirait au législateur d'instituer des infractions sévèrement réprimées et de ne pas les qualifier de crimes et délits pour échapper aux garanties procédurales » (op. cit. p.49), il n'en reste pas moins que le mouvement contraire a besoin aussi de l'intérêt du juge, le législateur pouvant -théoriquement- qualifier de crimes ou de délits des comportements d'importance mineure, de sorte que la qualification de punition devra être exclue, même s'agissant des sanctions pénales. Cette éventualité, cependant, est minimisée par M. Degoffe qui, s'appuyant sur un critère de but, se croit à même de soutenir (op.cit. p.54, note 19), qu'une « interdiction professionnelle » -et cela pouvait couvrir des sanctions de toute genre- « dès lors qu'elle est prononcée afin de sanctionner des infractions à la réglementation professionnelle en cause, est une sanction administrative. Elle devient une punition, si elle est prononcée par le juge pénal dans un autre but ».

L'arbitraire de la thèse Degoffe devient plus frappant lorsque celui-ci est obligé de qualifier de punitions des sanctions appliquées aux fonctionnaires et plus généralement à ceux qui ont des liens particuliers avec l'Administration, une fois que ces sanctions n'ont pas de rapports avec le service, cas qui -d'après lui- trouve son terrain de prédilection lorsqu'il s'agit de l'application de sanctions pécuniaires, comme le sont les amendes.

---

[196] V. sur ce point, s'agissant du droit positif hellénique, S. Lytras, La notion de sanction et la distinction fondamentale des sanctions, précité, p.69 et s.

C'est d'ailleurs cette donnée qui ajoute à sa thèse une difficulté majeure, sinon pratiquement insurmontable, qui l'oblige par ailleurs de ranger dans la catégorie de punitions, les sanctions fiscales. Le contribuable se trouvant -d'après son propre point de vue- dans une situation réglementée, ce que l'on pourrait attendre de lui, ce serait de soutenir que sa situation (de contribuable) donne lieu à l'application de sanctions (administratives), dans le sens qu'il entend de ce terme dans ce travail, et point de punitions.

En définitive, M. Degoffe, à l'appui de son analyse, finit par rapprocher les sanctions, qu'il appelle punitions, avec les sanctions pénales, bien que celles-ci, en principe différentes des premières, soient appliquées par des organes et des procédures particuliers, et les séparer des sanctions administratives, infligées, en principe, par des organes et des procédures du même ordre, encore qu'elles présentent avec elles des similitudes certaines. Et la faiblesse de sa position s'avère, d'un côté pratique cette fois-ci, lorsqu'il soutient (op.cit. p.50) que, du fait qu'il s'agit d'une activité réglementée. « L'insistance sur le principe de légalité, de nécessité, de non-rétroactivité, des droits de la défense s'atténue dans la mesure où ; d'une part, ce n'est pas l'exercice d'une liberté qu'il faut protéger mais surtout, d'autre part, parce que l'individu sait à quoi s'en tenir ». Comme si celui à qui on a retiré une autorisation relative à une donnée importante pour son activité ou le droit d'exercer une profession, aurait besoin de moindre protection que celui qui est passible d'une sanction pénale, ayant commis une infraction routière mineure.

Le point faible de M. Degoffe se trouve dans le fait qu'il se crut obligé de donner un sens concret à l'expression « punition », utilisée par le Conseil Constitutionnel, tandis que celui-ci, comme il ressort de l'analyse de sa jurisprudence, veut seulement clarifier mieux les choses et dissiper tout malentendu ou équivoque en la matière.[197] Ce que nous allons constater par la suite.

La thèse de Farina-Cussac.

On ne veut pas entrer dans des détails de cette approche doctrinale, à laquelle on s'est déjà référé,[198] présentant un intérêt certain de notre point de vue, l'auteur procédant à une comparaison de la façon avec laquelle agissent en la matière ces hautes institutions, le CC et la CEDH.

On doit seulement remarquer, en premier, que Farina-Cussac considère cette notion « de sanction ayant le caractère de punition » comme acquise, vu la jurisprudence du CC et de la CEDH.

« La Cour et le Conseil -écrit-il [199]- ont véritablement élaboré et mis en œuvre, au fil de leurs décisions, ce que l'on pourrait appeler une notion de sanction punitive, notion autonome par rapport aux qualifications juridiques traditionnelles... »

Même sous cette simple constatation, cependant, l'étude avance décisivement la thèse de la place souveraine de la notion de sanction en droit positif répressif.

---

[197] Plus proche d'une telle façon de voir les choses Carol Bel Dora HOUGNANI « Sanction pénale et sanction ayant le caractère de punition » Thèse, Université de Clermont Auvergne 2022,p.30, note bien en concluant sur ce point «L'analyse de la notion « de sanction ayant le caractère d'une punition » nous a permis d'en venir à une identification, à défaut d'une définition globale officielle. Ainsi les sanctions ayant le caractère de punition peuvent être considérées comme des sanctions répressives non prononcées par un juge pénal. » V. en version numérique https://theses.fr/?domaine=theses ou https://theses.hal.science/tel-O4722039

[198] *Supra* notes 5 et 187

[199] Op.cit. p.518

A partir du moment, en effet, où l'auteur admet l'existence en droit français répressif, de la notion « de sanction ayant le caractère de punition », sanction différente notamment de la sanction pénale -sans qu'il soit nécessaire de se référer à d'autres catégories de sanctions existantes- il paraît clair que sur la base de ses dires, la notion de sanction devient automatiquement le substrat commun à ces deux catégories et par extension à toute catégorie de sanction du domaine répressif, à laquelle les traits que nous avons repérés sont présents, ce qui la rend, en définitive, notion souveraine en ce domaine.[200]

Egalement intéressante l'approche de l'auteur, quand il procède à l'identification de la notion de peine ou de sanction -termes employés par lui indifféremment l'un pour l'autre- dans la jurisprudence de la Cour et du CC, les cas analysés par lui présentant de façon directe ou indirecte les caractéristiques de la notion de sanction prônée par nous tout au long de ce travail.[201] Approche, encore -selon l'auteur (op.cit. p.529), « Les jurisprudences du Conseil et de la Cour donnent lieu à des critiques véhémentes, qui peuvent d'ailleurs être justifiées, et pertinentes »- qui parle elle aussi fortement de la thèse dominante de cette notion en droit répressif.

2c. Une approche réaliste.

2ca. De l'analyse précédente, il ressort clairement que dans aucune de ses décisions, le Conseil Constitutionnel ne recourt dans ses textes à la notion de « sanction ayant le caractère

---

[200] Résultat auquel on arrive par la négative, en se rendant compte, ce que l'auteur fait (ibid p.519), de la jurisprudence du CC et de la CEDH, concernant certaines mesures ayant comme but « la réparation où le remboursement d'une faute », auxquelles manque le caractère de sanction ayant le caractère d'une punition.

[201] Voir, sur ce point, plus précisément ses analyses op.cit. p., 520 et s.

d'une punition », ne précise les critères sur lesquels il s'est appuyé, sans -ce qui est encore plus important- souffler mot sur les caractéristiques qu'il entend être propres à cette notion, traits qui pourraient nous convaincre du sens qu'il donne à ce terme, et ainsi nous faire savoir si cette expression couvre ou non une notion à part.[202]

Ainsi, en prenant les choses sous leur aspect tout à fait extérieur, on aurait pu sans grande difficulté prétendre qu'il ne s'agit, ici, que d'une affirmation arbitraire, qui n'est pas à même d'accorder à ce terme un contenu exact, conforme tant aux vues du législateur qu'aux dispositions constitutionnelles qui régissent ce domaine. Le caractère arbitraire de son approche, en partie au moins, ressort déjà de la très intéressante étude de J. Kluger précitée,[203] bien que celui, à la fin de son étude[204] préfère parler, au sujet de la position du CC, d'œuvre inachevée plutôt que d'arbitraire.

2cb. S'agissant cependant de l'œuvre d'une instance constitutionnelle d'une telle importance, on ne doit pas être satisfait d'une telle approche, étant obligés de cerner de tout près sa démarche pour arriver à une conclusion définitive et, en même temps, faisant foi.

Or, il paraît à nos yeux que le CC, ayant à juger sur un

---

[202] Chose repérée par Picard, lorsqu'il écrit, Chronique JCP La semaine Juridique 1993 I No 3645 p.44 « De surcroît, l'expression utilisée par le Conseil implique nécessairement qu'il y aurait des sanctions non punitives. Mais toute la difficulté est de préciser le critère de cette notion -ce que ne fait pas le CC ; et l'utilisation qu'il fait du mot « punition », ne la résout pas : il la déplace sur ce dernier mot, en compliquant l'état de la question ». Manque repéré aussi par E. Dreyer, Droit pénal général, 3ème éd. Lexis Nexis, 2014, p.107.

[203] *Op.cit. p.*505 et s.

[204] *Op.cit. p.*528 et s.

projet de loi qui établit des sanctions dans une époque où le domaine répressif a connu l'évolution que nous venons de décrire, évolution qui a ébranlé, sinon défiguré, ce domaine :

- tout en se rendant compte des principes qui régissent la matière et sont posés par l'art. 8 de la Déclaration des droits de l'homme et du citoyen, toujours en vigueur,
- bien que l'Etat moderne ait besoin d'un arsenal répressif nouveau, différent, du moins en grande partie, de celui qu'avaient devant leurs yeux les révolutionnaires, à savoir les juridictions répressives traditionnelles, voire les tribunaux pénaux.

Il se considère obligé d'appliquer aux sanctions d'aujourd'hui, qui à ses yeux présentent des similitudes avec des sanctions appliquées par le tribunal pénal, les mêmes principes qui, conformément à l'art. 8 de la Déclaration, doivent être appliqués à ces dernières, même si elles sont imposées par un organe non judiciaire ou non juridictionnel, voire par l'Administration.

Comment, cependant, pourrait-il être sûr de la similitude ?

C'est à ce moment-là qu'il a eu recours à la notion de punition qui représente à ses yeux le fond du pouvoir des tribunaux pénaux, à savoir le fond du terme répressif, en son sens étroit.

Or, le contenu de ce terme n'a, lui, jamais été précisé jusqu'à aujourd'hui, comme nous venons de le constater.

Ainsi, on arrive à dire- ce qui nous paraît le plus évident- que le Conseil Constitutionnel parle de sanction ayant le caractère d'une punition chaque fois qu'il est devant une mesure qui -vu ses caractéristiques, sa consistance- pourrait être une peine, à savoir une sanction telle que celles qu'applique d'ordinaire un tribunal pénal.

En d'autres termes le Conseil Constitutionnel emploie le

terme de punition, chaque fois qu'il est en présence d'une mesure ayant les caractéristiques de sanction, que nous connaissons déjà, à savoir d'un mal infligé à une personne à cause d'un comportement violant une règle de droit, ce qui est, d'ailleurs, le propre des sanctions infligées par les tribunaux pénaux et rien d'autre ou de plus.[205] [206]

[205] C'est là qu'il étend le contenu du terme de peine pour couvrir des données répressives autres que typiquement pénales, voire ressortissant de la compétence des tribunaux pénaux. Ainsi, en disant en sa décision 2021-984 du 25 mars 2022 (No4) -après s'être référé aux principes énoncés par l'art.8 de la Déclaration des droits de l'homme et du citoyen- « Les principes énoncés par cet article s'appliquent non seulement aux peines prononcées par les juridictions répressives mais à toute sanction ayant le caractère d' une punition » C'est, d'ailleurs cela que voit -encore bien que comme perspective- M. Degoffe, lorsqu'il affirme « Mais il ne faut pas nier que l'évolution du droit répressif tendant à de plus en plus de garanties entraînant, que peu à peu, ces quatre principes s'appliqueront à toute sanction ». M. Degoffe, étude précitée, p.55.

[206] Arriver à ce résultat à travers le but, voire l'envie de punir, est une approche légitime à condition que les éléments de la sanction repérés par notre analyse existent bien, le but dans ce cas jouant le rôle d'un critère utile. En d'autres termes : que certaine mesure se caractérise comme sanction ou non est la conséquence de l'existence des traits essentiels de cette notion dans son cas. En l'absence de ceux-ci, le critère de la finalité répressive peut jouer un rôle, mais la finalité seule ne dit pas que cette mesure est une sanction. Ainsi, dans des cas à caractère incertain, le CC peut caractériser une mesure comme sanction, appuyé sur une volonté répressive comme critère, mais l'essentiel est que cela doit être recherché dans la loi qui institue la mesure, avec la certitude que la loi a bien voulu instituer une sanction. Certitude que le CC admet en disant qu'il s'agit dans le cas concret d'une sanction ayant le caractère de punition. De la relativité de cette donnée finaliste pour conclure au caractère d'une mesure comme sanction ayant le caractère d'une punition, voir in M. Leblond, Le principe d'individualisation de la peine en droit pénal français, Droit ; Université de Montpellier, 2021, p.129 et s. p.131 et s. La qualité du but de la sanction uniquement comme critère de l'identification de cette notion v. infra p.215 et s.

Ce qui -entre autres- ne peut évidemment pas arriver, lorsque la donnée envisagée a le caractère de réparation [207] ou encore, si elle représente une activité normale de l'Administration, cas envisagé par la haute instance constitutionnelle dans sa Décision 2004-497,[208] concernant la loi relative aux communications électroniques et aux services de communication audiovisuelle, comme aussi dans le fond, s'agissant de la soumission de certains revenus à une imposition plus forte. [209] [210]

C'est également ce qui arrive s'agissant des mesures de police qui relèvent de l'activité normale de l'Administration, nous pouvons cependant les traiter séparément à cause du caractère préventif des activités de police, trait qui constitue sa caractéristique.[211]

En même temps, on réalise que lorsque le Conseil Constitutionnel emploie ce terme de punition, il le fait parce que -vu les circonstances de l'affaire à juger- il croit tout en faisant dissiper le moindre doute sur le caractère de la mesure envisagée, ayant dans le cas concret celui d'une donnée répressive au sens étroit du terme, qu'elle doit être soumise de par la Constitution même, à une série de règles propres, dont il fait chaque fois état. Ce qui prouve que l'utilisation de ce terme par le CC, bien

---

[207] Voir sa Décision 82-155, 30.12.1982, précitée.

[208] Déc.2004/497, 1 juillet 2004, précitée.

[209] Déc.2019/793 du 28 juin 2019, (13), selon laquelle « la majoration contestée ne constituant pas une sanction ayant le caractère d'une punition, les griefs tirés de la méconnaissance des articles 8 et 9 de la Déclaration de 1789 doivent être écartés comme inopérants ».

[210] Cas, cependant, qui peuvent ne pas être étrangers à la notion de sanction, comme nous venons de constater (supra note 179), s'agissant de certaines inéligibilités aux chambres, organismes et conseils professionnels de notaires et certains autres.

[211] Déc. 2003/467, 13 mars 2003, concernant la loi pour la sécurité intérieure.

qu'assurément comme moyen utile, ne constitue en définitive qu'un pléonasme.[212]

Par la force des choses, cette qualification ne peut en aucun cas avoir comme conséquence de restreindre le domaine de la notion de sanction, qui continue en droit positif de jouer son rôle prépondérant, consistant, lui, à fixer le contenu du terme de répression dans l'univers européen. Tout en étant dans ce même univers, la donnée qui va attirer ces règles jugées nécessaires pour accorder aux citoyens la protection qui leur est due par nos ordres juridiques, notamment constitutionnels.[213]

Ainsi, la position d'auteurs comme Poelemans M.[214] qui parle, elle, des sanctions (mesures) administratives puni-

---

212 Sans cependant s'abstenir d'appliquer des règles protectrices des droits des gens dans des cas où il ne fait pas recours à l'expression « sanction ayant le caractère d'une punition », ce qui, en tout cas ; montre bien la relativité de son approche au contenu de cette expression. Relativité repérée par la doctrine. V. là-dessus R. Ollard (Jurisprudence) Pot-pourri autour de la notion de peine Lexbase freemium, 28 juin 2012 No2688BTQ https:// www. lexbase.fr/revues-juridiques/6528228-jurisprudence-pot-pourri-autour-de- la-notion-de-peine , passim, dans une approche concernant l'ensemble des critères, auxquels fait recours la CEDH pour conclure au caractère pénal d'une sanction, suivie en plus, tant par la CJUE, que par des hautes instances nationales.

213 Conscients du manque de toute signification de l'expression punition, les auteurs de « Les pouvoirs de l'administration dans le domaine des sanctions » in « *Les études du Conseil d'Etat. La Documentation française*, 1995, p.36, notent bien que l'expression en cause « peut paraître redondante dans la mesure où l'on définit toute sanction par son caractère répressif, mais elle a le mérite d'éviter toute ambiguïté ». Pour ajouter un peu plus tard (p.66) en se référant à la jurisprudence de la CEDH et à la notion de « Matière pénale » que « La Cour entend étendre les garanties prévues par la Convention pas au droit pénal stricto sensu, mais bien à la « matière pénale », dans laquelle elle fait entrer une partie des sanctions administratives ».

214 Poelemans *op.cit.* p. 17.

tives est privée de sens accusant de pléonasme toute sanction comme aussi les SA ayant toujours ce caractère. Position que l'auteure répète[215] lorsqu'elle affirme que « Il est donc logique d'exclure toutes les sanctions non punitives » ; d'où il ressort qu'elle admet qu'en droit positif européen existent bien deux notions de sanction, celles punitives et celles non punitives.[216] Or, comme nous l'avons déjà pleinement démontré, le terme de sanction punitive contient une contradiction inhérente, du moins si l'on s'en tient au sens restreint du terme, que nous adoptons dans ce travail.

Si l'on accepte que le CC, en ayant recours à la notion de sanction à caractère punitif, en a dégagé une notion restreinte et en ceci spéciale au sein de la notion plus large de sanction, on doit enlever à cette dernière toute signification répressive.[217] En d'autres termes : dire que le terme de sanction au sens strict du terme a une telle signification, est acceptable. Mais dire que la sanction, en tant que terme répressif, est divisée en sanctions administratives et en sanctions punitives, cela n'a pas de sens.

Un point cependant doit être relevé ici, concernant l'attitude du CC par rapport aux sanctions appliquées dans le cadre du droit civil, dont fait état Dutheillet de Lamothe dans ses

[215] Poelemans *op.cit. p.*43

[216] Nettement hostile à cette thèse, Picard, Chronique JCP La semaine Juridique 1993 I No 3645 p.44, comme on vient de constater, supra note 202.

[217] La relativité de cette notion de sanction punitive ressort ainsi clairement de l'article de Farina-Cussac, lorsque celui-ci écrit, p.530 « Enfin, ces exemples -on se rappelle qu'il se réfère aux arrêts de la CEDH et des décisions du CC- démontrent que l'étude de la sanction punitive dans la jurisprudence ne peut faire totalement abstraction de considérations non juridiques, car elles interviennent souvent comme critères implicites utilisés par le juge, tant constitutionnel qu'européen ».

conclusions sur CE 24 avril 2019 No 412271,[218] en qualifiant certaines d'entre elles comme ayant le caractère de punition, tandis que d'autres non, sans cependant de prime abord discerner de différences le méritant selon notre approche.[219]

Conclusion :

Le recours de la jurisprudence du Conseil Constitutionnel à la notion de sanction ayant le caractère de punition, -dans son désir d'y voir appliquer les principes dont, entre autres, ceux de la légalité et de la nécessité[220]- privé de référence à des critères stables de cette notion, ne pouvait pas avoir de résultats certains sur sa consistance ou sur son rôle en droit répressif, la question si cette notion, aspirant à un caractère punitif, représente en substance quelque chose de différent par rapport à la notion de sanction dans le domaine répressif, ne pouvant que recevoir une réponse négative.

En définitive, ce que le CC a fait en vérité à travers son recours à la notion de sanction ayant le caractère de punition -sans que cela soit son but évidemment- a été de montrer que la notion dominante de l'univers répressif est la notion de sanction que nous défendons ici, qu'il a dû nommer -vu les données perplexes en la matière- sanction punitive[221] : en cas de conclusion contraire, la notion de sanction, toute présente en

---

[218] AJDA 2019 p.2193 et s, précitées, supra note 182.

[219] Sujet, exigeant d'ailleurs -à titre d'indice- de procéder, s'agissant de peines dites privées, à une approche difficile au cas par cas. V. Mazabraud, La peine privée. Aspect du droit interne et international, Thèse, précité. p. 702.

[220] Comme note pertinemment Degoffe, op.cit. p.49

[221] V. à ce point les analyses intéressantes de B. Mazabraud, *op.cit. par.*146 et s. sur la démarche du CC, bien que l'auteur reste lui aussi loin d'identifier le vrai sens de cette démarche et de sa fin qui était bien de ramener la sanction en notion dominante en droit répressif.

droit positif répressif, souffrirait d'une deuxième déviation. La première sous l'influence dominante de la peine, la deuxième sous celle-ci de la sanction punitive.[222]

En déplaçant, par ailleurs, l'application de certaines règles du terrain répressif classique, représenté par l'approche pénale, vers le terrain répressif évolué, moderne, représenté en principe par la sanction administrative, le CC prive également de cet aspect le rôle primordial de la peine dans le terrain répressif, conçu comme un tout, le terme sanction punitive ne reflétant, d'ailleurs, qu'un pur pléonasme.[223]

b. Les décisions des hauts tribunaux nationaux.

1. Le Conseil d'Etat français

Egalement significative pour notre approche, la jurisprudence du Conseil d'Etat français, celui-ci tenant fermement au contenu de la notion que nous défendons ici, ce que la doctrine révèle, d'ailleurs, sans grande difficulté.[224]

---

[222] Les sanctions punitives n'étant cependant que des sanctions, la supériorité de la notion de sanction devant celle de peine ne souffre point. Comme nous l'avons sur ce point remarqué (S. Lytras, La notion de sanction en droit répressif européen : Droit pénal ou droit sanctionnateur ?, précité, p.837 note 18, « Même, cependant, si l'on admet que l'addition du caractère de punition à celui de sanction institue une nouvelle catégorie de sanctions, celle des sanctions punitives, il n'en reste pas moins que le droit positif français reconnaît à travers cette jurisprudence… que la réalité répressive est désormais exprimée en sa totalité par la notion de sanction, dominant tout le domaine répressif ». Prééminence vivante même si à la suite de Botton A., A la recherche de la peine perdue en droit constitutionnel (dossier 7, No 13), Droit Pénal (9), 2015, on pouvait voir un jour « l'abandon du diptyque peine /sanction ayant le caractère d'une punition au profit d'une notion unique de « peine » ne tenant aucun compte de l'autorité de répression ». Parce que, même là, sous la notion de « peine » ce serait celle de « sanction » présente.

[223] Ce que l'on avait déjà noté. Supra p. 130,131.

[224] V. M.T. Viel, « Errements des sanctions administratives » in AJDA 2007, p. 1006.

On relève, en premier ici, le très important arrêt du Conseil d'Etat du 25 juin 2004, Ministère de l'Intérieur, de la Sécurité intérieure et des Libertés locales c / M. Benkerrou No 255136, d'après lequel : « Considérant que la décision en date du 18 août 1997, par laquelle le préfet de police a retiré provisoirement la carte professionnelle de M. Benkerrou, a été prise d'autre part, sur le fondement de l' art.7 du décret du 17 août 1995 et a pour seul motif la violation par l'intéressé, de la réglementation applicable à sa profession ; qu'elle constitue, contrairement à ce que soutient le ministre, une sanction administrative et non une simple mesure de police ».

Consécration éclatante de la part du CE de la notion de sanction, l'affirmation dans son avis du 5 avril 1996, M. Houdmond, que les majorations fiscales présentent le caractère d'une punition, vu que le haut Tribunal procède ainsi à une identification totale entre cette dernière notion et la notion de sanction. Du moment, en effet, que les majorations prêtent à discussion, si elles sont des sanctions ou des réparations ou les deux à la fois, cette affirmation consacre excellemment la notion de sanction, rendant par ailleurs la notion de sanction punitive sans aucun intérêt.[225]

D'autant plus que -comme nous avons pu, juste plus haut (note 213) le constater- pour le Conseil d'Etat, l'adjonction au terme sanction de l'adjectif « punitive » est privée de toute signification particulière.

Important aussi dans le cadre de sa jurisprudence en matière fiscale, l'arrêt du Conseil d'Etat Vermeersch, à l'occasion duquel le Haut Juge administratif -en énonçant que les majorations pour défaut ou retard de production de déclarations constituent une sanction, devant par conséquent être motivées

[225] CE avis 5 avril 1996, Houdmond, Droit Fiscal 1996 No 25, p.840 et s.

en application de l'art. 1ère de la loi de 11 juillet 1979- procède à la suite de cette loi à la reconnaissance de l'autonomie et donc de la prééminence de cette notion de sanction en droit positif.[226]

Non sans grand intérêt, enfin, on évoque ici l'arrêt du CE du 7 oct.2022, Section, Société KF3 Plus, No 443476, à l'occasion duquel le haut tribunal, se référant à une sanction administrative, parle à son encontre d'infraction, d'incrimination, de peine et de loi répressive nouvelle. En lui appliquant, même au stade de la cassation, le principe de rétroactivité de la loi la plus douce, il procède de la sorte à une identification répressive totale entre peine et sanction administrative, mettant dans le fond en exergue la notion de sanction, leur substrat commun, la considérant ainsi comme la notion dominante du domaine répressif.[227]

Cela étant :

a. Aucune importance particulière ne doit être accordée non plus aux arrêts dans lesquels le CE parle de sanction ayant le caractère de punition. Ainsi de l'arrêt du 18 mars 2019, 424610, (AJDA 2019, p.1549), rendu sur un pourvoi en cassation, à l'occasion duquel le Haut Tribunal, en se référant à l'art. 8 de

---

[226] Turot Jerôme : Pénalités fiscales : une « zone de transit » du droit administratif, RJF 4/1992, p.263.

[227] AJDA 2022, p.1925, note Jean-Marc Pastor « Il appartient au juge du fond -dit le Haut Tribunal-, saisi d'une contestation portant sur une sanction, de faire application, même d'office, d'une loi répressive nouvelle plus douce entrant en vigueur entre la date à laquelle l'infraction a été commise et celle à laquelle il statue. Il en va de même pour le juge de cassation si la loi nouvelle est entrée en vigueur postérieurement à la décision frappée de pourvoi ». Sur le même sujet aussi, Chronique: Le juge de cassation et la rétroactivité in mitius : un mariage de raison, Tomas Janicot, Dorothée Pradines, AJDA 2022, p.2232 et s.

la Déclaration des droits de l'homme, note dans son « considérant » 8 que « Les principes ainsi énoncés ne concernent pas seulement les peines prononcées par les juridictions pénales mais s'étendent à toute sanction ayant le caractère d'une punition ». Ou au plus récent du 12 avril 2022 S/té Majesty Pizza No449684 (AJDA 2022, p. 1875), à l'occasion duquel, se référant au principe de nécessité des peines découlant du même article 8, il précise que ce principe implique « qu'une sanction administrative ayant le caractère d'une punition ne puisse être appliquée que si… ».

Or, en procédant ainsi, le CE veut, selon notre sentiment, simplement dire que la mesure en cause a -ou non- les caractéristiques de sanction, -la punition étant inhérente à toute sanction- et rien de plus.

C'est ce que nous pensons, également, à l'égard de l'arrêt du 13 juin 2019, Association nationale des gens de voyage citoyens et autres, No 17NCO3055, de la Cour administrative d'appel de Nancy, note J. M. Favret, AJDA 2019, p. 2063, comme aussi de l'arrêt du Conseil d'Etat du 16 décembre 2016, Groupement d'employeurs Plusagri, No 390234, AJDA2017 p. 268, Chronique de L. Dutheillet de Lamothe et Guillaume Odinet, dont il ressort que l'usage du terme « sanction ayant le caractère de punition » par ces tribunaux prend lieu une fois que ceux-ci ont constaté que les cas en cause présentaient des traits de la notion de sanction repérés dans le cadre de ce travail. Constatation basée dans le texte même de la loi parlant de pénalité (arrêt du 16.déc.2016 du CE).[228]

---

[228] Mêmes pensées -pour clore ici notre débat- s'agissant de l'arrêt de l'Assemblée du Conseil d'Etat du 16.2.2009, 274000, SOCIETEATOM,Légifrance,https://www.legifrance.gouv.fr/ceta/id/CETATEXT000020288716/ , à l'occasion duquel le Haut Tribunal parle consé- cutivement de « sanction que l'administration inflige à un administré » (considérant 2 et 3) et de simple sanction au considérant 10,

b.De même, aucune importance particulière ne doit être accordée au fait que la jurisprudence du Conseil d'Etat ne reconnaît pas le caractère de sanctions à certaines amendes civiles liées à la procédure devant des tribunaux, en rendant son arrêt du 24 avril 2019,[229] qui les a qualifiées de mesures présentant le caractère d'ordre public, à la suite de la Cour de Cassation parlant elle, dans des cas analogues, de mesures de procédure civile.[230] Que, dans le cadre du droit civil, des sanctions présentent des particularités, du fait notamment qu'elles sanctionnent en principe des comportements développés dans le cadre des relations soumises au droit privé et régies en principe par des règles appliquées aux contrats de droit privé, est

---

sans aucune référence à l'expression « sanction ayant le caractère d'une punition », position devant être prise sérieusement en considération, vu que le tribunal parle à plusieurs reprises (Considérants 1 et 9, entre autres) d'infraction contre laquelle la sanction en cause est infligée. Comme aussi de l'arrêt du Tribunal des Conflits de 11 avril 2022, Société Roche c/Autorité de la concurrence No 4242 AJDA 2022 p. 2045 qui, s'agissant de l'activité ré- pressive de l'Autorité de la concurrence, parle uniquement de sanction, le terme de sanction ayant le caractère de punition y faisant totalement défaut. Quant à la doctrine parlant de sa part, soit de sanctions administratives (note J.M.Favret op.cit. p. 2063), soit de répression administrative, Chronique de L. Dutheillet de Lamothe et Guillaume Odinet, op.cit. p. 268, fortifie, elle aussi, décisivement ce point de vue.

[229] CE 24 avril 2019, No 412271, conclusions L. Dutheillet de Lamothe, AJDA 2019 p. 2193 et s. précitées.

[230] A noter que, dans ce domaine, le CC, comme nous informe Dutheillet de Lamothe (ibid p.2194) tout en donnant des exemples, n'hésite pas à reconnaître le caractère de sanctions à des cas analogues.

Des cas pareils offre aussi en abondance le droit hellénique, le caractère répressif de certains d'entre eux étant si accusé qu'il a conduit la doctrine à parler à leur égard d'introduction du droit pénal en droit de procédure civile. V. là-dessus S. Lytras, Sanctions judiciaires, in Ephimerida Dioikitikou Dikaiou, 2018, notamment p. 462 et s. en langue hellénique)

hors de doute.[231] Cela n'a rien à voir, cependant avec la position de ces Cours sur la notion de sanction, à condition qu'elles n'acceptent qu'entrent dans le contenu de cette notion, des cas privés de traits de la notion que nous prônons dans ce travail. Ce qui n'est pas ici le cas, ces Cours estimant à tort, à notre sens, que d'autres traits prévalent dans ces cas d'espèce.[232]

En définitive, aucune importance ne doit être accordée au fait que le CE emploie le terme de sanction ayant le caractère d'une punition, vu qu'ici l'abondance de mesures ayant des répercussions désavantageuses pour les intéressés, sans être des sanctions, nous pousse -nous oblige même- à admettre que l'usage par le Tribunal de cette expression est la preuve que sanction et sanction ayant le caractère d'une punition s'identifient.[233]

Identification qui s'explique par le fait que jamais, à notre connaissance, le CE ne fait recours à la notion de sanction ayant le caractère de punition, s'agissant de sanctions disciplinaires classiques.

2. Le Conseil d'Etat hellénique.

Les résultats provenant de l'œuvre juridictionnelle du Conseil d'Etat hellénique dans le domaine que nous étudions sont en fait impressionnants. [234]

---

[231] S. Lytras ibid, p.443 et s. notamment p.454 et s.

[232] V. sur ce point ce qui nous avons dit supra note 166.

[233] V. S. Lytras, ibid p. 454 et s. des cas auquels manque le caractère répressif. Sans perdre de vue, par ailleurs, que les décisions du Conseil constitu- tionnel s'imposent à lui, de sorte que son recours à l'expression « sanction ayant le caractère de punition » n'est pas à surprendre. V. sur ce point art.62 al.2 de la Constitution et CE Ass. 11 mars 1994, SA La cinq, AZDA 1994, p. 402.

[234] Tout en montrant, en plus, de la façon la plus convaincante que l'apparition des autorités administratives indépendantes -comme on aurait pu le

Tout en se référant aux arrêts importants de l'Assemblée du Conseil d'Etat hellénique déjà cités (626/1931 et 32/1957 supra p.59 où l'on renvoie) on cite ici, de préférence, son arrêt 2024/2010 où -au sujet des mesures prévues par l'art. 14 de la loi 2523/1997 « Sauvegarde des intérêts de l'Etat en cas de fraude fiscale » (JO A179), notamment du refus des autorités fiscales d'accepter des déclarations de la part des contribuables ou de leur procurer des attestations nécessaires à la transmission des biens, au cas où ceux-ci sont redevables envers le fisc, d'une somme supérieure à 150.000 euros- le tribunal:

-ne reconnaît pas à ces mesures le caractère de sanction encore qu'elles étaient caractérisées comme telles par la loi même.

-parle, à l'occasion, de sanctions authentiques, caractère qu'il ne reconnaît pas à ces mesures, privées comme elles l'étaient -si nous interprétons bien l'arrêt- de la deuxième caractéristique de la sanction, à savoir le mal imposé à une personne en raison de la violation de sa part d'une règle de droit.

« Comme telles, ces mesures, dit l'arrêt, bien que caractérisées par le législateur de sanctions, n'ont pas le caractère authentique de sanction qui ne le reçoivent d'ailleurs pas du fait que, probablement, elles tendent à la soumission des contrevenants aux actes qui leur sont imputés ».

Jugeant le paiement de l'impôt dans les conditions prévues

---

penser- n'est pas la première cause de prolifération des sanctions administratives dans le droit répressif hellénique, donc par conséquent européen, actuel.

Dans l'ordre juridique hellénique, en effet, le mouvement des sanctions administratives a connu un essor considérable dans les années postérieures à 1960, date à laquelle les autorités indépendantes, le régime de dictature en place « aidant », étaient inexistantes, sinon inconnues.

par cette loi comme une condition de plus, sans laquelle les contribuables dont il s'agit, ne sont pas à même de procéder aux transmissions désirées de leurs biens et point comme une règle, dont la violation amène à l'infliction d'une sanction, le CEE refuse d'admettre à l'affaire lui étant posée l'existence de cette dernière.

Tout en restant dans le domaine de l'imposition, on tient à se référer aussi ici à une série d'arrêts du même Conseil qui reconnaissent dans des affaires pendantes devant lui et concernant des sanctions administratives, l'application à leur égard de dispositions plus bénignes, principe dominant le régime des sanctions pénales.

« Considérant » précise le Haut Tribunal[235], « que le principe de l'application de la sanction administrative la plus légère (et généralement de la loi concernant l'application des sanc- tions administratives la plus bénigne pour l'administré) est un principe général du droit administratif (voir CEE 351/2019 7m.,1438/2018 7m..) ».

Une autre série d'arrêts également significatifs du CEE concernant cette fois-ci l'application ou non du principe de « ne bis in idem » aux sanctions en cause, retient ici toute notre attention.

Ainsi de son arrêt 1102/2018 (7m), à l'occasion duquel le Tribunal, au sujet d'amendes sous le nom « de taxes multiples » infligées par des autorités administratives douanières en plus des sanctions pénales qui leur sont infligées par des tribunaux pénaux pour les mêmes faits :

-traite à égalité répressive les sanctions administratives que sont ces amendes et les sanctions pénales, considérant ces dernières, par le biais de leurs procédures, de peines « stricto

[235] CEE 1582/2020 (5)

sensu » (cons.9), tout en constatant (même cons.) que, vu la péremption en l'espèce des sanctions pénales, les sanctions administratives sont les seules à être infligées. Egalité renforcée par le fait que les deux procédures, selon le Tribunal (cons.10), « ont d'après la Convention européenne de droit de l'homme un caractère "pénal" ».

-conclut en renforçant la thèse de cette égalité à la non application en l'espèce du principe « ne bis in idem ». [236]

Jurisprudence, pour en finir, qui -en mettant à égalité répressive notionnelle et parfois même de régime les sanctions pénales et les sanctions administratives- a comme résultat d'ériger la notion de sanction comme la notion dominante en droit répressif hellénique.[237]

---

[236] CEE 1102/2018 (7m), tout en se référant entre autres à ses arrêts 167-169 /2017 (7m). Sans avoir, dans le fond, de répercussion sur le caractère de sanction des mesures afférentes, le constat de leur application au moyen de procédures n'ayant pas de relation quelconque entre elles, accentue leur autonomie sanctionnatrice, donc en définitive la primauté de la notion de sanction en droit répressif.

[237] D'une importance certaine, aussi, ressortant cette fois-ci de la jurisprudence des tribunaux civils, l'arrêt 457/2011 de la Cour de Cassation hellénique (Xr. DP 2012 p.33) qui, au sujet des indemnisations s'exprime comme suit : « Illégalité est aussi la violation de l'obligation générale de prévoyance et de sûreté dans le cadre de l'activité des individus concernant les échanges, plus généralement leur activité sociale, càd la violation de l'obligation socialement imposée et résultant du principe juridique fondamental de se comporter de façon conséquente, afin d'éviter de provoquer des dommages aux autres ». Arrêt, émis en pleine conformité à la thèse, qu'à la suite de Kelsen nous avons nous aussi adoptée, dont ressort, bien que de façon indirecte -négativement en nous disant ce qui n'est pas sanction- la notion de sanction, avec laquelle celle de réparation n'a aucune relation. V. sur ce point nos développements infra p.233 et s. et S. Lytras, La notion de sanction et la distinction fondamentale des sanctions, précité,p.50 et s. nos développements en ce sens.

3. Les juridictions administratives spécialisées.

Faisant un parcours parallèle à celui des autorités administratives indépendantes, dont l'exposé va suivre, dotées aussi de pouvoirs sanctionnateurs importants, les juridictions administratives spécialisées revendiquent avec succès leur présence ici.

Un arrêt récent, en France, de la Cour de discipline budgétaire et financière du 2 déc. 2019[238] -émis avant la cessation de son activité le 1er janvier 2023- retient ici notre attention. Portant sur l'application en l'espèce du principe de non bis in idem, la Cour (Considérant 7) évoque en termes très significatifs :

« Considérant, d'autre part, que les sanctions encourues devant la Cour de discipline budgétaire et financière, qui sont l'amende et la décision de publication de l'arrêt, ne font pas partie de celles qui peuvent être prononcées dans le cadre d'une procédure disciplinaire visant un fonctionnaire de l'Etat ; qu'à l'inverse, l'exclusion temporaire de fonctions dont MX a fait l'objet est une sanction que le code des juridictions financières ne permet pas à la Cour de discipline budgétaire et financière de prononcer ; qu'ainsi, les sanctions prononcées et encourues n'étant en l'espèce pas de même nature, au sens de la jurisprudence précitée du Conseil Constitutionnel MX, n'est, en tout état de cause, pas fondé à invoquer une méconnaissance du principe non bis in idem qui résulterait de ce qu'une sanction disciplinaire lui a déjà été infligée ».[239]

[238] CDBF, « Direction régionale des entreprises, de la concurrence, de la consommation, du travail et de l'emploi d'Alsace », No 238-794, AJDA 2020 p. 617 et s. (622).

[239] Référence de la Cour à la décision 2014-423 QPC du CC du 24 octobre 2014 M.R. et autres, selon laquelle (AJDA, ibid. p.622) -mettant dans une base sanctionnatrice commune des mesures répressives de divers ordres- l'art.8 de la Déclaration des droits de l'homme et du citoyen « ne fait pas

Ainsi, les cas répressifs envisagés sont clairement réunis par la Cour sous la dénomination de sanction, montrant de la sorte le rôle unificateur de cette dernière dans le domaine répressif.

c.Le cas des autorités administratives indépendantes.

Fait décisif dans le processus vers la consécration, voire la suprématie même de la notion de sanction, l'apparition dans l'univers européen des autorités dites indépendantes, ayant reçu de la part du législateur d'énormes pouvoirs de sanctions.[240]

Exerçant dans le domaine sanctionnateur, notamment celui des sanctions administratives, une influence considérable, tant par la sévérité des sanctions qu'elles infligeaient que par

---

obstacle à ce que les mêmes faits commis par une même personne puissent faire l'objet de poursuites différentes aux fins de sanctions de nature disciplinaire ou pénale en application de corps de règles distincts devant leurs propres ordres de juridictions ». Cumul également accepté par la toute récente décision de la Cour du 23 novembre 2022 Etablissement de communication et de production audiovisuelle de la défense (ECPAD) No 263-7965 -sur la base de l'art.313-4 du code des juridictions financières No 25, ou de l'art.313-1 No 31 du même code-, AJDA 2023 p.1220 chronique N. Péhau), en se référant cette fois à la décision du CC 2016-550 du 1 juillet 2016 d'après laquelle « Ces cumuls éventuels de poursuites et de sanctions doivent, en tout état de cause, respecter le principe de nécessité des délits et des peines, qui implique qu'une même personne ne puisse faire l'objet de poursuites différentes conduisant à des sanctions de même nature pour les mêmes faits, en application de corps de règles protégeant les mêmes intérêts sociaux ». Sur une base différente, celle de l'application de la loi la plus douce aux sanctions infligées par la Cour, CE 30 avril 2024, No 470749, AJDA2024 p.1000, met de sa part l'accent sur la présence forte de la notion de sanction en droit répressif européen.

[240] Constatation tirant vers elle la conviction presque totale de la doctrine. V., entre autres, F. Moderne Sanctions administratives et justice constitutionnelle, précité, p.31 et s., J Farina-Cussac, op.cit. p.517 et s.

leur consistance -leur ressemblance à des tribunaux mettant en exergue leur indépendance- et minimisant ainsi les objections constitutionnelles,[241] les autorités administratives indépendantes, n'alimentent pas ce champ seulement.

De plus, elles ont concouru décisivement à la primauté de la notion de sanction par rapport à celle de la peine, comme cela apparaît clairement dans des jugements de justice qui montrent bien que celle-là, la notion générique, devance logiquement les notions qui en dérivent.

La décision No 96-378 DC du 23.7.1996, du Conseil Constitutionnel, rendue à l'occasion de la loi de réglementation des télécommunications, qui a accordé à l'Autorité de régulation des télécommunications un pouvoir de sanction envers des exploitants de réseau ou des fournisseurs de service de télécommunications en cas de manquement « aux dispositions législatives et réglementaires afférentes à (leur) activité ou aux décisions prises pour en assurer la mise en œuvre »,[242] retient ici en premier toute notre attention.

En distinguant, en effet, nettement entre sanction administrative et sanction pénale, et en procédant à l'affirmation qu'«... en particulier une sanction administrative de nature pécuniaire

---

[241] La question de la constitutionnalité des sanctions administratives se pose en diverses occasions dans le droit positif des pays européens. V. S. Lytras, La notion des amendes administratives ; la conformité à la constitution de leur infliction, précité, où l'on a soutenu, p.265 et s., en vue des dispositions de la Constitution hellénique, l'inconstitutionnalité de leur application, à l'exception de très peu d'entre elles.

Or, ces objections ne sont pas si fortes s'agissant de sanctions imposées par les autorités administratives indépendantes, du moins par celles reconnues par la Constitution, vu leur indépendance notamment face au pouvoir exécutif.

[242] Article L.36-11 du code des postes et télécommunications inséré par l'art.8 de la loi soumise au Conseil Constitutionnel.

ne peut se cumuler avec une sanction pénale », comme on a pu déjà le constater en examinant cet arrêt dans un contexte différent, [243] le CC apporte une preuve sérieuse que le terrain où s'exerce l'activité des autorités administratives indépendantes est extrêmement propice à la promotion de la notion de sanction comme notion primaire du domaine répressif.

Image ressortant excellemment de son arrêt récent 2021-892 du 26 mars 2021 au sujet de la constitutionnalité du second alinéa du paragraphe V de l'art. L.464-2 du code de commerce, permettant à l'Autorité de la concurrence, autorité administrative indépendante, d'infliger à une entreprise, ayant fait obstruction à une mesure d'investigation ou d'instruction ordonnée par ses services, une sanction pécuniaire pouvant aller jusqu'à 1% du montant de son chiffre d'affaires mondial, à l'occasion duquel le Conseil -comparant cette sanction à celles prévues par l'art. L.450-8 du même code- prend soin de noter (22) : « En deuxième lieu la sanction administrative instaurée par les dispositions contestées vise, comme le délit prévu à l'article L.450-8 du code de commerce, à assurer l'efficacité des enquêtes conduites par l'Autorité de la concurrence pour garantir le respect des règles de concurrence nécessaires à la sauvegarde de l'ordre public économique. Ces deux répressions protègent ainsi les mêmes intérêts sociaux » et, un peu plus loin (24), « Il résulte de ce qui précède que la répression administrative prévue par les dispositions contestées et la répression pénale organisée par l'article L.450-8 du code de commerce relèvent de corps de règles identiques protégeant les mêmes intérêts sociaux aux fins de sanctions de même nature. Les dispositions contestées méconnaissent donc le principe de

[243] Supra p.107

nécessité et de proportionnalité des peines. Elles doivent donc être déclarées contraires à la Constitution ».

D'une extrême importance aussi, l'arrêt Société NRJ-SA du 22 mars 1996, 131861 Sect. du Conseil d'Etat prend avec succès sa suite. Ayant ainsi à juger la légalité d'une décision par laquelle le Conseil Supérieur de l'audiovisuel avait déclaré caduque l'autorisation d'émettre sur une fréquence radioélectrique, accordée à la requérante, le CE, après avoir constaté que cette autorisation avait été soumise à la condition expresse que l'exploitation effective par le titulaire commence un mois après la date d'attribution de la fréquence, dit que, étant donné que cette condition ne fut pas respectée, la décision de la retirer « ne présente pas le caractère d'une sanction » ; montrant ainsi de façon claire que la notion de sanction précède logiquement celle de sanction administrative ou autre, une mesure étant premièrement sanction et après, seulement après, administrative, pénale ou n'importe quelle autre. [244]

Enfin, d'une importance majeure, la Décision No 01-40-18 du 25 du 25 janvier 2021 du comité de règlement des différends et des sanctions (comité siégeant auprès de l'ARE, autorité administrative indépendante) portant sanction à l'encontre des sociétés UEM et URM et infligeant à ces deux sociétés des sanctions pécuniaires sur la base des dispositions de l'art. L-134-27 du code de l'énergie qui -à son par.6.1(2), faisant la différence entre sanctions pénales et administratives, donc

[244]Legifrancehttps//www.legifrance.gouv.fr/ceta/id/CE - TATEX000007900197 V. sur l'activité sanctionnatrice de ce Conseil, la relativement récente décision du Conseil d'Etat 13 nov. 2019, Société CB No 415397 (AJDA 2020 p.924), à l'occasion de laquelle le Haut Tribunal, suite à son arrêt du 18 juin 2018, ayant annulé une décision du CSA imposant une sanction à la requérante, l'a condamné à payer à celle-ci, à titre de réparation, une somme de 1.100.000 euros.

mettant en exergue la primauté de la notion de sanction- permet l'application « ...si le manquement n'est pas constitutif d'une infraction pénale, une sanction pécuniaire, dont le montant est proportionné à la gravité du manquement, à la situation de l'intéressé, à l'ampleur du dommage et aux avantage qui en sont tirés ». Legifrance, https://www.legifrance.gouv.fr/jorf/id/JORFTEXT000043205709.

Evaluation

De notre analyse précédente peuvent ressortir aisément les constatations suivantes :

Le domaine répressif des pays analysés est fortement marqué par la présence, tant de sanctions pénales, que de sanctions de divers ordres, parmi lesquelles en principe, les sanctions administratives.

Le « mixage » est à ce point si fort que la doctrine n'hésite pas à traiter, même d'insignifiante la différence entre le droit administratif à caractère répressif et, du moins, certaines parties du droit pénal. [245]

Tout en constatant que « les traits décrits comme caractéristiques ''du droit pénal postmoderne'' ...se retrouvent par exemple dans le droit de la répression administrative ».[246]

---

[245] Ainsi M. Delmas-Marty, Les grands systèmes de politique criminelle, Thémis Droit privé, Puf, 1992, p.16. La Cour administrative d'appel de Toulouse, en disant en son arrêt du 15 sept.2022, Société BV, No19TL24504, (7)-AJDA 2022, p.2116 et s., note Michèle Torelli- que le principe de l'interprétation stricte de la loi pénale « n'impose pas une interprétation littérale », et cela pour justifier une sanction administrative sévère, milite fort en faveur de ce rapprochement répressif de ces deux types de sanction donc, en définitive, à la prééminence de la notion de sanction au domaine répressif.

[246] M. Delmas-Marty, Op.cit p.17. Position de l'auteur renforcée quand celle-ci met en une sorte d'identification répressive les variantes administrative et pénale -selon elle productrices des sanctions les plus importantes de notre temps- en disant- op.cit. p.130- : « Cela dit.... il semble que la dif-

Repérés en droit positif sur la base des traits reconnus par notre analyse comme ceux appartenant à la notion de sanction, l'existence de ces types répressifs finissent par ériger celle-ci en notion générique, en même temps que dominante, du domaine répressif.

Résultat renforcé davantage par le recours de la « jurisprudence » du Conseil Constitutionnel à la notion de « sanction ayant le caractère d'une punition ».

Elle aussi en effet, comme on l'a bien montré, malgré son caractère redondant, en témoignant de la façon la plus solennelle de l'existence dans le domaine répressif d'une notion plus large que celle de la peine, elle finit, comme on l'a bien noté, par pousser à l'acceptation de la notion de sanction comme substrat commun de toute manifestation sanctionnatrice en droit répressif en vigueur dans des pays européens.

Et même là, par la force des choses, comme la notion dominante.

Conclusion

Au résultat de cette analyse, il paraît clairement qu'en droit répressif, en vigueur dans l'ordre juridique des pays européens, la notion de sanction existe, et cela depuis ses origines, dans le sens que nous l'avons déjà plus haut précisé, à savoir comme un mal prévu et infligé comme tel à une personne à la suite d'une violation de sa part d'une règle de droit, affichant là une autonomie certaine, lui réservant même sa primauté en ce domaine. [247]

---

férenciation entre la variante administrative et la variante pénale s'articule moins sur une différence de nature que de degré ».

Encore même qu'elle la restreint par la suite en y ajoutant -ibid.- « En effet, l'opposition rétribution pénale/régulation administrative est fortement atténuée par l'émergence de sanctions administratives qui ont le caractère d'une punition, car elles peuvent s'appliquer en dehors de toutes relations antérieures entre l'administration et le délinquant ».

[247] V. infra p.189 et s. en détails notre exposé sur ce sujet.

La notion de sanction devenue ainsi, selon les données analysées, notion du droit positif dans l'univers répressif européen, et même notion dominante, la question se pose ici de vérifier si ce résultat résiste bien à la confrontation de ces mêmes données avec celles ressortant de l'ambiance supranationale, notamment celles relevant de l'ordre juridique de l'Union européenne, aussi bien que de la jurisprudence de la Cour Européenne des droits de l'Homme, données dignes d'être prises en considération, d'autant plus qu'elles exercent une influence décisive sur l'ordre juridique des pays dont s'agit ici.[248] C'est l'objet de la Section qui suit.

Section II : L'évolution dans l'espace supranational. (Les ajustements).

A. La notion de sanction dans la jurisprudence de la CEDH

Chercher la notion de sanction dans la jurisprudence de la Cour européenne des droits de l'homme -celle-ci étant « préposée » au service de la protection des droits de l'homme, pouvant être « menacés » par l'application aux récalcitrants des mesures à caractère répressif- paraît de prime abord à la fois logique et intéressant.

La suite de notre exposé va montrer que notre démarche est pleinement justifiée, l'examen de cette jurisprudence étant pour nous même obligatoire.[249]

---

[248] Situation mise en exergue par la doctrine. V. sur ce point, M. Delmas-Marty, op.cit. p.354 et s. Testant cette situation CE Section du Contentieux, Arrêt du 17.11.2006, 276926, Legifrance https://www.legifrance.gouv.fr/ceta/id/CETATEXT000008243491.

[249] La Convention européenne des droits de l'homme, étant fondatrice -supra note 6- d'un ordre public européen (Loizidou c / Turquie 23 mars 1995 (G.CH.) Série A no 310 (Cons.93), la jurisprudence de la CEDH qui l'interprète, trouve ici un de ses champs réguliers de référence. Le mérite de cette jurisprudence quant à la consistance de cet ordre, à travers notamment

Ceci dit, que l'on note que nous avons déjà eu l'occasion[250] de montrer- bien que brièvement- que la Jurisprudence de la CEDH portant sur la Convention EDH, constitue un lieu favorable à l'assaut de la sanction pour devenir la notion souveraine du domaine répressif.[251] De sorte que les lignes qui suivent ne sont, en fait, que le développement des pensées que nous y avons consacrées, nécessaires cependant pour ne pas faire injustice à la présente étude.

Comme il résulte maintenant de l'analyse des textes qui fondent la compétence de la Cour Européenne des Droits de l'Homme, le terme de sanction n'y est même pas mentionné. En effet, à l' art.6 de la Convention[252] il est marqué que « toute personne a droit à ce que sa cause soit entendue équitablement, publiquement et dans un délai raisonnable, par un tribunal indépendant et impartial, établi par la loi, qui décidera, soit des contestations sur ses droits et obligations de caractère civil, soit du bien fondé de toute accusation en matière pénale dirigée contre elle.... », formule qui pousse la théorie à y voir la cause de l'absence du concept de sanctions dans la jurisprudence de la Cour.[253]

---

de ses références, directes ou indirectes, à la notion de sanction, voir, entre autres, in : L. Pettiti, Les sanctions au sens de la convention européenne de sauvegarde des droits de l'homme, ACP, 1984, No7 p.145 et s.

[250] Il s'agit de notre article publié à la revue ERPL /REDP, Vol.27 No 2, 2015 sous le titre de « La notion de sanction en droit répressif européen : Droit pénal ou droit sanctionnateur ? p.837 et s. (ici p. 841 et s.).

[251] Plus significative, encore, est à cet égard la jurisprudence de la CJUE, comme le prouve la suite de notre exposé dans le cadre de cette section.

[252] Cet article -à l'instar des articles 7 de la même Convention et. 4 du 7ème Protocole additionnel de celle-ci- fait partie entière du domaine répressif de la Convention.

[253] V. notamment, Zerouki D. La sanction en matière pénale, p. 43, in La sanction, Colloque du 27 novembre 2003, A l'Université Jean Moulin Lyon 3, précité.

Or, comme l'étude de sa jurisprudence le montrera pleinement, sous le vocable « accusation en matière pénale », la Cour a effectivement beaucoup « travaillé » sur la notion de sanction et -ce qui est à première vue plus surprenant- même sous le vocable de « droits et obligations à caractère civil ».

L'identification de la notion de sanction dans la jurisprudence de la Cour étant notre premier objectif, une fois répondue par l'affirmative, la question qui se pose en sus est de savoir quel est, en définitive, l'espace que cette notion occupe dans l'ordre juridique institué par la Convention, donc en fin de compte, si la sanction y est conçue de façon différente de celle des droits nationaux.

C'est à la réponse à ces questions à plusieurs volets, donnée en deux paragraphes, que sont accordées les pages qui suivent.

a. La jurisprudence de la CEDH, relative au concept « accusations en matière pénale ».

On tombe ici -et l'analyse qui va suivre le montrera pleinement- dans un domaine où l'intérêt reste intact de savoir si l'on peut relever une notion de sanction dans le droit issu de la Convention européenne des Droits de l'Homme et sous quel contenu.

Ce qui nous pousse à passer en revue les arrêts de la Cour relatifs aux dispositions de l'art. 6§1 de la Convention, aussi bien que ceux mentionnés plus haut (1a, Les faits), avant de passer à leur évaluation (1b L'évaluation).

Or, et avant de s'en occuper en détails, l'on note que -à partir du moment où le terme « pénale », utilisé par la Convention dans son art. 6§1 amène à une notion bien déterminée qui se trouve dans le « cœur » du droit répressif, à savoir l'infliction à une personne donnée d'un mal, à la suite de violation par elle d'une règle de droit- on est obligé d'admettre qu'en droit européen de la Convention, la notion de sanction existe, acceptée et reçue, en principe, avec le sens que nous entendons dans ce travail.[254]

Cela dit, la question se pose, effectivement, de constater s'il y a dans le cadre de la Convention, un élargissement ou un rétrécissement quelconque de la notion de sanction, ayant une répercussion -directe ou indirecte- sur son sens par nous adopté, question à laquelle nous allons répondre par la suite, en analysant l'attitude de la Cour, élaborée sous l'expression « accusation en matière pénale ».

1a. Les faits

1aa Le premier arrêt, à l'occasion duquel la Cour s'occupât de la question, fut l'arrêt, Engel et al. c/Pays-Bas, précité, rendu sur recours de 5 militaires (appelés du contingent), ressortissants hollandais, qui alléguaient violation de l'art. 6§1 de la Convention, lors de l'application à leur encontre de sanctions disciplinaires, par le chef des corps.

La Cour, compétente pour juger une affaire, si celle-ci entrait dans le concept de « la matière pénale », devait se pronon-

---

[254] V. en sens confirmatif la rédaction du No 79 de l'arrêt Engel (Engel et al. c/Pays- Bas du 8 juin 1976) analysé par la suite, où l'on lit: « Amenée ainsi à s'interroger sur l'applicabilité de l'art.6 en l'espèce, la Cour examinera d'abord si les dites procédures concernaient des "accusations en matière pénale" au sens de ce texte : quoique disciplinaires d'après la législation néerlandaise, elles tendaient à réprimer au moyen de sanctions des manquements reprochés aux requérants, objectif analogue au but général du droit pénal ». En affirmant dans l'arrêt Welch c/Royaume Uni du 9 février 1995 § 28, en se référant au contenu de l'article 7§1 de la Convention « que le point de départ de toute appréciation de l'existence d'une peine consiste à déterminer si la mesure en question est imposée à la suite d'une condamnation pour une « infraction », renforce notre point de vue, le « stigma » qu'en donne la réaction contre l'illicite, l'un des traits de la sanction, y étant présent. V. là-dessus Farina-Cussac op.cit. p.521

cer, dans le cas concret, sur le fait de savoir si une infraction considérée comme disciplinaire par la législation néerlandaise, contre laquelle des sanctions disciplinaires furent appliquées, rentrait bien dans ce concept.

En faisant recours à trois critères différents, à savoir la qualification donnée par le droit national, la nature de l'infraction, la sévérité, enfin, de la sanction, la Cour a répondu, à la question devant elle posée, en partie- s'agissant de sanctions prévues ou appliquées contre certains des requérants, qui risquaient trois ou quatre mois d'affectation à une unité disciplinaire- par l'affirmative, et en partie- contre les autres, risquant de quelques jours d'arrêts simples ou de rigueur- par la négative, différenciation qui ne touche cependant que de façon indirecte le fond de notre approche.

Pour ce qui nous intéresse en principe ici, en faisant entrer, même sous conditions, les infractions et en conséquence les sanctions disciplinaires dans le concept de la matière pénale, la Cour a bien reconnu que les sanctions disciplinaires -à plus forte raison comme il ressort du contenu de l'arrêt celles administratives[255]-font partie du domaine répressif, conçu plus vaste que celui indiqué par le terme pénal classique, donc, en définitive, qu'elles répondent de la notion de sanction que nous cherchons dans le cadre de ce travail.

En sens contraire, si en rendant l'arrêt Engel la Cour a élargi le sens classique du terme pénal, figurant à l'art. 6§1 de la

[255] Bien que, comme nous avons pu le montrer en analysant le droit public hellénique, le phénomène disciplinaire peut être conçu dans le domaine public de façon dépassant de loin celui -strict- des relations entre les personnes publiques et leurs agents, étendu -point extrême- aux relations entre l'Etat et des clubs sportifs. Voir ici S. Lytras, Le phénomène disciplinaire dans le droit public hellénique contemporain, L'Harmattan, Logiques juridiques, 2019, précité, passim.

Convention, en y faisant entrer la matière disciplinaire, tout en affichant, en même temps, l'autonomie de ce concept par rapport aux droits positifs nationaux, cela ne pose pas de problèmes théoriques à notre analyse, étant donné que la sanction disciplinaire fait partie intégrante du système répressif dans tous les Etats européens, voire leurs ordres juridiques.

Notre analyse n'est encore point concernée par le fait que la Cour a refusé d'accepter sa compétence pour certaines des sanctions disciplinaires infligées, notamment celles d'importance moindre. Tout en affichant, également, l'autonomie de son approche, voire du concept « matière pénale », elle a pris soin de noter -No 85, s'agissant de M. van der Wiel - que celui-ci « n'était donc passible que d'une peine légère et non privative de liberté... », tandis qu'au sujet de M. Engel que « De son côté, la sanction privative de liberté dont M. Engel se voyait en théorie menacé était de trop courte durée pour ressortir de la « matière pénale », en affirmant, ainsi, dans les deux cas, incontestablement, leur caractère de sanction.

En définitive, ce que cherche le tribunal dans la mesure répressive en cause, c'est le point concret qui à ses yeux lui fait ressembler le plus à la sanction pénale, pour la rattacher par la suite à la matière pénale de l'art.6§1 de la Convention et rien d'autre. Ce qui ne nous empêche pas, néanmoins, de faire ressortir de sa position la notion de sanction que nous recherchons toujours dans sa jurisprudence.

1ab. La position de la Cour restée intacte dans une série d'arrêts postérieurs et on se réfère ici, en principe, aux arrêts Oztürc, Campbell, Bendenoun, Janocevic et Jussila, la notion de sanction garde toujours sa place dans sa jurisprudence.

En effet :

Dans le cas de l'arrêt Oztürc, rendu le 21 février 1984, la

Cour devait répondre à la question de savoir si une infraction du domaine de la circulation routière, une contravention administrative (Ordnungswidrigkeit, selon la loi allemande), entrait ou non dans l'art. 6§1 sous le concept de « matière pénale ».

Or, en réaffirmant l'autonomie de son approche de la notion de « matière pénale » (No 50) et en s'appuyant sur les critères dégagés par elle dans l'arrêt Engel (No 50), la Cour en alléguant que :

- D'après le droit allemand « ...il n'existe pas de cloison étanche entre le droit pénal allemand et le droit des « contraventions administratives » ... », surtout en cas de connexité, situation renforcée par le fait que les dispositions du droit commun régissant la procédure pénale s'appliquent par analogie à la procédure engagée pour ces contraventions (No 51).

- « ...selon le sens ordinaire des termes relèvent en général du droit pénal les infractions dont les auteurs s'exposent à des peines destinées notamment à exercer un effet dissuasif et qui consistent d'habitude en des mesures privatives de liberté et en des amendes » (No53).

- « ...un manquement du genre de celui de M. Oztürk continue à ressortir au droit pénal dans une large majorité des Etats contractants » et même en République Fédérale jusqu'à l'entrée en vigueur de la législation appliquée en la matière. (No 53).

- quant à la sanction de ces infractions, la Geldbusse -« ... elle n'en a pas moins conservé le caractère punitif par lequel se distinguent d'habitude les sanctions pénales » (No 53) la Cour a reconnu que l'infraction en question entrait dans le champ de l'art. 6§1, d'autant plus que le fait qu'il s'agissait d'une infraction légère, ne la ferait pas sortir du champ d'application de cet article, étant donné que « Rien ne donne en effet à penser que l'infraction pénale (criminal offence), au sens de la Convention, implique nécessairement un certain degré de gravité », nombre d'Etats distinguant, d'ailleurs, dont la République Fédérale jusqu'à récemment, « entre crimes, délits et contraventions tout en les qualifiant les uns et les autres d'infractions pénales » (No 53).

Basée sur ces considérants, la Cour a admis sa compétence dans un terrain où se déploie une action purement administrative, cette fois-ci -étant même destinée à des individus autres que ses propres organes (de l'Administration)- en même temps que le caractère de sanction de la mesure appliquée, dont le caractère répressif ne faisait point de doute, étant reconnu dans le pays d'origine du différend, càd en République Fédérale, depuis toujours.

Du coup, le champ de l'application de l'art. 6§1 de la Convention et celui du concept de « matière pénale » fut élargi, aussi bien que la présence considérablement accrue de la notion de sanction dans le cadre de cette Convention.

Conclusion, dont le bien-fondé devra être constaté par la suite dans des cas faisant partie de la notion de sanctions fiscales.

1ac. Arrêt de première importance dans la série des décisions de la CEDH concernant le domaine fiscal -vu l'optique de notre approche- l'arrêt Bendenoun c/ France, rendu par la Cour le 24 février 1994, le requérant se plaignant de ne pas avoir bénéficié d'un procès équitable devant les juridictions administratives, quant aux majorations d'impôt auxquelles le fisc l'a assujetti.

En dégageant des critères, au moyen desquels il devait inclure la matière fiscale et les sanctions y afférentes dans le concept de « matière pénale » de l'art. 6§1, l'arrêt a gagné son premier point de valeur.[256]

Son importance majeure, cependant, se trouve dans le fait que la Cour, en le rendant, s'est prononçée en faveur du caractère répressif des majorations d'impôt, sujet prêtant toujours en droit français,[257] à discussion.

Si, en effet, les majorations peuvent revendiquer leur appartenance à la matière pénale de l'art. 6§1 de la Convention, il est exceptionnel que d'autres volets de cette matière puissent ne pas y siéger.

Fort important pour notre approche est de noter que l'arrêt Bendenoun fut rendu, après que la Cour eut constaté :

- Que les faits incriminés étaient de nature à concerner « tous les citoyens en leur qualité de contribuables, et non un groupe déterminé doté d'un statut particulier » (No 47).

- Que « Il leur prescrit (aux contribuables) un certain comportement et assortit cette exigence d'une sanction ».[258] (No 47)

- Que ces majorations « se fondent sur une norme de caractère général, dont le but est à la fois préventif et répressif ».

---

[256] Si, quelques années plus tard -en effet dans l'arrêt Janocevic de 2002, confirmé par l'arrêt Jussila c/Finlande de 2006- celle-ci est revenue aux critères déjà élaborés et mis en place par l'arrêt Engel précité, cela laisse indifférente notre approche. V. aussi note 260. Une vue critique de l'approche de la Cour sur les critères ici évoqués, -indice de leur relativité- v. in Fr. Sudre Le retrait de points du permis de conduire au regard de l'art. 6§1 de la Convention EDH, note sur l'arrêt de la Cour Malige c/France du 23 septembre 1998, JCP La semaine juridique, Edition générale 1999, p.922 et s.

[257] En droit hellénique, par contre, la jurisprudence a depuis longtemps reconnu leur caractère répressif. V. là-dessus, S. Lytras, La notion des amendes administratives; la conformité à la Constitution de leur infliction, précitée, p.104 et s.,Th.Fortsakis, Droit fiscal 3ème éd.2008,p.586 (par.668) en langue hellénique.

[258] JCP La sem.jur.1995 22372 p.40.

- Que dans le cas d'espèce, les majorations en fait appliquées, « revêtaient une ampleur considérable » (No 47).

Constatations qui, reflétant -que ce soit positivement ou négativement- en substance, les traits présents dans des objets à caractère de sanction, ont conduit la Cour à faire entrer les majorations d'impôt, dont il s'agissait dans le cas d'espèce, dans le champ d'application de l'art. 6§1 de la Convention, tout en montrant, ainsi, sans la moindre équivoque, que pour elle, des données répressives du domaine fiscal peuvent avoir la protection de la Convention, se greffant sur le contenu normatif de son art.6§1.

Ainsi, et cela nous conduit de nouveau à suivre la ligne direction de notre propre approche, il paraît clair qu'à travers la jurisprudence, que l'on peut appeler fiscale de la Cour, voire son concept autonome de matière pénale, la notion de sanction, au sens que nous l'entendons dans ce travail, a fait encore un pas décisif pour devenir en tant que telle notion du droit positif, dans l'univers juridique européen.

Evolution accentuée par la suite, comme le montre clairement la jurisprudence Janosevic -confirmée par celle de Jussila- qui, relativisant sinon minimisant, à la faveur des critères Engel, l'importance de la sévérité de la sanction appliquée -un des critères à prendre en considération- a bien montré que pour la Cour, chaque mesure répressive pouvait entrer dans le champ d'application de l'art.6§1 de la Convention, même considérée s'occupant de minimis.[259] [260] Jurisprudence mettant,

[259] J.-F. Flauss, Actualité de la Convention européenne des droits de l'homme (août 2006-février 2007), Chronique AJDA 2007 p. 903.

[260] L'alternance des critères ne porte pas atteinte à la notion de sanction, elle précise seulement les cas qui entrent dans la matière pénale. Cette approche paraît bien une approche en partie matérielle, mais elle est en tant que telle déterminée en fonction des éléments de sanction que nous

par ailleurs, fin à la spécificité de la matière fiscale par rapport à l'application de l'art.6§1 de la Convention, consacrée par l'arrêt Ferrazzini c/Italie du 12 juillet 2001 de la Cour.[261]

1ad. La Cour, faisant un pas en avant dans cette voie, nous pousse, nous oblige même, à voir en la notion de sanction la notion dominant le domaine répressif, en qualifiant comme peine -tant au sens de l'art.7 que de l'art.4 du Prot.7- la contrainte par corps[262] constituant cependant traditionnellement une de plus fortes armes appartenant à l'arsenal de l'exécution forcée, notion, en principe, étrangère à la notion de sanction.[263]

Attitude non suivie par elle à propos de l'application à un détenu de 12 jours de prison, jugée comme mesure de l'exécution de peine, donc comme non relevant de l'art.7 de la Convention.[264]

---

connaissons déjà : Mal infligé comme réaction à l'illicite. Sans aucune relation avec n'importe quel trait de la peine de ceux que les pénalistes admettent comme ses caractéristiques. P.ex. quelle caractéristique de la peine se trouve en matière des majorations acceptées par la Cour comme entrant à la matière pénale ? En définitive, donc, à travers l'incorporation d'une mesure répressive à la notion autonome de « matière pénale » de l'art.6 de la Convention, c'est, en fait, aussi la notion de sanction qui fut rétablie.

[261] J.-F. Flauss, *ibid.*

[262] Jamil c/France 8 juin 1995 précité, Göktan c/France, 2 juillet 2002 (§48), in Les grands arrêts de la Cour européenne des Droits de l'Homme, Thémis, 6ème éd, éd. 2011, p.435.

[263] Que l'exécution forcée constitue, en principe, une notion apparentée à la notion de sanction, lui étant étrangère, infra p.243 et s V. aussi, S. Lytras, La notion de sanction et la distinction fondamentale des sanctions, précité p. 60 et s.

Des cas, isolés, par rapport auxquels le droit positif hellénique reconnaît à la contrainte par corps le caractère de sanction, v. in S. Lytras „Sanctions judiciaires", in revue « Journal de Droit administratif », (Ephimerida Dioikitikou Dikaiou en langue hellénique), 2018, précité, p.462 et s.

[264] Les grands arrêts…op.cit. p.435. Situation excellemment ressortant du libellé de l'arrêt du CE 12 déc. 2007, Section française de l'Observatoire

Quoi qu'il en soit, considérer une mesure comme ayant un caractère répressif sans que celle-ci ne l'aie -élargir donc le contenu du terme répressif- ne nuit pas à notre approche, la substance de la notion de sanction pouvant uniquement être mise en cause s'il on acceptait qu'une mesure sans coloration répressive faisait partie de la notion de sanction, en tant que telle, ce qui n'est pas ici le cas. La Cour ajoute, en effet, au domaine répressif tout simplement une donnée présentant à ses yeux les caractéristiques de sanction. [265]

Comme nous l'avons bien écrit dans notre étude, La notion de sanction en droit répressif européen, Droit pénal ou droit sanctionnateur ? p.843 note 32, précitée, devant la constatation que la Cour « dans sa façon d'interpréter l'expression "matière pénale" » va très loin, mettant sous cette qualification des cas privés de toute coloration répressive » ; pour nous « L'essentiel...est que les cas présentant les traits de la notion de sanc-

---

international des prisons, No 293993, selon lequel « ; qu'ainsi... le placement sous surveillance électronique mobile ne constitue par lui-même, ni une peine ni une sanction au sens...de l'art.7 de la Convention européenne de sauvegarde des droits de l'homme et des libertés fondamentales », AJDA 2007, p.2405 avec remarques Cat. Faivre. Sur cette ligne aussi, le Conseil Constitutionnel prenant soin de dire, en rendant dans un cas analogue sa décision 2008-562 du 21 février 2008 (considérant 9), que « la rétention de sûreté n'est ni une peine, ni une sanction ayant le caractère de punition » et dans son Considérant 12 « que la rétention de sureté et la surveillance de sûreté ne sont pas des mesures répressives », homologuant ainsi, bien qu'indirectement, la place de la notion de sanction comme notion générique au domaine répressif, donc en fait sa supériorité en ce domaine.

[265] Point de vue partagé par les auteurs de Les grands arrêts..., lorsqu'ils écrivent (op.cit. p.435) « Ainsi, la Cour analyse la contrainte par corps non en une mesure d'exécution forcée d'une condamnation pécuniaire mais en une "peine", tant au sens de l'art.7 de la Convention que de l'art.4 du Protocole 7 ».

tion sont tous couverts sous cette dénomination, chose qui -de toute évidence- éloigne le poids répressif du domaine pénal classique vers la notion de sanction ».

Cela ne nuit pas à notre approche si la Cour refuse de faire entrer certaine mesure sous l'art.6 de la Convention, si la reconnaissance du caractère de sanction de la mesure en cause est par elle clairement reconnue.[266]

1ae. Témoin ne pouvant pas être démenti, enfin, de la position dominante de la notion de sanction en droit répressif, voire en la jurisprudence de la Cour, son arrêt du 3.4.2019 C-617/17 Powszechny,[267] mentionné par l'arrêt du Conseil d'Etat hellénique 359/2020 (Ass.) qui, tout en se référant à lui et à l'art.4 du 7 Protocole additionné de la CEDH, prend soin de noter (Cons.5) tout significativement que « D'après le sens de l'art.4§1 du 7 Protocole, pour que le contenu ne bis in idem soit appliqué … doivent être remplies les conditions suivantes a) exister plus d'une procédure d'application des sanctions… b) ces procédures doivent être « pénales » selon le sens autonome de la Convention, voire sur la base des critères Engel, selon lesquels, peuvent être considérées comme « pénales » également des sanctions qui sont infligées par des organes administratifs… ».[268]

---

[266] CEDH,20 janvier 2011, Payet c/France, Aff. No19606/08, §§94-98, entre autres, Revue générale du droit, on line, 2011, No26333 (www.revuegeneraldudroit.eu/ ? p=26333).

[267] Suite à un revirement de la jurisprudence de la Cour, dont l'amorce coïncide avec l'arrêt du 15.11.2016 A. et B. contre Norvège, No 24130/11, AJDA 2016 p.2190, note J-M Pastor, permettant sous conditions la non application du principe ne bis in idem.

[268] Des cas caractéristiques de la jurisprudence de la CEDH militant en faveur de cette approche, voir in : Guides : sur l'art.7 de la Convention européenne des droits de l'homme, Cour européenne des droits de l'homme,

2. Evaluation.

Tout en faisant l'équation entre les notions « matière pénale » de l'art.6 et peine de l'art.7 de la Convention, de sorte que « le champ de ce qui est ou non "pénal" est alors défini par référence à la notion de "peine" de l'art.7 », -conçue là sous l'ampleur que couvre la notion de sanction que nous défendons- l'essentiel est que, pour la Cour, les deux notions revêtent « au même titre ...un sens "autonome" ». [269]

On pense avec raison que la Cour va « au-delà des apparences » voulant bien « apprécier elle même si une mesure particulière s'analyse au fond en une "peine" au sens de cette clause ».[270]

« Peine » qui devient ainsi, vu son ampleur, l'équivalente de sanction et qui s'érige ainsi comme la notion souveraine du domaine répressif.

Cela dit, l'autonomie de la notion de sanction voire sa souveraineté en droit répressif européen, en sortent décisivement fortifiées.[271]

---

mis à jour le 31 août 2019, p. 8 et 9, le premier concernant le contenu de la notion de « peine » dans l'art.6§1, mis à jour le 31 août 2022, p.12-13, le deuxième concernant des mesures entrant dans le contenu « matière pénale » dans l'art.6§1 de la même Convention. Sur.ce même sujet v. encore Fr. Moderne, Sanctions administratives et justice constitutionnelle, précitée, p.61 et s.

[269] Les Grands arrêts... op.cit. p.434, les phrases entre guillemets étant celles des arrêts évoqués par ces auteurs.

[270] Les Grands arrêts ...ibid. Même remarque pour les phrases mises entre guillemets.

[271] Image reflétée fidèlement au cas où l'art.6§1 de la Convention des Droits de l'Homme est appliqué par des tribunaux nationaux. Voir des cas appropriés in : Le juge administratif et les sanctions administratives, CE, Dossier thématique du 9 janvier 2017, www.conseil-etat.fr/content/download/82259/773806/version/1/file/dossier%20thematique%20 sanctions-09012017(pdf).

A préciser, maintenant, si le même résultat ressort de la jurisprudence de la Cour relative aux « Contestations sur des droits et obligations de caractère civil » du même art.6 de la Convention.

b. La jurisprudence de la Cour relative au volet : «Contestations sur des droits et obligations de caractère civil ».

Il paraît bizarre, du moins à première vue, et on a déjà fait allusion à cela, de prétendre que la jurisprudence de la Cour sur le volet « contestations sur des droits et obligations de caractère civil » pouvait avoir même la moindre influence sur le concept de sanction.[272]

Que des sanctions civiles, au moins sous le sens tel que nous le concevons dans ce travail, existent en droit positif -et l'on en a fait plus haut la constatation-, cela ne fait pas de doute. Cas typique, par excellence, les clauses pénales, sous le sens au moins, dont les entend le droit positif hellénique. Il est hors discussion également que le volet de l'art. 6§1 de la Convention que nous traitons ici, puisse être alimenté par des données du domaine répressif.

Cela étant, on réalise cependant que -ne serait-ce que de façon indirecte- la jurisprudence de la Cour contribue à l'élargissement du domaine d'application des données répressives,

---

[272] La doctrine française, cependant, était préoccupée -et cela depuis longtemps- par une coloration « propriétale » des fonctions publiques comme également des activités qui alimentent aujourd'hui la jurisprudence de la Cour sous ce volet. V. ainsi Bonnard R. : De la répression disciplinaire des fonctionnaires publics, Thèse précitée, p.50 qui, rejetant la thèse d'une relation subjective dans le cadre de la discipline des fonctionnaires, note bien « Mais, avant d'aller plus loin, il faut se demander si la peine disciplinaire ainsi définie n'est pas une privation de la propriété. Cela revient à se demander si le fonctionnaire a un droit de propriété sur sa fonction et sur les avantages de sa fonction. Nous ne le pensons pas ».

même en liaison étroite avec des institutions régies en grande partie par le droit public et ainsi en la consécration de la notion de sanction comme notion de base, primordiale, dans l'univers européen.

Citons les faits (a), avant de procéder à leur évaluation (b).

(a) Les faits.

L'arrêt Le Compte, Van Leuven et De Meyere c/ Belgique du 23 juin 1981 fut le premier, à notre connaissance, où la Cour a entériné dans le volet « contestations sur des droits et obligations de caractère civil » des réactions contre des comportements illicites ayant le caractère de sanction.

Les faits, assez connus d'ailleurs, de cette affaire sont les suivants :

Les requérants, membres de l'ordre médical, ont fait recours à la Cour de Strasbourg, alléguant que l'organe qui avait pris les sanctions disciplinaires, envers lesquelles ils s'étaient tournés, n'avait pas siégé en audience publique.

Cela étant, la question qui s'est posée devant le Cour était de savoir si des sanctions disciplinaires, prises à l'encontre des membres de certaines organisations professionnelles, en l'espèce de l'ordre des médecins, par des organes de cet ordre, pouvaient être examinées par la Cour, dans le cadre de sa compétence à traiter des contestations sur des droits et obligations de caractère civil, découlant de l'art.6§1 de la Convention.

En l'espèce, la question posée, effectivement, à la Cour était de se prononcer sur le fait suivant : si l'art. 6§1 s'appliquait à toute ou partie de la procédure suivie devant les conseils provinciaux et d'appel, organes disciplinaires, étant donné que l'issue de cette procédure était -s'agissant des organes ordinaux, suivant la jurisprudence Ringeisen du 16 juillet 1971 et König du 28 juin 1978- « déterminante pour des droits et obligations de caractère privé», caractère qui marque les relations de ces praticiens avec leurs clients, de sorte que le refus de l'exercice de son activité par un médecin fasse naître une contestation sur des droits et obligations civils. (Nos 44, 46, 48).

La Cour, tout en énonçant qu'en principe, les poursuites disciplinaires échappent à l'empire de l'art.6§, a conclu l'applicabilité de l'art.6§1 en l'espèce, jugeant (No 49) que la suspension de l'exercice de leur métier était. « à la différence de certaines autres sanctions disciplinaires qu'ils encouraient (avertissement, censure et réprimande…) une ingérence directe et substantielle dans l'exercice du droit de continuer à pratiquer l'art médical ». [273]

(b) L'évaluation.

En admettant que la suspension temporaire de l'exercice de son métier de médecin, mesure ayant incontestablement le caractère d'une sanction disciplinaire donc le caractère de sanction, entre -sous les circonstances de l'affaire- dans le sens de l'art.6§1 de la Convention, la Cour reconnaît -bien qu'indirectement- la notion de sanction comme notion du droit positif et, tout en la faisant entrer par cette voie dans le droit de la Convention, l'érige ainsi en notion de première importance de l'univers juridique européen.

Etant donné, par ailleurs, que des sanctions rangées, à cause de leur affinité avec le droit civil, dans le volet -appelons-le civil- ne font pas partie du volet -appelons-le pénal- au sens où la Cour entend ces termes, tout en étant des sanctions dans

---

[273] En plein alignement de sa jurisprudence à celle de la CEDH CE 29 nov. 2001, Leon-Suberbielle et 9 juin 2001 Meringaud, RFDA 2002 p.1111 chron. J. Andriantsimbazovina et L. Sermet. (Droit processuel p.187 note 5 et 188).

les ordres juridiques des divers Etats européens, on est en droit d'affirmer qu'en fin de compte, par cette jurisprudence de la Cour Européenne des Droits de l'Homme, ajoutée à celle du volet « accusations en matière pénale », la notion de sanction fait une entrée solennelle, sinon triomphante, dans cet univers ; dès lors qu'elle couvre, en principe dans cet univers, tout le terrain que ses « homologues » nationales couvrent dans les ordres juridiques des pays où elles développent toute leur action.[274]

Conclusion :

En faisant entrer les sanctions administratives, dont les sanctions fiscales et -même en partie- les sanctions disciplinaires, dans le cadre de l'art.6§1 de la Convention sous le volet « accusations en matière pénale », et nombre de ces dernières encore sous le volet « contestations sur des droits et obligations de caractère civil » ou dans le cadre des art.7 de la Convention et 4 du 7ème Protocole, la Cour ne soumet pas seulement les personnes contre lesquelles celles-ci sont appliquées à la protection de la Convention. Elle entend, en même temps, que celles-ci sont, par rapport à la Convention, à un niveau répressif égal à celui des peines, mesures répressives traditionnelles, ce qui a comme résultat de renforcer la consistance du domaine répressif par des données autres que les peines, et de consolider ainsi la notion de sanction -substrat de toutes ces mesures répressives- comme la notion souveraine du domaine répressif tout entier.

Conclusion qui ressort, et même plus renforcée, de l'exa-

---

[274] A noter que, même pour les sanctions qui, d'après son propre raisonnement, ne sont pas de sa compétence, la Cour prend soin d'affirmer qu'il s'agit, quant à elles aussi, de sanctions disciplinaires, donc de sanctions tout court.

men de la jurisprudence de la Cour de Justice de l'Union européenne.

B. La notion de sanction dans l'ordre juridique de l'Union européenne

A l'opposé de ce qui existe dans les textes concernant la Convention européenne de Droits de l'Homme et de la Cour où, comme on l'a vu, le terme même de sanction n'est pas mentionné, la notion de sanction est toute présente dans l'ordre juridique de l'Union, tout en ressortant aisément de la jurisprudence de la CJUE.

a. Les textes

aa. Les Traités.

La sanction fait son apparition dans les Traités instituant les Communautés européennes, tant dans le Traité CECA conférant -lorsqu'il était en vigueur- (à l'exception des cas isolés[275]) un pouvoir sanctionnateur général à la Haute Autorité[276], que dans celui instituant la Communauté économique, touchant cependant seulement à certains de ses domaines d'activités, dont celui, par excellence, de la concurrence.[277] [278]

---

[275] Entre autres, articles 47, al. 3, 58, paragraphe 4, et 65, paragraphe 5, de ce Traité.

[276] Article 95 du même Traité. Fort intéressante aussi la présence de la sanction dans le Traité CEEA, notamment en son article 83.

[277] Voir, ainsi, l'article 83, paragraphe 2, point a) du Traité CE (ancien article 87) qui prévoit l'institution d'amendes et des astreintes pour l'application des règlements et directives prévues aux articles 81 et 82 (anciens articles 85 et 86) du même Traité.

[278] Notons, en outre, que le recours à la notion de sanction ne s'y fait que très rarement *expressis verbis*, le Traité faisant souvent usage (à côté de celui d'amende, donnée répressive par excellence) de termes dont le caractère sanctionnateur n'est pas toujours incontestable. Il en va ainsi du terme astreinte, dépourvu parfois de caractère répressif. Voir sur ce point l'article pre-

La politique économique mise à part, d'un traité à l'autre, sont également tombées sous le pouvoir sanctionnateur de la Communauté/Union, la politique monétaire[279] comme aussi des domaines entiers liés à la mise en œuvre des diverses politiques communautaires.[280] Sans pour autant que lui soit conféré un pouvoir général de sanction au titre de quelque texte normatif.[281]

Dès le départ, ainsi, il s'est établi dans l'ordre juridique des Communautés/Union un véritable pouvoir répressif, sanctionnateur, dont l'extension est, du point de vue dont nous examinons ici les choses, en grande partie indifférente.

---

mier du règlement 2015 /159 du Conseil, modifiant son Règlement 2532/98 libellé en son article premier, paragraphe 6, comme suit : « "astreintes"/le montant qu'une entreprise est tenue de verser dans le cas d'un manquement continu, soit à titre de sanction, soit afin d'obliger les personnes concernées à respecter les règlements et décisions adoptées par la BCE dans le domaine de la surveillance ». Voir également sur ce dernier point subtil : S. Lytras, La notion de sanction et la distinction fondamentale des sanctions, op. cit., p .65, note 46.

[279] Voir, respectivement, les articles 104, paragraphe 11 (ancien article 104 C) et 110, paragraphe 3 (ancien article 108 A) du Traité CE

[280] Voir avec profit tous ces cas dans le livre de base de M. Poelemans, *La sanction dans l'ordre juridique communautair*e, Bruylant - LGDJ, 2004, p.91 et s.

[281] C'est ce manque -le besoin accru de la Communauté de réaliser ses politiques aidant- qui a permis à la CJCE de reconnaître à la Communauté un pouvoir général de sanction. Voir ici l'important arrêt du 27 oct. 1992 RAF c/Commission C-240-90 de la CJUE. Pouvoir en partie fortifié, avec l'arrivée du Traité de Lisbonne sur le fonctionnement de l'Union européenne, l'Union voyant ses compétences « pénales » se renforcer. V. sur ce point,S. Lytras, L'hégémonie de la notion, de sanction dans le droit répressif de l'Union européenne, in Mélanges en l'honneur de Bernard Pacteau, Mare et Martin 2018, précité, p.452 et s., d'où sont pris, en principe, les cas cités dans cette partie de notre recherche, aussi bien que nos pensées ici développées.

bb. Le droit dérivé

À la différence des textes des Traités, l'apport du droit dérivé de l'Union (règlements, décisions et arrêts) sur le sujet qui nous intéresse est assez riche, s'étoffant tout au long de la vie des traités.

Citons, à titre d'exemple :

- Les règlements :

1. (CE) 1/2003 du 16 décembre 2002 relatif à la mise en œuvre des règles de concurrence prévues aux articles 81 et 82 du traité,[282] dont l'article 23 (au Chapitre VI intitulé ''Sanctions'') est ainsi libellé :

Paragraphe 1 : « La Commission peut, par voie de décision, infliger aux entreprises et associations d'entreprises des amendes jusqu'à concurrence de 1% du chiffre d'affaires total réalisé au cours de l'exercice social précédent lorsque, de propos délibéré ou par négligence :

a) elles fournissent un renseignement inexact ou dénaturé en réponse à une demande faite en application de l'article 17 ou de l'article 18, paragraphe 2 ;

b) c) d)...

e) des scellés apposés en application de l'article 20, paragraphe 2, point d), par les agents ou les autres personnes les accompagnant mandatés de la Commission, ont été brisés ».

Paragraphe 2 : « La Commission peut, par voie de décision, infliger des amendes aux entreprises et associations d'entreprises lorsque, de propos délibéré ou par négligence :

a) elles commettent une infraction aux dispositions de l'article 81 ou 82 du traité, ou

b) ...

c) elles ne respectent pas un engagement rendu obligatoire

[282] JO L 1 du 4.1.2003, p.1.

par décision en vertu de l'article 9 ».

...

Paragraphe 5 « Les décisions prises en application des paragraphes 1 et 2 n'ont pas un caractère pénal ».

2. (CE) 2532/98 du Conseil du 23 novembre1998 concernant les pouvoirs de la Banque centrale européenne en matière de sanctions,[283] modifié par le règlement UE 2015/159 du Conseil du 27 janvier 2015,[284] dont l'article 2, intitulé 'Sanctions', non affecté par la modification en ses paragraphes 1 et 2, est ainsi libellé :

«1. Sauf dispositions contraires prévues dans des règlements spécifiques du Conseil, la BCE peut infliger aux entreprises des amendes et des astreintes dans les limites suivantes :

a) amendes : la limite supérieure est de 500 000 euros et

b) astreintes : la limite supérieure est de 10 000 euros par jour d'infraction. Les astreintes peuvent être infligées sur une période maximale de six mois suivant la notification à l'entreprise de la décision prévue à l'article 3, paragraphe 1.

2. Lorsqu'elle décide d'infliger ou non une sanction et qu'elle détermine la sanction appropriée, la BCE est guidée par le principe de proportionnalité».

La définition de l'infraction comme « le non-respect par une entreprise d'une obligation découlant d'un règlement ou d'une décision de la BCE », donnée à l'article premier, point 4, complète la disposition.

3. (CE, EURATOM) n° 2988/95 du Conseil, du 18 décembre 1995, relatif à la protection des intérêts financiers des Communautés européennes[285].

---

[283] JO L 318 du 27.11.1998, p.4.

[284] JO L 27 du 3.2.2015 p.1

[285] JO L 312 du 23.12.95 p.1

Or, l'article 5 de ce règlement prévoit des sanctions contre les opérateurs économiques visés à l'article premier au titre d'irrégularités intentionnelles ou causées par négligence et caractérisées formellement comme administratives, commises par eux. Ces sanctions, appliquées cette fois par les organes compétents des États membres, sont :

« a) le paiement d'une amende administrative ;

…

d) l'exclusion ou le retrait du bénéfice de l'avantage pour une période postérieure à celle de l'irrégularité ;

…

f) la perte d'une garantie ou d'un cautionnement constitué aux fins du respect des conditions d'une réglementation ou la reconstitution du montant d'une garantie indûment libérée... ».

Il convient également de tenir compte des éléments suivants, tirés de ce règlement qui intéresse à plusieurs égards notre approche :

a) l'article premier, paragraphe 2, selon lequel « est constitutive d'une irrégularité toute violation d'une disposition du droit communautaire résultant d'un acte ou d'une omission d'un opérateur économique … », disposition qui présente un des traits de la notion de sanction.

b) l'article 4, contenant des mesures ne revêtant pas le caractère de sanction. [286]

c) l'article 5, paragraphe 2, selon lequel les sanctions décrites au paragraphe 1 du même article sont qualifiées de « sanctions non assimilables à une sanction pénale ».

d) l'article 7, selon lequel « Les mesures et sanctions administratives communautaires peuvent s'appliquer aux orga-

---

[286] Dont in L'hégémonie de la notion de sanction dans le droit répressif de l'Union européenne, précitée, p.460.

nismes économiques visés à l'article 1er, à savoir les personnes physiques et morales, ainsi que les autres entités auxquelles le droit national reconnaît la capacité juridique, qui ont commis l'irrégularité...... ».

4. (UE) 2016/679, du Parlement et du Conseil du 26 avril 2016 (JOL 119 du 4.5.2016 p.1-88) relatif à la protection des personnes physiques à l'égard du traitement des données à caractère personnel. Dans ses considérants, désignant les obligations des États membres, figurent les termes *sanctions* (considérants 11, 13, 129, 148) sanctions administratives (considérants 150, 1251) et *sanctions pénales* (considérants 19 et 149), tandis que les termes amende administrative qui constitue une sanction claire et sanction, figurent respectivement à ses articles 8 3 et 84.[287]

- Les directives

1. 2011/93/UE du Parlement européen et du Conseil, du 13 décembre 2011 relative à la lutte contre les abus sexuels et l'exploitation sexuelle des enfants ainsi que de la pédopornographie ... dont l'article 13, intitulé 'sanctions à l'encontre des personnes morales'[288] est ainsi libellé en son paragraphe 1 :

- « Les États membres prennent les mesures nécessaires pour que toute personne morale déclarée responsable au sens de l'article 12, paragraphe 1, soit passible de sanctions effectives, proportionnées et dissuasives, qui incluent des amendes pénales ou non pénales et éventuellement d'autres sanctions, notamment :

---

[287] Retenons à ce sujet le libellé très significatif du considérant 148 : « Afin de renforcer l'application des règles du présent règlement, des sanctions y compris des amendes administratives devraient être infligées pour toute violation du présent règlement »

[288] Donnée de première importance, pour notre approche. V. in L'hégémonie de la notion de sanction dans le droit répressif de l'Union européenne, précitée ; p.459 et s.

a) des mesures d'exclusion du bénéfice d'un avantage ou d'une aide publique ;

b) des mesures d'interdiction temporaire ou définitive d'exercer une activité commerciale ;

…

e) la fermeture temporaire ou définitive d'établissements ayant servi à commettre l'infraction ».

2. 2011/36/UE du Parlement européen et du Conseil du 5 avril 2011 concernant la prévention de la traite des êtres humains et la lutte contre ce phénomène ainsi que la protection des victimes et remplaçant la décision-cadre 2002/629/JAI du Conseil,[289] dont l'article 6, intitulé 'sanctions à l'encontre des personnes morales', outre les amendes pénales ou non pénales, prévoit à l'encontre des personnes morales :

a) des mesures d'exclusion du bénéfice d'un avantage ou d'une aide publique ;

…

e) un placement sous surveillance judiciaire ;

f) une mesure judiciaire de dissolution ;

h)…

3. 2016/680 (UE) du Parlement européen et du Conseil du 27 avril 2016, relative à la protection des personnes physiques à l'égard du traitement des données à caractère personnel par les autorités compétentes à des fins de prévention et de détection des infractions pénales, d'enquêtes et de poursuites en la matière ou d'exécution de sanctions pénales, et à la libre circulation de ces données, et abrogeant la décision-cadre 2008/977.JAI du Conseil,[290] dont l'article 57 au titre *sanctions*, est ainsi libellé :

« Les Etats membres déterminent le régime des sanc-

[289] JO L 101 du 15.4.11 p.1, modifiée par la Directive 2024/1712 du Parlement et du Conseil du 13 juin 2024.

[290] (JO L 119, 4.5.2016 p.89-131).

tions applicables en cas de violations des dispositions adoptées en vertu de la présente directive et prennent toutes les mesures nécessaires pour garantir leur mise en œuvre. Les sanctions ainsi prévues doivent être effectives, proportionnées et dissuasives ». Article devant être lu à la lumière du Considérant 89 de la même directive selon lequel :

« Toute personne physique ou morale, qu'elle soit soumise au droit privé ou au droit public, qui enfreint la présente directive devrait faire l'objet de sanctions. Les Etats membres devraient veiller à ce que les sanctions soient effectives, proportionnées et dissuasives, et prendre toutes les mesures nécessaires à leur mise en œuvre ».

A noter que parmi ces sanctions figurent, tant des sanctions pénales que des sanctions non pénales, notamment administratives, étant donné que, en certains Etats, en Grèce notamment, des sanctions pénales ne sont pas encore introduites contre des personnes morales. [291]

4.2019.1(UE) du Parlement et du Conseil du 11 décembre 2018, JO L 11 14.1.2019, p .3-33) relative aux moyens devant être mis à la disposition des autorités de concurrence des Etats membres pour rendre plus efficaces les règles de concurrence et garantir le bon fonctionnement du marché intérieur, dont les art.13§1et 2 et 16§1et 2 sont ainsi libellés :

Art.13§1 « Les Etats membres veuillent à ce que les autorités nationales de concurrence administratives puissent, soit infliger par voie de décision dans leur propre procédure de mise en œuvre, soit requérir dans une procédure judiciaire autre que pénale que soient infligées des amendes effectives, proportionnées et dissuasives aux entreprises et associations d'entreprises lorsque, de propos délibéré ou par négligence,

[291] V. et note 288.

elles enfreignent l'article 101 ou 102 du traité sur le fonctionnement de l'Union européenne ».

Art.13§2 « Les Etats membres veillent, au minimum, à ce que les autorités nationales de concurrence administratives puissent, soit infliger par voie de décision dans leur propre procédure de mise en œuvre, soit requérir dans une procédure judiciaire autre que pénale que soient infligées aux entreprises et associations d'entreprises des amendes effectives, proportionnées et dissuasives. Ces amendes sont déterminées en proportion de leur chiffre d'affaires mondial total lorsque de propos délibéré ou par négligence :

a) Elles refusent de se conformer à une inspection visée à l'article 6, paragraphe 2

b)… c)…

d) Elles fournissent un renseignement inexact, incomplet ou trompeur en réponse à une demande visée à l'article 8 ou ne fournissent pas de renseignements dans le délai fixé

e)…

f) elles refusent de se conformer à une décision visée aux articles 10, 11 et 12 »

Ainsi formulés les paragraphes 1 et 2 de l'art.13 de la directive en cause, on aurait pu nous objecter que la notion de sanction n'y est pas présente, le terme de sanction étant manifestement absent. La notion d'amende cependant, incorporant traditionnellement une sanction incontestable, nous permet de passer outre à cet argument -vu notre approche ici- négatif. D'ailleurs, le terme de sanction figure dans le paragraphe 4 de l'article 13 en cause, aussi bien qu'en certains considérants de la directive en question, dont le Considérant 64 parle carrément de « sanctions individuelles telles que les amendes ».[292]

---

[292] De cet avis et de la doctrine voir in A. Appel : « Les amendes en droit

Nous pensons même que la notion de sanction couvre aussi les astreintes dont parle la même directive en son article 16 §1et 2 ainsi libellés :

Art.16§1 « Les Etats membres veillent à ce que les autorités nationales de concurrence administratives puissent, par voie de décision, infliger aux entreprises et associations d'entreprises des astreintes effectives, proportionnées et dissuasives. Ces astreintes sont déterminées proportionnellement au chiffre d'affaires mondial total journalier moyen de ces entreprises ou associations d'entreprises, réalisé au cours de l'exercice social précédent par jour de retard à compter de la date fixée dans ladite décision, pour contraindre ces entreprises ou associations d'entreprises au moins :

a) à fournir de manière complète et exacte des renseignements demandés en vertu de l'art.8

b) à se présenter à un entretien visé à l'art.9.

16§2 « Les Etats membres veillent à ce que les autorités nationales de concurrence puissent, par voie de décision, infliger aux entreprises et associations d'entreprises des astreintes effectives, proportionnées et dissuasives. Ces astreintes sont déterminées proportionnellement au chiffre d'affaires mondial total journalier moyen de dites entreprises ou associations d'entreprises, réalisé au cours de l'exercice social précédent par jour de retard à compter de la date fixée dans la décision, pour les contraindre au moins :

a) à se soumettre à une inspection visée à l'article 6, paragraphe 2

b) à se conformer à une décision visée aux articles 10, 11 et 12 »

---

français et en droit européen des pratiques anticoncurrentielles », L'Harmattan, 2022, passim.

et cela en dépit de leur fonction manifestement coercitive, vu que leur application est la suite d'un comportement devenu automatiquement illégal, une fois que l'action voulue par la directive ne se produit pas.[293]

b. La jurisprudence

On cite ici de préférence :

1. L'arrêt rendu par la CJUE le 15 juillet 1970 dans l'affaire 45 /69.[294] Avec celui-ci (points 51 et 53), et cela à une époque relativement précoce, la Cour a attribué formellement le caractère de sanction aux amendes prévues à l'article15 du Règlement 17/62 du Conseil du 6 février 1962[295] intitulé Premier règlement d'application des articles 85 et 86 du traité.[296] Il s'agissait des amendes infligées par la Commission, par voie de décision, aux entreprises et associations d'entreprises qui de propos délibéré ou par négligence ont commis les infractions décrites aux paragraphes 1 et 2 dudit article.[297]

2. L'arrêt de la Cour (sixième chambre) du 25 fév. 1988 Rei-

---

[293] Dans notre effort de ne pas alourdir le texte, on évite de citer ici les décisions-cadres adoptées sur la base des dispositions du Traité d'Amsterdam qui offrent, à leur tour, un terrain favorable à la prolifération des sanctions, notamment celles contre les personnes morales. Voir, X. Pin « Discussion : Subsidiarité versus Efficacité » in G. Giudicelli-Delage et Chr. Laserges (dir.), *Le droit pénal de l'Union européenne au lendemain du Traité de Lisbonne*, Coll. de l'UMR de droit comparé de Paris, vol.28, Société de législation comparée, 2012, p.53 et 54, notes.25 à 29.

[294] www.curia.europa.eu

[295] Précurseur du Règlement 1/2003 du Conseil, précité.

[296] JO du 21.2.62, p.204.

[297] En donnant « des indications inexactes ou dénaturées à l'occasion d'une demande présentée en application de l'article 2…(paragraphe 1, point a)... ou si « elles commettent une infraction aux dispositions de l'article 85, paragraphe 1, ou de l'article 86, paragraphe 2, point a) du traité »

ner Drexl, aff.299/86, https://eur-lex.europa.eu/legal-content/FR/TXT/?uri=CELEX%3A61986CJ0299, à l'occasion duquel le haut tribunal s'exprime de façon nette sur l'existence d'une notion autonome de la sanction, toute autre manifestation répressive lui étant ainsi « subordonnée ». Donnée devant d'au- tant plus être prise en considération du fait que les sanctions dont s'occupait le tribunal, étaient des sanctions relevant incontestablement du domaine pénal.

En effet, selon le tribunal :

(point17) «. s'il est vrai que la législation pénale et le régime de sanctions, même en matière fiscale, relèvent de la compétence des Etats Membres, le droit communautaire pose des limites aux cas où la législation nationale est susceptible d'avoir un impact sur la neutralité des impositions » et ensuite,

(point 18), «...un système de sanctions ne saurait avoir pour effet de compromettre les libertés prévues par le Traité », situation décrite de façon exemplaire par Bonichot qui, au sujet de l'arrêt en question, note bien :

« On peut faire valoir également que, dès lors qu'un comportement est prohibé, on ne voit pas en quoi la sanction de ce comportement, notamment la sanction pénale, pourrait avoir quelque incidence que ce soit sur une des libertés consacrées par le droit communautaire ».[298]

3. L'arrêt rendu par la CJUE le 21 janvier 1993 dans l'affaire C.308/90[299], par lequel la Cour a pleinement confirmé le caractère de sanction de la décision par laquelle la Commission avait placé l'entreprise requérante sous administration pour une durée de quatre mois, en vertu de l'article 83, paragraphe 1, point c, du Traité CEEA.

---

[298] J.-Cl. Bonichot, Chronique Internationale, Droit Communautaire et Droit pénal, RSC 1988 p.593. V. sur ce point aussi Fr. Moderne Sanctions administratives et justice constitutionnelle, précité, p.55 note 52.

[299] www.curia.europa.eu

Bien que le caractère de sanction de cette décision découle clairement de la disposition de l'article précité du traité CEEA, l'arrêt a sa propre valeur, vu les réticences concernant le terme d'astreinte dont il en était question.[300] L'un des arguments avancés, en effet, par la requérante était que la sanction litigieuse « aurait le caractère d'une astreinte destinée à remédier à une situation illégale actuelle », situation qui, une fois l'infraction terminée cessait, d'exister.

4. L'arrêt par lequel la Cour venait de peser de tout son poids en reconnaissant à la Communauté un pouvoir véritable, voire général, de sanction.[301]

Il s'agit, en effet, de l'important arrêt rendu par la CJUE le 27 octobre 1992,[302] dont les points 11 et 13 sont caractéristiques :

Point 11 : « À cet égard, il y a lieu tout d'abord de rappeler que le pouvoir d'instituer les sanctions qui sont nécessaires à l'application effective des réglementations existant dans le domaine de la politique agricole commune a été reconnu à diverses reprises par la Cour à la Communauté. Ce pouvoir est fondé sur l'article 40, paragraphe 3, et l'article 43, paragraphe 2, du traité ».

Point 13 : « Ce pouvoir de sanction implique que, dans le domaine de la politique agricole commune, la Communauté

---

[300] V. in L'hégémonie de la notion de sanction dans le droit répressif de l'Union européenne, précitée p.452 note 11

[301] M. Poelemans, op.c.p.120, F. Schockweiler *La répression des infractions au droit communautaire dans la jurisprudence de la Cour*, in Actes du séminaire de Luxembourg du 12 mai 1995, sur La coopération judiciaire en matière pénale dans la Communauté européenne, Luxembourg 1995, p. 4 et s.

[302] République Fédérale d'Allemagne c/Commission des Communautés européennes (affaire C.240/90), www.curia.europa.eu

est habilitée à édicter des sanctions applicables par les autorités nationales à l'encontre des opérateurs économiques qui se sont rendus coupables de fraude[303] ».

5. De la même jurisprudence, mais en sens contraire cette fois-ci, la notion de sanction ressort de l'arrêt 217/88 du 10 juill.1990,[304] qui refuse le caractère de sanction à un refus d'avantage en cas de non-respect des conditions requises par le droit communautaire.[305]

Dans le même sens l'arrêt de la CJUE, Ass.plén., du 16 février 2022, C-156-21, Hongrie c/ Parlement européen et Conseil, refusant aux mesures prises en vertu du Règlement 2092/2020, (UE, Euratom) relatif à un régime général de conditionnalité pour la protection du budget de l'Union, le caractère de sanction sur la base du fait (cons. 279) que « cette disposition (il se référait à l'art.5 par 3 de ce règlement) n'a pas pour effet de conférer aux mesures de protection du budget de l'Union le caractère de mesure de sanction de violation de l'Etat de droit en tant que telles… ».[306]

---

[303] Si cette possibilité affectait un seul domaine des politiques communautaires, cela n'aurait pas posé le moindre problème à notre approche, n'étant en fait qu'un point de détail. Dès lors que la Cour reconnaît ce pouvoir, ne serait-ce que dans la seule politique agricole commune, la notion de sanction s'avère automatiquement un élément de l'ordre juridique répressif de la Communauté, donc de l'Union, et c'est cette constatation qui pèse ici, pour nous. Par ailleurs, le fait que la jurisprudence concernée porte sur des sanctions appliquées par des organes nationaux et non pas par des organes de l'Union ne pose pas problème. Décider de conférer aux instances de l'Union ou aux autorités des États membres la compétence d'imposer des sanctions relève souvent de l'opportunité, sinon, du hasard.

[304] Rec.1990 p.2879.

[305] Fr. Moderne, p.68 n. 92.

[306] Les Grands Arrêts de la Cour de Justice de l'Union européenne (H. Gaudin coord.) M. Blanguet, J. Andriantsimbazovina, F. Fines) 2ème éd.2023, p.255 et s., Observations FF. Que l'on cite, enfin, ici-la jurisprudence cette fois

c.L'évaluation.

Tant des textes, que de la jurisprudence des tribunaux de l'ordre juridique de l'Union européenne, il ressort sans aucune difficulté qu'une notion de sanction constitue une notion de cet ordre. Ce qui nous oblige maintenant à nous occuper de sa position exacte dans le cadre de cet ordre.

Et cela parce que l'ordre juridique de l'Union ne disposant pas de tribunaux pénaux, donc de sanctions pénales, prérogative réservée aux ordres nationaux,[307] les mesures répressives prévues par celui-ci, tout en ayant les caractéristiques de la notion de sanction, ne peuvent qu'appartenir, tout comme les sanctions pénales elles-mêmes, à une notion plus générale qui est celle de la sanction.[308] Syllogisme tenant toujours sa valeur, vu que les sanctions appliquées par des organes de l'Union sont des sanctions imposées dans le cadre national par des organes appartenant en principe à l' l'administration. [309] [310]

---

n'étant pas de la Cour- CE 7 avril 2023, Société 33 rue de l'Université, No 465879, refusant la notion de sanction à la publication de la liste des biens immobiliers russes gelés en France en vertu du décret 2022/815, pris en application du règlement 269/2014 (UE) du Conseil du 17 mars 2014, « Une telle mesure restrictive » selon le Haut Tribunal, « ne présente pas le caractère d'une sanction mais d'une mesure conservatoire », AJDA 2023,p.696.

[307] CJCE, 14 déc.1995, Banchero, aff. C-387/93, Rec.p.I –4683, cité par Poelemans, p.22 note 84.

[308] Poelemans, qui, en plus, *op.cit.* p.16 caractérise même la sanction, dans le cadre communautaire, comme la composante essentielle du système répressif.

[309] Il s'agit des sanctions dites administratives, dénomination ne pouvant qu'arbitrairement couvrir les sanctions appliquées par des organes de l'Union, étant donné que l'Union ne connaît pas la séparation des pouvoirs à l'instar des Etats qui la composent.

[310] Des sanctions imposées par des tribunaux autres que pénaux, ici par des tribunaux administratifs, existent bien dans des ordres juridiques natio-

Cela dit, on constate que, au sujet de ce qui nous préoccupe, le droit positif emprunte deux voies différentes. La première passe par la qualification directe de certaines données de sanctions, tandis que la deuxième suit la soumission de certaines mesures à des règles familières du domaine répressif, notamment par l'application aux cas d'espèce de règles appartenant au droit pénal.[311]

Or, s'agissant de la reconnaissance du caractère de sanction, en tant que telle à travers sa qualification directe, on se réfère à ce qui est dit plus haut, tandis que dans les règles nous intéressant ici, on tient à noter :

En premier, l'arrêt Jager,[312] à l'occasion duquel la Cour admet que si, au sujet d'une infraction contre laquelle -depuis le moment où celle-ci a eu lieu jusqu'au moment où elle est jugée- plusieurs sanctions sont prévues (dont des sanctions administratives), les tribunaux nationaux sont tenus d'appliquer la sanction la plus douce.

En deuxième, l'arrêt de la Cour Aklagaren v/Hans Akerberg Fransson du 26 février 2013[313] (aff. C-617/10) concernant l'application dans le cas d'espèce du principe non bis in idem, la Cour ayant jugé qu'une sanction fiscale pouvait se cumuler avec une sanction pénale, à condition que la première soit dépourvue de caractère pénal, au sens de l'article 50 de la Charte

---

naux. Elles constituent cependant des exceptions. V. sur ce sujet s'agissant du droit hellénique, notre étude, Sanctions judiciaires, Ephimerida Dioikitikou Dikaiou, 4/2018, p.443 et s. (en langue hellénique), précitée.

[311] V. ici avec profit notre étude « L'hégémonie de la notion de sanction dans le droit répressif de l Union européen » ,précitée, p.464 et s.

[312] CJCE 11 mars 2008, (aff.C-420/06), (www.curia.europa.eu, (considérant 59 en autres).

[313] 313 Rendu à la suite d'une question préjudicielle lui étant adressée par un tribunal suédois (Haparanda tingrat)

des droits fondamentaux de l'Union Européenne.[314] Résultat renforcé par des arrêts plus récents de la Cour permettant le recours au cumul dans tous les domaines du droit, si le droit de l'Union ne dispose pas autrement.[315]

Ayant répondu de la sorte et étendant l'application de certaines règles propres aux sanctions pénales aux mesures répressives ne revêtant pas ce caractère, tout en étant qualifiées de sanctions, la Cour reconnaît incidemment l'existence dans ce domaine, en tant que notion autonome, de la notion de sanction, dont les divers types figurant dans les textes des arrêts précités et indépendamment d'une qualification à part ne sont que de simples subdivisions.[316]

Ce qui revient, en fait, à se demander si la notion de sanction est bien celle autour de laquelle est axé le domaine répressif de l'ordre juridique de l'Union européenne, ou si les mesures répressives y décelées n'en sont qu'une de ses subdivisions, décelées déjà par l'analyse précitée.[317] C'est la question à laquelle nous nous sommes efforcés de répondre

---

[314] V. ici en détails notre étude « L'hégémonie de la notion de sanction dans le droit répressif de l'Union européenne », précitée.

[315] V. là-dessus, Chronique de jurisprudence de la CJUE, Ph. Bonneville, CH. Gänser, Al Iljic, AJDA 2022, p.1087.

[316] Autonomie sortant renforcée même des arrêts plus récents de la Cour, celui du 20 mars 2018 C-524 /15(Grande Chambre) Menci, https://curia.europa.eu/juris/document/document/jsf?docid=200404 et celui du 5 mai 2022 C-57O/20 BV,https://eur-lex.europa. eu/legal-contenu/FR/ALL/?uri=CELEX:62020CJ0570, portant aussi sur le principe ne bis in idem tout en permettant son dépassement sous conditions.

[317] Pour proposer une analogie, c'est ce que l'on devrait faire si l'on se fixait pour objectif de situer la notion de peine par rapport à celles d'amende ou de privation de liberté, les deux pouvant avoir connu, avant celle-là, une notoriété remarquable dans le cadre d'un ordre juridique précis.

dans notre étude précitée,[318] en examinant la présence de divers types de sanctions, notamment des sanctions pénales et « administratives » qui représentent les éléments répressifs les plus importants de nos jours, dans l'ordre juridique de l'Union européenne.

Or, de cette étude on a tiré la conclusion, renforcée par la jurisprudence de la CJUE notamment l'arrêt rendu le 27 octobre 1992 dans l'affaire RFA/Commission, précité, qu'un pouvoir sanctionnateur général de la Communauté, un véritable *jus puniendi*, susceptible de s'étendre à chaque domaine de ses politiques,[319] y fut fondé.

Résultat étant également valable, bien que pour des raisons différentes, dans le cadre de l'ordre juridique élargi[320] de l'Union européenne. Dans ce vaste contexte, en effet, tant les sanctions pénales que les sanctions administratives proprement dites[321] trouvent leur place, chacune constituant la base d'un système sanctionnateur solide, incapable, à lui seul, d'exprimer toute la réalité juridique en matière répressive.

Ce tout étant exprimé par la notion de sanction, qui s'avère ainsi, même dans cet ordre élargi, la notion souveraine du domaine répressif.

Comme de façon claire cela ressort de la conclusion de notre étude précitée selon laquelle :

« Cette brève analyse des sanctions, prévues et appliquées

---

318 S. Lytras, « L'hégémonie de la notion de sanction dans le droit répressif de l'Union européenne », précitée

319 À propos du fait que la jurisprudence concernée relative aux sanctions appliquées par des organes nationaux et non par ceux de l'Union, ne pose pas de problèmes à notre approche, voir S. Lytras op.cit., note 35.

320 V. sur ce terme S. Lytras, op.cit. note 4.

321 Même si, parmi ces dernières, l'on compte les sanctions prises par les organes propres de l'Union que nous venons de citer.

par les actes et les organes communautaires ou nationaux en application du droit communautaire, permet de conclure sans équivoque que le système répressif de l'ordre juridique européen est bâti sur la notion de sanction. Celle-ci, dès son apparition dans cet ordre, affiche une autonomie conceptuelle et s'avère, ainsi, la notion souveraine de cet ordre, les divers types de sanctions y figurant n'étant que des subdivisions dont le contenu ou l'existence en dehors du noyau dur de la notion de sanction n'est pas toujours certain ».[322]

Conclusion

La Communauté Européenne ne disposant pas de l'arsenal classique des États, se trouvât -dès son origine- dans l'impossibilité absolue de faire face aux dangers menaçant ses objectifs majeurs au moyen des sanctions pénales infligées par les tribunaux pénaux, instances qui lui manquent totalement.

Ainsi, des sanctions de divers ordres, ajoutées à celles typiquement pécuniaires, ont vu le jour en sa faveur, concernant divers domaines de la vie européenne, de la politique agricole commune jusque et -en priorité- celui de la protection des finances menacées par la fraude, sanctions appliquées soit, par les instances communautaires elles-mêmes soit, par des autorités des Etats membres.

De la sorte, la notion de sanction s'est vue solennellement installée, en tant que telle, dans l'ordre de l'Union, en y affichant une présence forte dans son domaine répressif. A tel point même que l'on peut dire que le système répressif de l'ordre juridique européen est bâti sur celle-ci, s'avérant ainsi, à défaut d'antagonistes, la notion souveraine de cet ordre, les divers types de sanctions y figurant n'étant que des subdivisions, dont le contenu ou l'existence en dehors de son noyau

[322] S. Lytras, op.cit. p.468

dur[323] n'est pas toujours certaine.[324]

Résultat confirmé par la jurisprudence de la CJUE, d'autant plus intéressant que les Communautés/Union européennes agissent sur un terrain où le rapprochement avec le droit international pourrait conduire les choses à une approche différente, étant donné que là les « destinataires » de la sanction sont en principe les Etats.[325]

En définitive et à titre de conclusion, en référence à l'ensemble de notre approche dans le cadre de cette partie de notre travail :

Au résultat de notre analyse, il paraît clairement qu'en droit répressif européen, sans se confondre avec des peines ou des sanctions administratives ou d'autres mesures répressives qui, en principe, la présupposent, étant ses émanations, la notion

---

[323] S. Lytras op.cit.p.459 et s. Image reflétée fidèlement dans : Cour de Justice de l'Union européenne, du 8 mars 2022, (demande de décision préjudicielle du Landesverwaltungsgericht Steiermark-Autriche)-NE/Bezirkshauptmannschaft Hartberg-Furstenfeld (Affaire C-2O5/20) s'agissant de l'art.20 de la directive 2014/67/UE, Chronique,Ph. Bonneville, C. Gänser, Al. Iljic, AJDA 2022, p.1080 et s., le terme de sanction y étant utilisé -sans importance le fait qu'il s'agissait de mesures devant être prises par des Etats membres- couvrant toute mesure répressive répondant aux caractéristiques de la notion de sanction par nous prônée dans le cadre de ce travail.

[324] M. Poelemans, donnant à son livre précité le titre, *La sanction dans l'ordre juridique communautaire*, semble refléter au fond cet ordre d'idées, encore que la notion de sanction y soit approchée à travers ses qualifications particulières.

[325] V. Azoulai Loic, Les formes de la sanction juridictionnelle, in : Les sanctions contre les Etats en droit communautaire, Actes de Colloque de Paris du 8 avril 2005, précité, p.24, au sujet du manquement aux obligations découlant du droit international et du droit de l'Union, bien que la réparation à tort par l'auteur soit considérée comme faisant partie de la notion de sanction.

de sanction existe, et cela depuis ses origines, dans le sens que nous l'avons déjà plus haut précisé, à savoir comme un mal prévu et infligé comme tel à la suite d'une violation d'une règle de droit, affichant par rapport à elles une autonomie certaine, lui réservant en même temps sa primauté en droit répressif.

Si l'on se rend compte maintenant qu'elle a pris à la sanction pénale ce dont elle ne disposait pas de prime abord, à savoir le régime protecteur dont jouissent ceux qui contreviennent à la loi, qui est aujourd'hui étendu aux personnes passibles de sanctions, après avoir fait carrière concernant les personnes passibles de peines, on réalise que, bien que parente pauvre de la peine, avec laquelle elle est née au même moment, dorénavant reçoit généreusement d'elle ses propriétés, s'enrichissant au fil du temps.[326]

---

[326] Devant un don pareil au domaine fiscal, dans le cadre du droit français cependant, v. Ph. Derouin, L'apport du droit pénal au régime juridique des sanctions fiscales, Les Petites Affiches, 6 oct. 1993 p.60 et s.

Il ressort, par ailleurs, de la présentation du colloque organisé par le Conseil d'Etat et la Cour de Cassation du 13 décembre, 2013 sur « La sanction : regards croisés du Conseil d'Etat et de la Cour de Cassation », La documentation française 2013, que l'on se trouve devant des règles communes à toute sorte de sanction, notamment à la page p.5, où l'on lit « Malgré la diversité des origines, modes et formes, la sanction reste soumise à des principes cardinaux communs que des jurisprudences nationale et internationale convergentes, sont parvenues à dégager. Il en est ainsi du principe de légalité, de proportionnalité, d'individualité, de non bis in idem ou, sur le plan procédural, du principe de motivation de la décision, de publicité, du droit au recours ou de la séparation des autorités de poursuite, d'instruction et de jugement A tel point que la question d'un droit homogène de la sanction est désormais posée ».

Image à laquelle s'ajoute la toute récente décision du Conseil Constitutionnel du 8 déc.2023, No 2023-1074 QPC, Légifrance, d'après laquelle le droit au silence, propre au droit pénal, compte aussi parmi les droits

Devenue ainsi notion du droit positif, et même notion souveraine, dans l'univers répressif européen, la notion de sanction réclame, maintenant, la détermination exacte de son contenu. Nos références, en effet, sur ce sujet jusqu'à maintenant ne sont qu'isolées, ne reflétant pas une vue d'ensemble sur celle-ci.

C'est ce manque qui va nous occuper dans le cadre de la Section qui suit.

Section III : Le contenu de la notion de sanction

Chapitre I Les composantes

Préciser le contenu exact d'une notion équivaut à circonscrire ses traits caractéristiques. Or les traits qui marquent, qui disent ce qui est une chose, une notion, constituant ainsi sa définition essentielle,[327] ici la notion de sanction, sont, comme cela est paru clairement de l'analyse précédente les suivants : d'une part, le mal infligé, (§ 1) et d'autre part, l'infliction de ce mal à une personne en réaction contre la violation d'une règle de droit de sa part, (§2). Une position spécifique, selon laquelle le trait caractéristique de la notion de sanction est l'intention de punir de l'organe qui inflige la sanction est à écarter (Excursus).[328]

---

en faveur des touchés par des sanctions administratives, qui oblige même P.-O. Rigaudeau, « La pénalisation de la répression administrative et l'affirmation du droit au silence », AJDA 2024 p.1051 et s. de reconnaître, à la fin de son approche, p.1057, que la répression administrative « sauf du point de vue organique, est de moins en moins aisée de distinguer de la répression pénale ».

[327] Sur le contenu d'une définition essentielle, Ch. Eisenmann, Cours de Doctorat 1955-1956, p.29 et s. S. Lytras *Agents et organes administratifs, Thèse précité » p.57 et s., p.259 et s.*

[328] Repérés dans notre étude « La notion de sanction et la distinction fondamentale des sanctions », ces traits pouvaient nous dispenser de nous en

§ 1. Le mal infligé.

a. aa. D'après la jurisprudence des tribunaux helléniques, chaque sanction constitue une atteinte aux biens -droits et obligations ou simples intérêts-, protégés par la loi, de celui à qui elle s'adresse, atteinte qui se présente ainsi comme un mal.

En principe, cette atteinte se dirige contre la liberté individuelle ou la fortune, dont les exemples caractéristiques sont respectivement la peine privative de liberté, la peine ou l'amende pécuniaires.

Le mal peut prendre encore des formes très diverses, qui ont comme résultat de faire qualifier les mesures le contenant comme des sanctions.

Ainsi, il peut avoir comme contenu l'interdiction de l'exercice d'une activité ou le retrait d'une autorisation qui permet le fonctionnement d'une entreprise, p.ex. d'un débit de boissons,[329] ou prendre, selon le Conseil Constitutionnel, la forme de privation des certains avantages fiscaux ou postaux.[330]

---

occuper, même ici. Notre regard, cependant, devant nous appuyer sur des données en principe issues dans le cadre européen, de plus d'un ordre juridique, on a préféré traiter ce sujet également ici, au lieu de renvoyer à notre étude précitée.

[329] Voir un cas caractéristique du droit français dans le retrait des droits d'utilisation d'une partie seulement des fréquences ou bandes de fréquences, sanction prévue à l'art. L36-11 2o du code des postes et des communications électroniques, contre des exploitants de réseau ou des fournisseurs de service, s'ils ne se conforment pas à la mise en demeure prévue à ce même article (L.36-11 1o), (AJDA 2008, p.1750, note P-A.J). Aujourd'hui art.36-11.III.al.5, comme il fut modifié par l'art.3 de la loi 2019.1063 du 18 oct.2019.

[330] Le CC reconnaît, en effet, ce caractère aux privations automatiques de ce genre suivant le non-respect par des intéressés des décisions de la Commission pour la transparence et le pluralisme les ayant mis en demeure de se

Il peut également :

consister à la privation de récompense.[331]

Avoir, encore, un caractère moral, caractère que comporte la publication dans la presse des arrêts prononçant des condamnations.

Constatations qui nous permettent de soutenir qu'en termes généraux, à l'exception des cas prohibés par la Constitution même, la sanction peut avoir comme contenu, prévu par la loi, l'attaque de n'importe quel droit ou intérêt du récalcitrant.

bb. Un panorama représentatif, au seul domaine des sanctions infligées par des organes administratifs, de divers types de mal, sauf éventuellement l'aspect moral, offre l'art.5 du Règlement No 2988/95 du Conseil du 18 déc.1995, relatif à la protection des intérêts financiers des Communautés européennes, précité, stipulé comme suit :

1. Les irrégularités intentionnelles ou causées par négligence peuvent conduire aux sanctions administratives suivantes :

a) le paiement d'une amende administrative ;

b) le paiement d'un montant excédant les sommes indûment perçues ou éludées, augmentées, le cas échéant, d'intérêts ; ce montant complémentaire, déterminé selon un pourcentage

---

conformer à la loi (Déc. No 84-181 DC du 10-11 oct.1984, (Légifrance,https://www.legifrance gouv.fr/cons/id/CONTEXT000017667697#:-:text=transparence financière…-,Décision 84-181 DC-11 octobre 1984-Loi …)V. aussi note J-J Bienvenu, AJDA 20 déc.1984 p.692 et s.).

[331] De cet avis, Carbonnier J. Sociologie juridique, 2ème éd. Quadrige/ Puf, 2004, p.330 qui, citant Wilchelm Aubert, note « ...la grande originalité de Wilchelm Aubert a été d'étendre la notion aux réactions favorables, se manifestant pour ce que l'on appelé vulgairement des récompenses » et un peu plus bas « La récompense contraint parce que la privation de récompense fait mal ». Encore qu'il s'agisse de la vue d'un sociologue.

à fixer dans les réglementations spécifiques, ne peut dépasser le niveau strictement nécessaire pour lui donner un caractère dissuasif ;

c) La privation totale ou partielle d'un avantage octroyé par la réglementation communautaire, même si l'opérateur a bénéficié indûment d'une partie seulement de cet avantage ;

d) L'exclusion ou le retrait du bénéfice de l'avantage pour une période postérieure à celle de l'irrégularité ;

e) Le retrait temporaire d'un agrément ou d'une reconnaissance nécessaire à la participation à un régime d'aide communautaire ;

f) La perte d'une garantie ou d'un cautionnement constitué aux fins du respect de conditions d'une réglementation ou la reconstitution du montant d'une garantie indûment libérée ;

g) D'autres sanctions à caractère exclusivement économique, de nature et de portée équivalente, prévues dans les réglementations sectorielles adoptées par le Conseil en fonction des nécessités propres au secteur concerné et dans le respect des compétences d'exécution conférées à la Commission par le Conseil ;

cc. Le caractère de sanction ne se modifie pas en cas de changement du mal initialement infligé. Comme cela arrive si, en vertu de la loi, une peine privative de liberté, une fois infligée, se transforme par la suite, par décision du même tribunal, en peine pécuniaire.[332]

b. Pour parler d'atteinte aux biens touchés par la sanction, cela présuppose, qu'au temps où celle-ci a eu lieu, existait déjà

---

[332] V. art. 82 du Code pénal hellénique, selon lequel toute sanction privative de liberté qui ne dépasse pas une année se transforme en peine pécuniaire ; la transformation des peines dépassant une année étant possible, si les conditions prévues par ce même article sont réunies.

en faveur de la personne lésée une situation -techniquement désignée comme droit ou intérêt- que l'atteinte a préjudiciée. Si cette situation protégée par la loi n'existe pas, ou a cessé d'exister, il n'y a pas d'atteinte, donc de sanction. [333]

aa. Ainsi ne constitue pas une sanction disciplinaire la suspension d'un tableau de garde d'un médecin et cela parce que la direction générale du CHV peut prendre toute décision exigée par les circonstances en cas de problèmes qui résulteraient du non-respect des règles de fonctionnement du centre de réception et de régulations des appels, pas de sanctions d'autant plus « qu'elle a un caractère conservatoire ».[334]

Également, ne constitue pas une sanction, d'après le droit positif hellénique :

- le déplacement d'un fonctionnaire pour des motifs de service, étant donné que celui-ci ne dispose pas envers son administration du droit de l'obliger à respecter sa situation de service préexistante, dans l'hypothèse jugée de ne pas le muter.[335]

- le retrait d'un acte, si les conditions pour son existence légale ont par la suite cessé d'exister.

- le retrait d'une autorisation de fonctionnement d'une

---

[333] V. sur ce point S. Lytras, La notion de sanction et la distinction fondamentale des sanctions, précité, p.31 et s.

[334] CAA Bordeaux 13 mars 2007 M.O, No O4BXO1159, AJDA 2007 p.1551.

[335] Voir Conseil d'Etat hellénique 1690/1969, qui a bien jugé que la mutation d'un fonctionnaire pour des motifs de service ne constitue pas de mesure défavorable pour un fonctionnaire. Dans le même sens l'arrêt du CE français 9 mars 1949 Delle Geige, dans lequel le haut tribunal a jugé que la mutation sur demande du fonctionnaire ne constitue pas une mesure disciplinaire à caractère de sanction.

Fait partie, par contre, de la sanction la mutation défavorable du fonctionnaire motivée par des raisons disciplinaires en application de l'art.207 par.7 du Code des Fonctionnaires alors en vigueur. CE hellénique 616/1981.

clinique, concédée en contravention de la loi qui réglait les conditions de sa concession.[336]

- le retrait de l'autorisation de fonctionnement d'un Centre (Flisvos) effectué sur la base des irrégularités commises dans la procédure de concession, à savoir la violation de la forme essentielle concernant l'avis de la commission de l'art. 30 de la loi 2193 /93, les violations du Schéma Régulateur d'Athènes au sujet des usages permis, enfin le manque d'étude sur l'impact environnemental. La légalité de l'acte constituant la condition de la continuation de son existence.[337]

De façon exemplaire cela ressort de l'arrêt du CE français du 25 juillet 1975, Ministre de l'Equipement c/Richoux,[338] concernant le retrait d'un agrément professionnel, où l'on lit : « … sans cette réserve (p.59) le retrait d'agrément constituera une mesure administrative non disciplinaire, si les conditions mises à l'octroi de l'agrément et à son maintien, ne sont pas remplies… ».[339]

---

[336] CEE 84/1975, 1255/1968 Ass.

[337] Conseil d'Etat hellénique 2403/1997, (Ass. (9), (17). Du même Conseil l'arrêt significatif 276/2000, refusant le caractère de sanction au retrait d'un acte de License d'une société, en dépit de la commission répétée par elle, des infractions contre la législation concernant les bourses, au cas où ces infractions constituent une de causes pour le retrait de la License.

[338] RDP 1976 p.355, note Auby. V. Encore CE 22 mars 1996, Société NRJ-SA in F. Moderne « Le pouvoir de sanction administrative au confluent du droit interne et des droits européens » RFDA 1997, p.2, précitée ».

[339] Situation excellemment décrite par Cramer (P.) d'après lequel :
« Das öffentliche Recht kennt unter anderem den Entzug gewerberechtlicher Konzessionnen oder der Zulassung als Arzt oder Anwalt, die Abbruchsverfügung für rechtswidrig errichtete Bauwerke usw. Von diesen Rechtsfolgen, so bedeutsam und einschneidend sie im Leben des einzelnen auch immer sein mögen, ist die Antwort des Sanktionsrechts auf begangenes Unrecht deutlich abzusetzen » Cramer : op.cit. p.16,in fine.

Dans le même ordre d'idées, la notion de retrait d'agrément dit symétrique, qui se localise lorsque « le retrait d'agrément constitue une mesure symétrique dans ses motifs à l'octroi de l'agrément »,[340] sens exprimé aussi dans la Cour européenne des Droits de l'Homme.[341]

Dans le même sens encore, CC 27 nov.2001, No 451 DC cons. 40 et 41 où l'on lit qu'en l'espèce : « ... les dispositions qui prescrivent d'abroger une autorisation en cas de non-respect des conditions mises à son octroi n'ont pas pour objet d'instituer une sanction ». [342]

bb. La notion de sanction est absente, par manque d'atteinte, là où un organe étatique, public, limite ou élimine des droits ou des intérêts des personnes, ou crée contre eux des obligations, dans l'exercice de sa compétence.

Comme cela arrive dans le cas où l'organe compétent du ministère des finances crée une obligation d'impôt contre un contribuable.

Ou de façon inverse :

Ne présentant pas le caractère de mal, base d'une sanction, est annulée par le Tribunal Administratif d'Amiens la décision par laquelle le maire de Moreuil a infligé une sanction disciplinaire d'exclusion temporaire à un fonctionnaire, au motif qu'il

---

[340] Conclusions Gentot sous CE, Sect.6 mars 1970, ministre de l'intérieur c/Sieurs Sydein et Desonneville, AJDA, 1970, p.564 (Documents CE p.39)

[341] CEDH, Tre traktorer Aktie Bolog, 7 juil.1989, Doc. CE p.39 n.7. V. encore CE Soc/té Athis, R. p. 276, AJDA 2001, p. 638, M.T. Viel, « Errements des sanctions administratives » précité, p.1007.

[342] Dans cet ordre d'idées la cessation des fonctions d'une personne (à l'occasion d'un Moufti musulman) définitivement condamnée pour des actes qui auraient empêché sa nomination au poste dont il s'agit. (Conseil d'Etat hellénique 869/2018 [Assemblée]), Revue de droit public et de droit administratif,2019, p. 534, en langue hellénique.

avait omis de procéder à différents actes de gestion et qu'il refusait constamment d'assumer les responsabilités de sa fonction. Or, comme l'a bien dit le tribunal, « en infligeant à M.H une sanction fondée sur son insuffisance professionnelle, sans faire état de façon probante d'un manquement à une obligation déontologique susceptible de caractériser une faute disciplinaire, le maire de Moreuil a commis une erreur de droit ».[343]

Caractère de sanction ne présente pas non plus le remplacement d'une obligation non remplie par une autre, dans le cadre de l'exercice de ses fonctions par l'organe compétent. Ainsi du forfait post-stationnement qui, selon le CE,[344] « constitue le montant de la redevance d'occupation du domaine public qui doit être acquitté lorsque celle-ci n'a pas été payée dès le début du stationnement. Par suite -continue l'arrêt- il n'a pas le caractère d'une indemnité qui viserait à réparer un dommage causé par une faute de celui qui doit l'acquitter ». Qui -puisqu'il ne vise pas à « réprimer un manquement du titulaire du certificat d'immatriculation à une obligation légale ou contractuelle- ne saurait avoir le caractère d'une sanction ».

cc. Caractère de sanction n'ont pas, en principe, les conditions exigées à l'occasion par le droit pour obtenir un effet positif.

-Il en est ainsi des conditions imparties aux condamnés, auxquels est concédé le sursis d'exécution d'une peine privative de liberté. Ayant comme objet de faire éloigner -et en définitive de faire disparaître le mal- elles ne pouvaient pas, elles non plus, être considérées comme des sanctions.

Les choses semblent prendre une allure différente cepen-

---

[343] TA Amiens 18 déc.2007 ; M.H, No 0500664 (AJDA 2008, p.663).

[344] CE 30 sept.2020, Société Sixt asset and finance, No438253, AJDA 2020, p.1878.

dant si ces conditions, en cas de désobéissance, se transforment -le retrait du sursis y compris.

L'exécution de la sanction initiale mise à part- en tant que mal séparé, on se demande si elles empruntent au caractère de sanction, notamment surtout si, constituées en obligation pécuniaire, elles sont payées en toute hypothèse.[345]

Or, reconnaître aux Geldauflagen du droit allemand, qui sont imposées dans le cadre d'un sursis à exécution (Aussetzung einer Freiheitsstrafe zur Bewaerung), le caractère de sanction est problématique, étant donné que le mal est le contenu de la sanction contre la liberté individuelle et que la notion de la sanction matérielle (matérielle Strafe) qui empruntait ce caractère à une mesure n'étant pas prévue pour jouer ce rôle, n'est pas acceptée par le droit positif.

L'argument le plus décisif pour refuser à ces mesures le caractère de sanction est qu'elles ne sont pas imposées comme réaction à l'illicite, mais comme conditions pour obtenir le sursis. Ainsi, remplir la condition incarne l'avantage de ne pas subir le mal, c'est le prix pour ne pas le subir, donc il n'a aucune relation avec le mal, contenu de la sanction.

Le fait maintenant qu'en cas de violation de ces conditions, la peine initiale est exécutée, n'est pas à même de transformer ces conditions en sanctions, parce que la désobéissance n'a d'autre sens que d'entraîner l'exécution de la peine initialement imposée. De sorte que même la somme déjà payée ne devient pas un mal supplémentaire, donc la condition d'une

---

[345] Koehler Michael : Strafrecht, Allgemeiner Teil, Springer 1997, p.648, surtout p.654, s'agissant d'une obligation de payer -en vertu de l'art.56§§ b et c de StrGB- une somme en argent (Geldzalungspflicht) qui, selon l'auteur est, en vérité, « …eine Geldstrafe ». Sur le caractère non certain de sanction de Geldauflage prévue à l'art .56 §§b StrGB, Th. Geiger, Die Rechtsnatur der Sanktion, Duncker/Humblot, Berlin 2006, p.24.

sanction, exactement comme la somme pour réserver un contrat ne devient pas une sanction, si l'on ne souscrit pas de contrat, n'étant que la condition de sa souscription. En d'autres termes : en cas de sanction, la violation d'une règle entraîne le mal. En cas de condition non remplie, l'inobservation n'entraîne que l'exécution de la sanction initialement infligée, donc aucun nouveau mal.

C'est dans cet ordre d'idées que se rattache, également, la perte d'un avantage (ou l'exposition à un désavantage) si l'intéressé n'a pas rempli son obligation pour en bénéficier. Ainsi de l'incombance du droit allemand (et des droits suisse et belge), selon laquelle l'intéressé (partie au contrat ou concerné par la loi) perd son avantage (ou s'expose à un désavantage juridique) s'il ne remplit pas une obligation (Obligenheit) pesant sur lui. [346]

Ne constitue pas enfin un mal conduisant à une sanction la privation de rémunération pour congé de maladie, au cas où sa mise en œuvre tombe dans la période où l'agent intéressé est frappé d'une exclusion temporaire de fonctions à la suite d'une sanction disciplinaire, période à laquelle celui-ci ne pouvait pas effectivement travailler, donc pouvoir bénéficier de congé, même de maladie.[347]

En définitive -et on a mis l'accent sur ce point plus haut-

---

[346] V. sur cela F. Luxembourg, La déchéance des droits. Contribution à l'étude des sanctions civiles, Préface A. Ghozi,Editions Panthéon Assas Thèses 2007,p.59 et s. Le fait, par ailleurs, que l'auteur range l'incombance parmi les sanctions civiles est privé d'intérêt particulier pour nous, vu que son approche accepte la notion de sanction civile, donc la notion de sanction, une conception large dépassant de beaucoup son aspect répressif. V. sur ce sujet aussi infra p.233 et s., notamment p.268 et s.

[347] CE 3 juillet 2023 No 459472, AJDA 2023 p.1843 et s. Conclusions de Thomas-Pez-Lavergne, rapporteur public.

pour qu'il y ait sanction, il faut qu'elle existe auparavante -en faveur de celui auquel elle est infligée- une situation juridique protégée par la loi, protection qui a cessé d'exister notamment à cause de son comportement. Ce qui arrive quand on est en présence d'un droit acquis.[348]

c. Point fort intéressant : ne constituent pas des sanctions les diverses nullités, notamment en droit civil, qui sont rattachées au fait que les conditions requises par la loi n'étant pas réunies, les résultats voulus par les cocontractants n'ont pas pu avoir lieu.

Il est fort possible que cette insertion des nullités dans la notion de sanction soit due au fait que la doctrine transpose entièrement la contrainte comme trait caractéristique de droit dans la notion de sanction, comme mesure répressive répondant aux caractéristiques par nous évoquées, et en principe, rencontrée dans les peines.

Hart, pour qui « le fait d'étendre l'idée de sanction à la nullité constitue une source (et un signe) de confusion »[349] refuse nettement le caractère de sanction à la nullité.

---

[348] Ainsi F. Moderne, « Le pouvoir de sanction administrative au confluent du droit interne et des droits européens », RFDA 1997 p.4, précitée, pour qui -parlant des avantages fiscaux- « Ces avantages ne constituent pas des droits acquis devenus intangibles pour ceux qui sont amenés à en bénéficier ». Des cas adéquats v. encore chez Giacometti op.cit. p.546.

[349] Hart H.L.A : Le concept de droit, deuxième éd. augmentée 2005, traduit de l'anglais par M. van de Kerchove, Bruxelles, Facultés Universitaires Saint-Louis, p.53.

Que les Romains ne comptassent pas les nullités parmi les sanctions M-A Morand, lorsqu'il affirme, op.cit. p.294 « La loi est parfaite, lorsque la conséquence de la transgression de la règle réside dans la nullité de l'acte. Mais rien n'indique que cette conséquence ait été considérée par les Romains comme une sanction, d'autant qu'à l'époque où la trilogie est annoncée, il n'y a pas encore de conception bien formée de nullité ».

De son côté, Carbonnier, en caractérisant des cas comme les nullités « Expression technique pour désigner une certaine privation d'efficacité »,[350] semble admettre que les nullités ne sont pas des sanctions.

Dans un autre point de son œuvre,[351] cependant, il range les nullités parmi les sanctions, lorsqu'il écrit « C'est toute réaction de la Société (ou d'un groupe) à une certaine conduite, réaction d'approbation ou de réprobation qui tend à encourager ou à combattre cette conduite (cf Dict. E 1998, Vo Sanctions)… C'est une notion large ; les peines du droit pénal sont des sanctions, mais le droit civil a les siennes (les nullités des actes juridiques, les dommages-intérêts… ». Ou encore : « la nullité est une sanction au même titre que la peine, une sanction civile au lieu d'une sanction pénale ».[352]

Cette antithèse, cependant, n'est qu'apparente, Carbonnier prenant soin de noter, comme nous venons de le constater, que sa thèse coïncide avec le terme large du mot sanction, comme d'ailleurs cela se remarque dans tous les dictionnaires.

Le sens de sa position, dont l'approche est influencée par l'œuvre du sociologue Aubert, est clarifié à un autre passage de sa Sociologie juridique, où l'on lit :

« Encore que l'on ait quelquefois proposé de traiter comme de bonnes sanctions les récompenses, la sanction, c'est avant tout un mal, une souffrance, une amertume. Il y a des sanctions en droit civil : les nullités, les indemnités, certaines incapacités. Mais c'est en droit pénal, dans les pénalités que le mot a sa

---

[350] Carbonnier J : Droit civil I Les personnes, p.194, PUF 9ème éd., Thémis, 1997.

[351] Carbonnier J : Sociologie juridique, 2ème éd., Quadrige-Puf, 2004,précité, p.330.

[352] J. Carbonnier, Droit civil, PUF, 1ère éd., Quadrige, 2004, p.15.

traduction la plus obvie ». [353]

Ces mêmes nullités sont néanmoins des sanctions, si la nullité est spécialement prévue par la loi comme réaction contre certains agissements. Voir sur ce point Cass.civ. 1786/7. déc.2004 au sujet des nullités rattachées à la méconnaissance des dispositions y étant mentionnées, en cumul même avec les sanctions pénales.

d. Chaque mal infligé par un organe public ne constitue pas pour autant de sanction en droit positif. Pour que cela se produise, il faut que le mal infligé soit prévu par la loi, comme réaction contre la violation d'une règle. La notion de sanction dite matérielle n'est pas ainsi une notion du droit positif.[354]

aa.

1. Ainsi ne constitue pas de sanction disciplinaire, d'après la jurisprudence du Conseil d'Etat hellénique (arrêt 1572/61), l'interruption de scolarité d'un Lycéen, à cause de sa conduite, jugée par décision du Conseil des Professeurs y enseignant, en application d'une loi qui prévoyait cette mesure, incompatible pour une école à caractère spécial comme la sienne. « Le sens de cette disposition spéciale -dit le Haut Tribunal-

---

[353] Carbonnier, Sociologie juridique… p.323. I. Straggas, La notion de sanction comme notion juridique fondamentale (remarques introductives) in, sous ses soins, Actes de sanctions et disciplines juridiques, Ed. Ant. Sakkoulas, Athènes-Komotini,1991, p.1 et s., en langue hellénique, il range, lui aussi, les nullités -et pas seulement elles- parmi les sanctions (p.34 et s.), ce qui fait son approche -imprégnée par ailleurs d'un aspect « philosophique » favorisant un élargissement de la notion de sanction-tomber sous des approches dites « polysémiques », dont la critique se fait, infra p.268 et s., où l'on renvoie.

[354] « Peine, est dit de façon caractéristique par la Cour de Cassation hellénique en sa décision ΑΠ 511/1924 précitée, « seulement (la) par la loi pénale…prévue punition ».

qui concerne uniquement les “écoles expérimentales”, est d’en faire éloigner, à la fin de la période scolaire en cours, les élèves qui sont incapables de suivre les cours, en raison, soit de leur niveau faible, soit de leur conduite qui, vu le caractère spécial de ces écoles, doit être extrêmement sage », càd -en substance- que la qualité nécessaire que quelqu’un doit avoir pour pouvoir être élève dans une telle école n’existe plus.[355]

De même, d’après le Tribunal Fédéral suisse, ne constitue pas une sanction, mais une décision administrative ordinaire, la menace de prendre une sanction administrative adressée à un administré, notamment parce qu’elle n’était pas prévue dans la loi comme telle (ATF 103 Ib 352 /3 X.).[356]

2. Dans l’hypothèse où l’on est devant un cas de mal non prévu, on est -toutes conditions réunies- devant un acte illicite, mais on n’est pas devant une sanction. On est uniquement devant une sanction, qui par ailleurs peut être illégalement infligée pour des raisons tant de forme que de fond, quand le mal que celle-ci contient est déjà prévu par la loi comme tel,[357] sens exprimé aussi dans la Cour européenne des Droits de l’Homme.[358]

Comme c’est le cas quand le caractère de sanction est refusé

---

[355] S. Lytras La notion de sanction et la distinction fondamentale des sanctions, précité, p.39 note 14.

[356] Cité par Knapp, Précis de droit administratif, 2ème éd. 1982, Ed. Helbing &Lichtenhahn, Bâle et Frankfort-sur-le Main, p.199.

[357] Voir sur ce point du droit français CE 25 juillet 1975, Ministre de l’Equipement c/ Richoux, RDP 1976 p.355 et s.n.J.-M.Auby et du droit hellénique CE hellénique 626/31 (Ass.), précités. Voir encore, sur ce même point, supra p.189 et s, nos références à l’arrêt de la CJUE du 16 février 2022 C-156-21, Hongrie c/Parlement européen et Conseil

[358] CEDH, Tre traktörer Aktie Bolog, 7 juil.1989, CE : Les pouvoirs de l’administration dans le domaine des sanctions, La documentation française, p.41 note 7, précitée.

en droit positif français à l'inobservation de la formalité de la communication du projet de contrat de l'Ordre des Médecins, entraînant la nullité du contrat « cette sanction n'étant pas prévu par aucun texte ».[359]

C'est dans le même ordre d'idées que se rattache l'arrêt CA Appel de Douai (1ère Chambre) M. Claeys, No 07DA01730 du 19 juin 2008, en admettant le caractère de sanction à une délibération du Conseil d'Administration de VNF (Voies navigables de France) ; encore que celui-ci n'avait pas le droit d'instituer des sanctions. En d'autres termes, en liant un mal comme conséquence d'une violation de la loi, on est devant une sanction ; bien que l'on n'ait pas le droit de l'instituer. (AJDA 2008, p. 2046).

3. Un cas caractéristique du droit français reflète fidèlement l'image de notre approche ici. Il s'agit de l'art. 14 de la loi du 30 juin 1975, selon lequel « sans préjudice des sanctions prévues à l'art. 15 (sanctions pénales) un établissement ou service ouvert sans autorisation peut être fermé par l'autorité compétente pour en autoriser la création… », dans lequel le contraste est significatif : sanction pénale prévue du fait de fonctionnement sans autorisation, action normale la fermeture dans le cas de non autorisation. - Ph. Ligneaux, A la frontière de la sanction administrative : La décision publique de fermeture des

---

[359] Cour Cassation Civ. 24 mai 1960 S/té « Le Bocage c/Dr Lefrançois, Bull. IV No 562 p.435 et s. D.1961 Som.3 JCP La semaine juridique,1961. II.12044 note J. Savatier, corroboré par Cass.Civ.18 avr.1961 Counillon ès qual. syndic Faillite Clinique du Dr Pénard c/Dr Ollier, note Savatier J, JCP La semaine juridique II Jur.1961, No 12184. Ou, indirectement, en donnant comme base d'une contravention de grande voirie, des articles de loi (L.2122.1) du code général de la propriété des personnes publiques n'instituant pas « de contravention de grande voirie au sens de l'art. L.2132.2 du même code » selon l'arrêt du 25 oct.2024 Societé Omnium de constructions développements locations, No 487824, AJDA 2024, p.2038, Observations J.M.Pastor.

établissements sociaux et médicaux-sociaux privés, Melanges Couvrat, p.184, note 3.

bb. La prévision a le plus souvent le caractère de précision d'un mal concret contre un comportement concret, chose visible, par excellence, dans le domaine des Codes pénaux classiques où règne le principe des peines fixes.

Dans nombre de cas, cependant, et cela particulièrement dans le domaine des sanctions dites administratives, cette correspondance laisse à désirer, le législateur permettant que la réaction contre certain comportement prenne comme réponse, certainement un mal prévu par la loi mais pas toujours le même.

Dans des cas extrêmes, enfin, cette prévision peut prendre la forme d'une autorisation donnée à l'organe compétent d'infliger des maux, point précisés dans le texte de loi.

Comme cela arrive dans le cadre du Code Pénal hellénique qui, dans son art.81 par.1, dispose que si certain comportement punissable par la loi a sa cause dans la cupidité de l'auteur de l'infraction, le tribunal peut infliger au coupable, en plus de la peine privative de liberté, une peine ou une amende pécuniaires, même si la loi ne les prévoit pas.

e. Présentant des affinités certaines avec le contenu de cette partie de notre travail, on doit mettre au point ici que :

aa. Dans la catégorie des sanctions ne peuvent pas être rangées les mesures prises en considération de la personne (« intuitu personnae »).

Ayant ainsi à juger, à propos d'une démarche du Centre hospitalier d'Arcachon envers un médecin pratiquant la chirurgie et contre lequel ce Centre a imposé l'exclusion du service de garde, la CAA de Bordeaux 24 avril 2006 (« Centre hospitalier d'Arcachon » (No 02BX01088) AJDA 2006, p.1629), prend soin de caractériser cette exclusion comme acte pris en considération de la personne, et point de sanction, la présence de laquelle -nous le notons- impliquant des garanties plus sérieuses en faveur de l'administré, rendait entièrement inutile toute référence à celle-ci. Absence de sanction nettement dégagée des allégations- justifiant pleinement sa décision- du centre selon lesquelles « qu'en raison de son activité chirurgicale quasiment inexistante depuis plusieurs années, l'intéressé ne présentait plus les garanties propres à assurer la sécurité des malades ».

Le but honnête de faire assurer en faveur des administrés certaines garanties, inhérentes à l'implication de la notion de sanction n'est pas à même de falsifier des notions bien élaborées en droit positif, comme celle de sanction.[360]

bb. De son côté, la qualification d'un acte de mesure d'ordre intérieur -vocable sous lequel on range des mesures prises par des autorités publiques et visant l'aménagement intérieur, voire le fonctionnement d'un service public[361]- n'empêche pas une mesure d'être une sanction, une fois les traits caractéristiques de cette notion y étant présents.

Ainsi sont des sanctions des mesures qualifiées d'ordre intérieur ayant un caractère disciplinaire avoué, auxquelles est

---

[360] Voir sur ce sujet, A. Bacquet, conclusions, CE 16.1.1981, S/té Varoise de transports et autres, AJDA 1981, p. 599 et s., P. Carcelle et G. Mas « Sanctions déguisées et préjudices statutaires sans sanction », Revue administrative,1969, p .167 et s., Stassinopoulos, op.cit. p.93 et s.

[361] Sur cette notion, dont la caractéristique est d'englober des actes qui, privés du caractère exécutoire, ne sont pas soumis au contrôle du juge administratif au moyen du recours pour excès de pouvoir, donnée en notre temps en régression, v. entre autres, notamment De Laubadère, Traité élémentaire de droit administratif, 5ème éd. 1970, T1 p.272 et des œuvres récentes, Jean Waline, G. Eckert et Etienne Muler, Droit Administratif, 29ème édition, 2023, Lefebvre Dalloz, p.288.

exposé celui qui a fait preuve d' un comportement non compatible au bon fonctionnement du service. Comme le blâme infligé à un lycéen[362] ou les punitions infligées aux militaires ou aux détenus, dans le cas où ils ne sont pas caractérisés comme décisions exécutoires, soumises au contrôle des tribunaux administratifs, cas auquel leur caractère de mesure d'ordre intérieur disparaît.[363]

Sanctions qui, ayant « pour but d'assurer l'ordre et la sécurité de l'établissement », ne peuvent pas, par ailleurs, être caractérisées de sanctions déguisées.[364]

---

[362] V. CEE 323/1982 et S. Lytras, Le phénomène disciplinaire dans le droit public hellénique contemporain, L'Harmattan 2019, p.115 et s..

[363] V. de la jurisprudence française CE 28 avril 1937, Sieur André,No 52461 R. p.439,CE Ass.17 janvier1995, Hardouin et Marie, (deux arrêts) R. p.82 et 85, concl. Frydman, GA 16ème éd. 2007, p.723 et s., Les Petites Affiches, 28 avril 1995, No51 p.11 et s. ,note G.Vlachos, et aussi J-F Lachaume, Droit administratif 13ème édit. 2002, PUF, p.673 et s.et CE 1 juin 2015 No380449 M.B, RFDA 2016 p.1218, Commentaire D. Pollet-Panoussis, Les sanctions disciplinaires pénitentiaires soumises à un contrôle entier du juge de l'excès de pouvoir, ibid. p.1212 et s. V. encore Bouju D. : Le détenu face aux mesures d'ordre intérieur, RDP 2005, p.597 et s., notamment p. 606 et 612. Le fait, cependant, qu'un acte concernant le fonctionnement du service est soumis au REP n'est pas de nature à lui procurer le caractère de sanction, si les traits de cette notion manquent. Ainsi des mesures de mise à l'isolement dans de prisons, prises, en vertu de l'art. D.283-1 du code de procédure pénale, pour des raisons de précaution ou de sécurité, données par excellence préventives qui, jugées dans un certain temps comme des mesures d'ordre intérieur, donc exclues du REP, y sont soumises aujourd'hui. V. CE Garde des Sceaux, Ministre de la Justice c/ Remli 30 juill.2003, AJDA 2003 p.2090, note D. Costa. Sur le même sujet aussi, CEDH 27 janv.2005 Ramirez Sanchez c/France, mentionnée in RFDA 2006, Rubrique 1. Jurisprudence de la Cour européenne des droits de l'homme et droit administratif des H. Labayle et Fr. Sudre, p.323 et RDP 2006. 802, Chronique de jurisprudence de CEDH. Sur la notion de mesure préventive excluant celle de sanction, infra p.225 et s.

[364] Bouju D., op.cit. p.628, reproduisant les mots mêmes du TA de Mont-

Sans le moindre rapport avec la notion de sanction -ne répondant à aucun de traits caractéristiques de celle-ci- d'autres mesures sont par contre qualifiées d'ordre intérieur, comme les directives ou ordres adressés aux agents du service, afin d'obtenir le meilleur fonctionnement de celui-ci.

f. Si le mal infligé à celui qui a violé la loi est, en définitive, le produit d'une transaction[365] ou la suite d'une négociation, encore que comme résultat de cette dernière serait la décision de ne pas appliquer la sanction, donc un fait accepté par l'intéressé, ne prive pas le mal en question de trait caractéristique de sanction.

Cette particularité fait partie du régime juridique de la sanction, des conditions de son application, et point de sa définition qui est tributive de ses propres caractéristiques.

Dans tous les cas, la négociation concerne le cas concret, dont la gestion ne peut pas être en mesure de changer la nature, le caractère d'un acte. Comme la transaction du prix de l'expropriation ne peut changer le caractère de cet acte et de la dénaturer comme acte d'expropriation.[366]

Ne constitue, cependant, pas de sanction une déclaration

pellier dans son arrêt du 27 oct. 1999 Monesca. Sur la notion de sanction déguisée infra p.221 et s.

[365] Pour le caractère de sanction de la transaction administrative, Nihoul P., La transaction administrative in : Les Sanctions Administratives, Bruylant, précité, p. 678(5).Pour une approche différente M.Dobkine ; La transaction en matière pénale, Recueil Dalloz Sirey 1994 p.137 et s.

[366] Tout à fait différent est le cas de la médiation « mode de solution des conflits consistant, pour la personne choisie par les antagonistes, à proposer à ceux-ci un projet de solution » d'après CORNU (G), tel qu'il nous est donné par J. Lefebvre, Le pouvoir de sanction des autorités administratives indépendantes, Thèse de doctorat en droit Université de Picardie-Jules Verne, 1997, p.17, pour qui (ibid.) « n'est pas (non plus) une activité répressive ».

de culpabilité avec ajournement de prononciation d'une peine, dans la mesure où, au terme de l'ajournement, le juge pourrait prononcer une dispense de peine. Crim. 23 oct. 1996, Bull. crim. No371; Civ.1ère, 15 juil.1999 Bull. civ. I, No 334 (AJDA 2008, p.1529).

Le cas est différent si l'on adresse contre un contrevenant une recommandation (voir ainsi l'art.11 de la loi 3674/2008 hellénique (KNB 2008 p/1468), afin qu'il se conforme à ses obligations, son manquement pouvant entraîner des amendes. Encore que le mal visible soit l'amende, la recommandation constitue en soi un mal, étant donné qu'elle met le coupable en position non conforme à la loi ; chose qui, en tout cas, peut être prise en considération en cas de récidive. V. art 11§1.

g. La loi qui prévoit le mal peut être une loi ordinaire. C'est le cas normal. Peut également l'être un Règlement. Ce qui arrive en droit français en vertu de l'art.34 de la Constitution, en combinaison avec l'art.37, s'agissant des sanctions administratives, comme aussi des sanctions pénales ne comportant pas de privations de liberté.

A la rigueur, peut être la Jurisprudence elle-même, à savoir un de ses arrêts.

On s'arrête cependant ici, le sujet ne se liant pas à la définition de la sanction, comme n'ayant trait à aucune de ses caractéristiques.

§2. La violation d'une règle de droit.

a. Pour qu'il y ait sanction, il faut qu'une violation d'une règle de droit la précède. C'est une condition, sans laquelle la notion de sanction fait complètement défaut. Cette constatation nous place devant une question délicate. Si la violation d'une règle est la condition de la sanction, comment peut-on concilier cette affirmation avec la position doctrinale que nous entérinons nous aussi et suivant laquelle, pour qu'il y ait aussi violation d'une règle à la suite d'un comportement, il faut, il est obligatoire, qu'une sanction soit prévue contre celui-ci. Comme le dit sur ce point Kelsen op.cit. p.152, « C'est seulement par le fait que l'ordre juridique les érige en conditions d'actes de contrainte prévus par lui que des comportements, actions ou abstentions, prennent le caractère d'actes illicites ou de délits ; et c'est seulement par le fait que l'ordre juridique les prévoit comme conséquences d'actions ou d'abstentions définies par lui que ces actes de contrainte prennent le caractère de sanctions ».

Cela étant, on pourrait bien penser que l'on se trouve devant une impasse : qu'une notion soit condition d'une autre, dont elle est, elle-même, conditionnée. Or, cette impasse logique se lève si l'on se rend compte que les deux notions sont en même temps fondées en droit positif. Dès lors, en effet, que l'ordre juridique décide de réagir contre un comportement et prévoit contre ceux qui le commettent l'infliction d'un mal, ce qui est prouvé par leur juxtaposition (infraction-sanction), automatiquement, le comportement prend le caractère d'infraction et le « mal », le caractère de sanction.

Bien que de fondement commun, cependant, la notion de sanction -créée entièrement par la loi- est d'importance majeure dans le domaine du droit à la notion d'infraction, donnée naturelle elle, à laquelle la loi, en prévoyant une sanction, accorde cette qualification. La notion de sanction étant prééminente dans le domaine du droit, c'est à elle que le droit positif s'appuie pour fonder le couple infraction-sanction. Ainsi, ce n'est pas l'infraction -cad ses traits- qui confère à la sanction son caractère particulier, mais au contraire c'est la notion de sanction -cad ses traits- qui donne à l'infraction son caractère particulier.[367]

b. On est devant une violation de la règle de droit et, par conséquent, devant une infraction appelant une sanction, uniquement dans les cas où la personne auteur de l'infraction a fait preuve d'un comportement contraire au comportement exigé par la loi, ou au comportement que la loi défend ou, enfin, un comportement autre que celui que la loi permet.

La valeur de cet élément, en tant que trait faisant partie de la notion essentielle de la notion de sanction, ne souffre point du fait que, en droit positif français, on lie souvent la notion de sanction à l'inobservation d'une obligation.[368] Ce qui est important, en tout cas, pour qu'il y ait sanction, c'est qu'il existe une violation, soit d'une règle, soit d'une obligation, cette dernière découlant de la loi, voire d'une règle, ou d'un acte pris ou stipulé en vertu de la loi.

c. Pour qu'il y ait violation d'une règle, le comportement de la personne auteur de l'infraction ne doit pas être fautif, bien que le plus souvent c'est ce qui arrive. Le droit positif accepte ainsi que dans certains cas, il y a violation -et par conséquent sanction- en l'absence de comportement fautif, sous la condition cependant que celui-ci soit, objectivement, autre que celui exigé par la loi.

---

367 V. sur tous ces points S. Lytras, La notion de sanction et la distinction fondamentale des sanctions, précité, p.34 et s., notamment p.36 note 10.

368 V. Là-dessus CC 17 janv.1989 DC 88.248, B. Génévois RFDA 1989, p. 222, précitée, notamment son 32 con., où l'on lit : « …manquements à des obligations attachées à une autorisation administrative ». Que l'existence d'une faute égale la violation d'une obligation ou d'une disposition CAA Nancy, Commune de Lons-le-Saunier, 2 juillet 2007, No 07NC00217, AJDA 2008 p.2055, JCP 2007.II.10196.

C'est ce qui arrive, en droit positif hellénique, avec certaines sanctions du domaine fiscal qui sont infligées, encore que la moindre négligence ou imprudence ne peut être relevée à leur égard.[369]

C'était le cas[370] des dites infractions matérielles du droit positif français, dans lequel la seule constatation d'un comportement contraire à la loi créait l'infraction et appelait la sanction.

Également ne perdent pas leur caractère de sanction les mesures répressives dites automatiques, à savoir celles infligées de pleine droit à la suite de certaines condamnations. Ainsi, le retrait automatique des points du permis de conduire selon la CEDH (Malige c/France du 23 sept.1998[371]), qui prend soin de noter que « si la mesure de retrait présente un caractère préventif, elle revêt également un caractère punitif et dissuasif et s'apparente donc à une peine accessoire. La volonté du législateur de dissocier la sanction de retrait des points des autres

---

[369] V. sur ce point Fortsakis Th. Droit fiscal, 3ème éd. 2008, en langue hellénique, p.575 (par. 653) précité, C. Finokaliotis, Droit fiscal 5ème édit. 2014, en langue hellénique, p.676.

[370] Voir là-dessus, Stefani et Levasseur, Droit Pénal Général, 10ème éd., 1978, Dalloz, p.219 et s., 250 et s. et 252 et s. Sur l'état du droit français d'aujourd'hui, v. Bouloc ; Droit Pénal Général 28ème éd., 2023, Dalloz Lefebvre, p.280 No 295.

[371] Rec. 1998-VII No 93, AJDA 1998, p.992, observ. J-F Flauss. (Voir aussi note 256). Ce qui n'empêche pas la Cour de caractériser le retrait d'un nombre des points du permis de conduire comme mesure préventive, si celui-ci est prévu pour anéantir les risques provenant des gens n'étant pas à même de conduire dans des conditions normales, CEDH (Grande Chambre) aff.26780 /95 Escoubet c /Belgique 28 oct.1999, (37), Pappers (Justice) https://justice.pappers.fr/decision/728befc5c0f501a08d7b- d149acf51b5b. V.aussi Les grands arrêts de la Cour européenne des Droits de l'Homme, précité, p.278.

peines prononcées par le juge pénal ne saurait en changer la nature » § 39 [372]

En faisant foi du tribunal administratif de Paris, (arrêt du 2 juillet 2024 (No2206386-.2, conclusions de Vincent Thulard, AJDA 2024, p.1876 et s.) des manquements dans le domaine sportif, en méconnaissant les règles du jeu, ne sont que des violations conduisant aux simples pénalités, point aux sanctions. C'est une approche simpliste conduisant à dénaturer la notion de sanction qui est pourtant là existante. En effet, si des difficultés d'ordre technique nous empêchent de discerner si un manquement est ou non fait exprès, nous permettant éventuellement d'entériner une réponse moins radicale contre le sportif, elles sont loin de nous autoriser à refuser la notion de sanction, à condition que ses traits soient là présents.

d. Si, sans violation d'une règle, il n'existe pas de sanction, toute violation n'entraîne pas obligatoirement l'infliction de la sanction prévue.

Des cas existent, en effet, où l'infliction de la sanction prévue, une fois l'infraction accomplie, est laissée à la discrétion de l'organe compétent. Comme cela arrive, en droit hellénique, dans le cas de la perpétration d'un délit, où le tribunal correctionnel peut ne pas punir l'acte commis, si la peine prévue par la loi ne dépasse pas les 3 mois.

De même, dans le cadre du Code des Fonctionnaires publics hellénique en vigueur (L3528/2007, J0 26/9.2.2007), les organes à caractère disciplinaire -bien que l'infraction ait eu

---

[372] Dans le même sens CC DC 1993 (Immigration) cons.48 ; Farina- Cussac, op.cit. p.522, qui considère les sanctions automatiques comme sanctions, en les traitant comme telles. Sur le caractère de sanction de ces mesures, M.van de Kerchove « Quand dire c'est punir, essai sur le jugement pénal », Publications des Facultés universitaires Saint-Louis, Bruxelles 2005, p.15, qui les appelle peines « occultes ».

lieu- pouvaient ne pas infliger de peine aux fonctionnaires s'ils ont jugé que l'acte contre la discipline devait être sanctionné par un blâme écrit.

e. Bien que cela soit ce qui arrive le plus souvent, la notion de sanction ne souffre point, si le mal est infligé à une personne autre que celle qui a fait preuve du comportement indésirable. Le soi-disant principe de personnalité de la peine ne trouve pas de place d'application qu'au seul domaine des peines appliquées par des tribunaux pénaux.

Ainsi, le Conseil de la concurrence inflige une sanction de 50.000 euros à la ville de Lyon et non à la régie municipale des pompes funèbres, privée elle de personnalité juridique, sur la base de sa jurisprudence constante, selon laquelle, « tant que la personne morale responsable de l'exploitation de l'entreprise qui a mis en œuvre des pratiques anticoncurrentielles subsiste juridiquement, c'est elle qui assume la responsabilité de ces pratiques, même si les éléments matériels et humains ayant concouru à ces pratiques ont été cédés à une tierce personne ».[373]

L'importance de l'arrêt tient au fait que le Conseil a relégué l'argument de la ville de Lyon selon lequel cette activité était transférée à un syndicat de communes ; celui-ci ayant la personnalité juridique.[374]

Également intéressant l'arrêt du 11 déc. 2007 Autorité Garante della Concorrenza e del Mercato c/Ente Tabacchi italiani-Eti SpA e.a.aff.C-280/06 de la CJCE qui a jugé conforme au droit communautaire l'infliction d'une sanction pour cause de violation des règles de concurrence, non à la Société qui l'a

---

[373] Con. Conc. 6 mai 2008, Décision No 08-D-09, AJDA 2008 p.1132.

[374] V.sur les syndicats de communes, Chapus R., Droit administratif général, Tome I, 15ème éd. 2001, No 480, p.342 et s.

perpétrée, mais à la seconde qui lui avait succédé, bien que la première existe, à condition que les deux soient sous la tutelle de la même autorité publique.[375]

Ne sont pas des tiers les personnes morales par rapport aux actes commis par leurs agents. Ainsi, comme le relève bien le Conseil d'Etat en rendant son arrêt S/té Tradition securities and futures.[376] « Cons. que sur le fondement des dispositions des art.L.621-15 et L.622-16 du code monétaire et financier… les sociétés prestataires de services d'investissement étaient au nombre des personnes auxquelles le Conseil des marchés financier et la Commission des opérations de bourse, pouvaient, en cas de manquement à leurs obligations professionnelles, infliger une sanction ; que pour l'application de ces dispositions et en raison des responsabilités qui incombent aux prestataires de services d'investissement pour assurer, notamment au travers de l'organisation et du contrôle des interventions de leurs préposés, le bon fonctionnement des marchés financiers, dont ils sont les acteurs principaux, les manquements commis, non seulement par les dirigeants et représentants de ces sociétés, mais aussi par leurs préposés, sont de nature à leur être directement imputés en leur qualité de personnes morales, sans que soit méconnu le principe constitutionnel de responsabilité personnelle, dès lors que ces préposés ont agi dans le cadre de leurs fonctions ».

---

[375]AJDA 2008, p.246, Chronique de jurisprudence communautaire E.Brousy, F. Gonnat et C. Lambert A noter également -là cité- l'arrêt Aalborg (Aalborg Portland e.a. c/Commission, aff. C-204-/00 P, Rec. CJCE I-123) selon lequel, lorsque deux entités constituent une même entité économique, le fait que l'entité ayant commis l'infraction existe encore n'empêche pas en soi que soit sanctionné l'entité à laquelle elle a transféré ses activités économiques.

[376] CE 6 juin 2008, req. No 299203, concl. M. Guyomar, RFDA 2008, p.708 (699 et s).

Notons cependant qu'une liaison doit exister entre les impliqués, qu'elle soit économique, professionnelle ou encore de pur fait, cette dernière dans le cas des clubs sportifs sanctionnés, selon le droit hellénique, à cause des dégâts produits par des gens supposés être leurs supporters.[377]

Excursus. Une position à part.

Une partie de la théorie considère comme trait caractéristique de la notion de sanction, ne serait-ce qu'une de ses subdivisions, l'intention de l'organe de punir le coupable de l'infraction.

Ainsi F. Moderne, lorsqu' il écrit[378] « C'est l'intention punitive comme caractéristique majeure de la sanction administrative, qui permet de la distinguer d'autres mesures également édictées par les autorités administratives ».

Même position de P.- L. Frier et J. Petit, lorsqu'ils écrivent[379] « la finalité respective des décisions prises (préventive ou répressive) qui permet de distinguer les sanctions et les mesures de police ».

Quelle est, cependant, la valeur de ces affirmations en droit positif ?

Précisons tout d'abord qu'on les entend dans le sens qu'elles considèrent cet élément comme faisant partie de la définition essentielle de la notion de sanction, ce qui n'est pas toujours le cas. En effet, si la question se pose de savoir si l'on a trait à un critère au sens que nous avons donné à ce terme, il n'existe

---

[377] V. S. Lytras, Le phénomène disciplinaire dans le droit public hellénique contemporaine, L'Harmattan, 2019, p.218 et .

[378] F. Moderne, La sanction administrative (éléments d'analyse comparative) RFDA 2002, p.486.

[379] P-L.Frier - J. Petit, Précis de droit administratif, Montchrestien 2006, No 427.

point de problème.[380]

Or, sans difficulté, nous pouvons avancer contre cette thèse les arguments suivants :

Comme on l'a bien montré ailleurs (où l'on renvoie)[381], on ne peut accorder que valeur de critère à l'élément du but, le but, un élément finaliste, n'étant que la représentation du résultat dans l'esprit de l'auteur d'un acte, auquel il aspire en l'édictant, et point un de ses traits caractéristiques.

De plus, à partir du moment où l'infliction du mal est une des caractéristiques de la notion de sanction, l'intention de punir ne peut jouer le rôle d'une caractéristique à part, n'étant que son autre face, intimement liée à la première.

---

[380] Le rôle du but comme critère on a eu l'occasion de relever plus haut en se référant à l'arrêt 110.1 du BVerfG (p.100 et s.).

Qu'il nous soit permis dévoquer ici deux extraits de cet arrêt dont ressortent clairement les traits essentiels de la définition de la notion de Strafe : « Strafe ist -selon le Tribunal(58)- die Auferlegung eines Rectsnacteils wegen einer schuldhaft begangenen rechtswindrigen Tat » et quel est le rôle des traits évoqués par le tribunal comme critères, dont le but, pouvant eux conduire à la reconnaissance de cette notion dans de cas des strafänliche Sanktionen, dont le caractère sanctionnateur laisse parfois à désirer : «Dem Sculdgrundsatz unterliegen-dit le Tribunal (59)- auch Sanktionen,die wie eine Strafe wirken (vgl.BVerfGE 22, 125(131), 27, 36(40ff), 35, 311(320), 74, 358(375 f.)). Strafähnlich ist eine Massnahme freilich nicht schon dann, wenn sie mit einer Einbusse an Freiheit oder Vermögen verbunden ist und damit factisch die Wirkung eines Übels entfaltet. Bei der Beurteilung des poenalen Charakters einer Rechtsfolge sind vielmehr weitere, wertende, Kriterien heranzuzien, insbesondere der Rechtsgrund der Anordnung und der vom Gesetzgeber mit ihr verfolgte Zweck (vgl.BVerGE 9.137(144ff)

[381] S. Lytras, La notion de sanction et la distinction fondamentale des sanctions, précité, p.84 et s. avec référence à Kelsen (op.cit.151) pour qui -se référant aux sanctions pénales- il est « presque impossible de définir la notion de peine au moyen de son but ; le but de la peine ne ressort pas, du moins pas de façon immédiate, du contenu de l'ordre juridique ».

Pour que les choses soient différentes, il fallait que l'auteur de l'infliction eût pu imposer ou non la sanction à sa guise et que la loi la prévoie comme sanction lorsque l'auteur la qualifiait ainsi, vu son but.[382] Ou, ce qui revient au même, si la loi disposait nettement que certain mal soit une sanction, s'il y a de la part de l'auteur un but punitif.

Or, le caractère de la mesure est indépendant de la volonté de l'auteur, répondant à ces propres caractéristiques. Autrement ce serait reconnaître le droit de pouvoir suspendre de conséquences des sanctions (p.ex. de la récidive) à toute personne qui le voudrait.

Comme le remarque excellement à une autre occasion Galabert, « il est clair que vous ne sauriez vous fonder sur les motifs d'une décision pour déterminer sa nature administrative ou privée ».[383]

Notons, enfin, que le CE (Les pouvoirs de l'administration dans le domaine des sanctions, La Documentation française1995, p.41et s.) qu'invoque en sa faveur F. Moderne, ne réserve pas aux sanctions administratives un caractère d'intention punitive, son expression (p.42) « ils ont pour objet de punir » ne signifie qu'une réponse aux manquements et non intention de l'auteur, comme F. Moderne pense en s'y

---

[382] Le fait que dans de rares cas, en principe de moindre importance, imposer une sanction est laissée à la discrétion de l'organe compétent, comme arrive parfois pour des sanctions dans le cadre des relations disciplinaires, n'est à même d'aliéner notre position ici, l'infliction des sanctions étant obligatoire pour l'organe compétent, une fois les conditions de son application réunies.

[383] Conclusions sous CE 26.11.1976, Fédération française de cyclisme, AJDA 1977, p.141.

référant.[384] C'est, d'ailleurs, l'avis de M-T Viel[385] qui, se référant à la position dissidente, par rapport à la doctrine, du CE, avance « Le CE s'en tient[386] à la seule considération de l'existence d'une peine infligée pour manquement à une obligation prévue par les textes » et point à l'aspect punitif même énoncé par l'arrêté qui prévoit la sanction.

Et encore : « D'ailleurs, la divergence entre d'une part la jurisprudence du CE qui qualifie de sanction administrative la peine infligée par l'autorité administrative à celui qui contrevient à une obligation instituée par la loi ou le règlement et, d'autre part, la majeure partie de la doctrine qui continue de définir la sanction administrative par l'intention punitive subsiste encore ».[387]

A évoquer aussi la façon exemplaire de voir des choses de Ligneau,[388] pour qui « Les diverses hypothèses où le préfet dispose de ces pouvoirs de police à titre exclusif et gravissime, dans le souci de faire prévaloir le bon ordre, excluent donc par nature l'intention première de punir les responsables de l'établissement. Il s'agit d'abord d'écarter des dangers pour la collectivité et tout particulièrement pour les usagers accueillis dans les structures concernées ». D'où il s'ensuit que le poids est tombé sur la nature de la compétence et non sur l'intention

---

[384] F. Moderne, Le pouvoir de sanction administrative au confluent du droit interne et des droits européens, précité, p.2. Sans perdre de vue toujours que l'adjonction à une mesure d'un aspect punitif, basé sur la volonté seule de l'organe l'infligeant, amène à la notion de sanction déguisée, donc à l'absence de sanction. V. là-dessus infra p.221 et s.

[385] M-T Viel, Errements des sanctions administratives, AJDA 2007, p.1006, précité.

[386] Op.cit. p.1007.

[387] M-T Viel, ibid.(v encore Doc. CE 1995 p.35)

[388] Ph. Ligneau op.cit. p.191.

qui peut effectivement jouer un rôle de critère -soit positif : Je veux appliquer telle disposition, soit négatif : Je ne veux pas appliquer telle disposition -à l'occasion l'un des deux ou les deux, restant un seul à être appliqué.

Sur cette base, on ne peut qu'accorder une importance mineure à des décisions de justice qui semblent lier -que ce soit positivement ou négativement- la notion de sanction à la présence ou l'absence des éléments punitifs aux cas chaque fois envisagés. Comme cela arrive quand le tribunal accepte ou refuse, à l'occasion, à la sanction en cause son caractère de sanction à caractère pénal. Et cela parce que dans ce cas également, les caractéristiques de la notion de sanction sont présentes et reconnues par la décision de justice elle-même.[389]

Vouloir, en effet, accorder aux victimes des mesures répressives en cause, les avantages issus de l'art.6 par.1 de la Convention européenne des droits de l'homme ou de l'art.8 de la Déclaration de 1789, en caractérisant certaines sanctions comme sanctions à caractère pénal, est loin de pouvoir diviser en deux la notion de sanction qui ressort du droit positif.

D'autant plus que, comme le montre l'analyse des décisions de justice afférentes, la qualification de certaines sanctions

---

389 Reconnaissance tout présente dans CJUE grande chambre du 5 juin 2012, affaire C-489/10, où l'on lit entre autres -en répondant à la question préjudicielle lui étant posée- «Par conséquent, il y a lieu de répondre à la question posée que l'art.138, par.1, du règlement No1973/2004 doit être interprété en ce sens que les mesures prévues aux deuxième et troisième alinéas de cette disposition, consistant à exclure un agriculteur du bénéfice de l'aide pour l'année au titre de laquelle il a effectué une fausse déclaration de la superficie admissible et à réduire celle à laquelle il pourrait prétendre au titre des trois années civiles suivantes à hauteur d'un montant correspondant à la différence entre la superficie déclarée et la superficie déterminée, ne constituent pas des sanctions de nature pénale ». Et cela après en avoir à répétition caractérisé ces mesures comme des sanctions.

comme sanctions à caractère pénal, concernant des sanctions manifestement administratives -à titre d'exemple, celles du domaine de la lutte contre la concurrence- privées de particularités permettant leur appartenance à une catégorie propre du domaine répressif, est loin d'être justifiée.

Conclusion

Au résultat de cette analyse il apparaît clairement que dans le droit positif en vigueur dans l'univers juridique répressif européen, les traits caractéristiques de la notion de sanction, à savoir l'infliction d'un mal à une personne à la suite de la violation par elle d'une règle de droit, existent bien.

Affirmation ressortant de façon solennelle du libellé de la décision de BVerfG 110.1, au contenu duquel on s'est -supra note 380)- référé : « Strafe ist die Auferlegung eines Rectsnacteils wegen einer schuldhaft begangenen rechtswidrigen Tat ».[390]

Ces traits vérifiés, ce qu'il nous faut maintenant, pour finir notre analyse dans le cadre de cette partie de notre recherche, c'est bien la distinguer des notions voisines avec lesquelles elle peut être confondue en droit positif et sur lesquelles l'on est tombé sporadiquement au cours de notre analyse précédente.

Œuvre qui permet de mieux circonscrire la notion de sanction, en délimitant ses contours, marquant ainsi en fait les traits mêmes de sa définition.

C'est l'objet de l'exposé qui suit.

---

[390] BVerfG, I10.1 (58, 59). Le fait que le Haut Tribunal parle d'un acte coupable n'a pas ici d'importance, celui-ci mettant l'accent uniquement sur la peine (Strafe),et sur les sanctions qui lui ressemblent, que le droit allemand lie à la culpabilité de l'auteur de l'acte.

Chapitre II Les notions voisines (apparentées ou divergentes)

Selon notre analyse précédante et à sa suite, les traits essentiels de la notion de sanction en droit positif dans l'univers européen sont déjà donnés de par notre expérience. Comme cependant la notion de sanction sera plus circonscrite, une fois que son contenu sera nettement séparé, distingué de celui d'autres notions avec lesquelles elle est confondue souvent en théorie, comme aussi en droit positif, on se sent même obligés d'y procéder.

L'analyse du droit positif hellénique nous ayant montré la voie, on n'a qu'à la suivre. Nos conclusions, d'ailleurs, sont formées -en partie au moins- en s'appuyant sur des données en provenance de pays de notre continent.

Cela étant, on approche par la suite les notions de sanction déguisée (§ 1), de la mesure préventive (§2), de l'indemnisation (§3) enfin de l'exécution forcée (§4).

§ 1. La sanction déguisée.

On entend sous ce vocable des cas où, en principe, l'Administration prend contre des récalcitrants des mesures défavorables, soit non prévues par la loi, soit prévues par la loi, mais non comme une réaction contre la violation d'une règle de droit, dans les deux cas dans l'intention d'infliger ces mesures comme maux, cad avec l'intention de les « punir » (les récalcitrants).[391]

a. Comme exemples caractéristiques, nous pouvons citer :

aa. De façon positive :

- Le retrait par l'Administration des licences et autorisa-

---

tions accordées par elle, résultat toujours possible pour elle

[391] Une approche intéressante à cette notion v. in R. Ferré, Les mascarades de la punition, AJDA 2017, p.2461 et s.

dans l'exercice normale de sa compétence.[392]

- La prise à l'égard des fonctionnaires de mesures touchant leur situation de service, ce qui constitue son domaine de prédilection.[393]

Un cas caractéristique de cette dernière espèce, se voit dans l'affectation, par son administration, d'un fonctionnaire à un certain poste, suivi d'un refus de lui permettre de continuer à exercer en parallèle une activité lucrative privée.[394]

Décision expressément qualifiée par le tribunal comme sanction disciplinaire déguisée, sur une double base : d'une part du fait que l'intérêt du service qui pourrait la justifier n'était pas incontestablement en cause -vu que, à l'encontre du fonctionnaire concerné était avancé qu' il avait tenu des propos diffamatoires concernant le seul directeur du service dans lequel il était affecté-, et d' autre part du fait que les conséquences financières graves qui résultaient de la décision attaquée lui enlevaient le caractère de mesure d'ordre intérieur.[395]

Sans être expressément qualifiée de sanction déguisée, est annulée par le Tribunal Administratif d'Amiens la décision par laquelle le maire de Moreuil a infligé une sanction disciplinaire d'exclusion temporaire à un fonctionnaire, au motif qu'il avait

---

392 V. A. Bacquet, conclusions sur CE 16.8.1981, Sté Varoise de transports et autres, AJDA 1981 .p. 600.

393 Voir là-dessus, entre autres, P. Carcelle et G. Mas, Sanctions déguisées et préjudices statutaires sans sanction, Revue Administrative 1969 p. 167 et s. 305 et s.

394 Cour administrative d'appel de Paris, M.X c/Syndicat du stade nautique intercommunal de Chatillon-Malakoff, No04PA04029, 6 mars 2007, AJDA 2007 p.1302, note Olivier Dupuy.

395 Un autre cas caractéristique de cette notion de sanction déguisée, concernant des mesures contre les fonctionnaires, v. in Cour administrative d'appel de Marseille 8 fév.2008, Commune de Béziers c/ M.M.-No O5MAOOO30, AJDA 2008, p.1330, note Marie-Christine de Montecler.

omis de procéder à différents actes de gestion et qu'il refusait généralement d'assumer les responsabilités de sa fonction. Or, comme l'a bien dit le tribunal, « en infligeant à M. H une sanction fondée sur son insuffisance professionnelle, sans faire état de façon probante d'un manquement à une obligation déontologique susceptible de caractériser une faute disciplinaire, le maire de Moreuil a commis une erreur de droit ».[396]

- Un autre cas aussi caractéristique découle de l'arrêt du CE 25 mai 1998, Fédération de l'haltérophilie etc. qui refuse le pouvoir d'ordonner dans des mémoires des parties la suppression de la mention d'une sanction amnistiée. « Considérant, dit l'arrêt, que si le Conseil d'Etat peut, en vertu de l'art.41 de la loi du 29 juillet 1881, ordonner la suppression dans les mémoires des parties d'écrits injurieux, outrageants ou diffamatoires ; il ne tient en revanche ni de la loi d'amnistie du 3 août 1995 ni d'aucun principe général de procédure le pouvoir d'ordonner la suppression dans ces mémoires la mention d'une condamnation pénale amnistiée ; que, par suite, les conclusions susanalysées de Mme Y…ne peuvent qu'être rejetées ».[397]

bb. De façon négative :

Par contre, d'après le TGI de Nîmes, on ne se trouve pas devant un cas de sanction déguisée si le juge estime que les intérêts de retard appliqués en l'espèce ont, vu les circonstances,

---

[396] TA Amiens 18 déc.2007 ; M. H, No 0500664 (AJDA 2008 p.663).

[397] Conseil d'Etat, 2 /6 SSR du 25 mai 1998 ; 170752, inédit au recueil Lebon, Légifrance http://www.legifrance.gouv.fr/ceta/id/CETATEXT000008003494. Présentant des analogies certaines, sans cependant s'identifier à elles, les sanctions dites indirectes du droit international ou de celui de l'Union européenne, ont en tout cas une fortune plus « heureuse » que les sanctions déguisées dont on parle ici. V. sur ce point R. Milas « Au nom de l'Europe » La sanction dans l'ordre juridique communautaire, Presses interuniversitaires européennes, Maastricht, 1988, p.73 et s.

le caractère de sanction pour le surplus.[398] Et cela parce que, ce que précise le tribunal, c'est le taux de réparation institué par la loi, la jurisprudence de la CEDH lui permettant de préciser la partie n'étant pas contenue dans cette réparation.

Ni d'après le Tribunal administratif de la Guyane estimant que « Dans ces conditions » -il s'agissait du remplacement par intérim du requérant, en tête d'un service présentant des difficultés sérieuses en son fonctionnement- « et alors que M. PC n'établit pas non plus l'intention de l'administration de le sanctionner, son remplacement par intérim, en urgence, a été décidé dans l'intérêt du service et ne constitue pas une sanction disciplinaire déguisée ».[399]

b. Ainsi conçue, la notion de sanction déguisée, comme il est normal, n'a rien à voir avec la notion de sanction qui représente, elle, une réponse institutionnalisée envers l'illicite.

On aurait pu, évidemment, nous objecter ici qu'en faisant une abstraction logique de la notion de sanction, nous aurions pu intégrer dans cette notion tous les cas où une certaine réaction s'exprime comme la conséquence d'une violation d'une règle, en l'occurrence le mal infligé à son auteur, indépendamment du fait que ce mal soit prévu ou non par la loi. De la même façon, faisant abstraction du délit ou du crime, nous aurions pu y faire entrer -ce que la doctrine fait souvent- chaque cas où l'on juge qu'un comportement humain doit être passible d'une peine.

Etant donné cependant que la notion de sanction, comme d'ailleurs celle du crime est une notion juridique, il est clair

---

[398] TGI Nîmes 15 fév. 2001 No99-1710, Revue de Fiscal 2001 p.1110, note B. Boutemy E.Meier op.cit. p.1108 et s.

[399] Tribunal administratif de la Guyane, 25 mai 2023, No 2100420, conclusions Dayann Hegesippe, AJDA 2023, p.1673 et s. (1675).

qu'elle est sanction uniquement ce que le droit positif entend comme telle. Par la force des choses, la sanction déguisée est une notion différente de la sanction, ne pouvant être identifiée comme telle.

Du coup, la liaison violation-sanction faisant défaut, la volonté de celui qui la prend, de faire « punir » le coupable, trait auquel parfois s'arrête la théorie,[400] sans raison, perd toute importance, en tant que trait pouvant définir la sanction.

En fait, l'existence de la sanction ne dépend pas, comme on l'a déjà bien montré,[401] de la volonté de celui qui l'inflige -dans un cas extrême cela pourrait jouer le rôle d'un critère utile- mais du fait objectif que le mal qu'elle comporte -au sens que nous l'avons ci-dessus précisé- est lié par le droit à un comportement d'une personne comme conséquence de la violation par elle d'une règle de droit.

En outre, et pour en finir ici, vu notre analyse précitée, la thèse selon laquelle les sanctions déguisées sont un genre de sanction dégénérée n'est point défendable n'ayant aucune parenté avec elle, comme on a pu le prouver. [402]

§2. Les mesures préventives.

a. De la sanction sont nettement distinguées les mesures à caractère préventif. Ces dernières sont des mesures prises avant que quelque chose n'arrive, et dans le but que cela n'arrive pas.

De la sorte, la notion de mesure préventive est diamétralement différente de celle de sanction qui, elle, constitue une réaction contre un comportement déjà effectué, ayant de par sa

---

[400] Mourgeon op.cit. p.128.

[401] Supra p.215 et s. et les références là citées.

[402] V.sur ce point M. Stassinopoulos, Les droits de la défense devant l' Administration, (en grec), Athènes, 1974, p. 98 et s.

nature un caractère répressif.[403]

Caractère préventif ont, ainsi, des mesures de police administrative, caractérisées d'ailleurs par l'effet préventif qui la distingue de la police judiciaire, ayant, elle, un caractère répressif.[404]

Même caractère a également le placement préventif d'un détenu dans une cellule disciplinaire, ne pouvant dépasser les deux jours, pris en vertu de l'art.D.250-3 du code français de procédure pénale, « si les faits constituent une faute du premier ou du deuxième degré et si la mesure est l'unique moyen de mettre fin à la faute ou de préserver l'ordre intérieur dans l'établissement ».[405]

Un cas caractéristique de mesure préventive constituait, relique autoritaire d'un passé tourmenté, dans les temps qui précédèrent la Constitution hellénique de 1975, l'éloignement de l'individu de son lieu de domicile, suivi de l'obligation de vivre dans un autre lieu bien déterminé, pouvant être effectué

---

[403] Lytras, La notion de sanction et la distinction fondamentale des sanctions, précité, p.47.

[404] Picard, La distinction entre mesure de police et sanction est esquissée de façon exemplaire dans CE S/té Athis 22 juin 2001, No193392, AJDA 2001 p.638, Chronique Guyomar et Collin AJDA 2001 p.634 et s., avec un effort de précision des critères de distinction. Caractère préventif ressortant excellemment de la jurisprudence du Conseil Constitutionnel- Décision du 23 juillet 2015, No2015-713 DC, AJDA 2019, p. 1632 - Loi sur le renseignement qui, en se référant à la police administrative et à son rôle précise bien (9) « qu'elle ne peut donc avoir d'autre but que de préserver l'ordre public et de prévenir des infractions ». Situation sortant renforcée par la négative quand le Haut Conseil note bien (ibid.) « qu'il ne peut être mis en œuvre pour constater des infractions à la loi pénale, en ressembler les preuves ou en rechercher les auteurs ».

[405] CE 12 mars 2003, Ministre de la Justice c/Maxime Frérot, No237437 Concl. T. Olson, AJDA 2003, p.1271 et s.

à la suite d'un comportement non jugé contraire à une règle de droit, mais présentant -à cause de ses colorations par excellence politiques- un danger pour la sûreté de l'Etat.

b. La distinction entre sanction et mesure préventive est claire en droit positif, ne devant théoriquement poser de problèmes.

aa. Ainsi la distinction de ces deux notions découle nettement, en droit hellénique, des termes même de la Constitution, dont l'article 7 contient la notion classique de sanction en disposant le Nullum Crimen Nulla Poena Sine Lege, liant ainsi de façon claire et indiscutable l'infraction (comportement) à la sanction (mal), et l' art. 5 par. 4 qui en se référant aux mesures administratives prohibées, telle la défense de quitter le pays, donne un exemple caractéristique de la mesure préventive, dont le caractère ressort aussi -négativement cette-fois- du même article lorsque celui-ci précise que cette mesure peut être prise seulement dans des circonstances exceptionnelles, toujours par un juge et uniquement sous le type d'une peine complémentaire.

De même, les notions -tant de sanction, que de mesure préventive- ressortent clairement de la loi 3666 du 10.6.2008 hellénique au titre « Ratification et application de la Convention de l'ONU contre la corruption » où (Chapitre II, titre Mesures préventives, article 11 Titre, Mesures concernant les juges et les services de poursuite, KNOB 2008 p.990) l'on lit :

§1 « Compte tenu de l'indépendance des magistrats et de leur rôle crucial dans la lutte contre la corruption, chaque Etat Partie prend conformément aux principes fondamentaux de son système juridique les mesures pour renforcer leur intégrité et prévenir les possibilités de les corrompre sans préjudice de leur indépendance. Ces mesures peuvent comprendre des règles concernant leur comportement ».

Le contraste avec l'art.16§1 de la même Convention (Chapitre III, titre Incrimination, détection et répression) est significatif : « Chaque Etat Partie adopte les mesures législatives et autres nécessaires pour conférer le caractère d'infraction pénale, lorsque les actes ont été commis intentionnellement, au fait de promettre, d'offrir ou d'accorder à un agent public étranger ou à un fonctionnaire d'une organisation internationale publique, directement ou indirectement, un avantage indu, pour lui-même ou pour une autre personne ou entité, afin qu'il accomplisse ou s'abstienne d'accomplir un acte dans l'exercice de ses fonctions officielles, en vue d'obtenir ou de conserver un marché ou un autre avantage indu en liaison avec des activités de commerce international ».

Pour sa part, le CE hellénique n'a pas eu la moindre difficulté -autrement, il aurait faussé le vrai sens des notions auxquelles il faisait constamment recours- à qualifier de mesures préventives des éloignements forcés que nous venons de décrire,[406] bien que critiqué vivement pour cela, à cause du caractère de la mesure qui était très restrictif pour la liberté des citoyens. Comme, il n'a pas eu non plus la moindre difficulté à caractériser, comme mesure de police le permis accordé aux vendeurs ambulants qui montent sur les bateaux, dès que ces derniers accostent.[407]

La distinction claire entre sanction et mesure préventive ressort, enfin, nettement de l'arrêt 564/2016 de la Cour d'appel d'Athènes ayant à juger les mesures prises par le secrétaire d'Etat compétent contre une équipe de football, sur la base des

[406] CEH 1819/1952 Ass., 192/1965 Ass.

[407] CEH 663/1954 Ass.

dispositions de la loi 4326 /2015, à cause des incidents graves qui ont eu lieu lors d'un match, dont l'infliction d'une amende et le refus de distribuer des billets pour des matchs ultérieurs.

Or, comme le note bien le tribunal (pensée 6), la défense spéciale de distribuer des billets -vu que cette mesure est prise « pour que de pareils incidents ne se reproduisent pas à l'avenir, sans être liée à un comportement personnel »- (...) « ne constitue pas de sanction, mais une mesure administrative de caractère préventif ». Caractère, par contre, que présente l'amende de 90.000 euros, infligée par le même secrétaire d'Etat pour les mêmes incidents.

Données qui empêchent, par ailleurs, l'application de la règle de « non bis in idem » à l'hypothèse en cause.[408]

bb. La distinction entre sanction et mesure préventive est également une réalité certaine en droit positif français.

Un cas assez représentatif vient, ainsi, de la loi du 30 juin 1975 qui permet au représentant de l'Etat (loi 97-60 du 24 janv.1997) la fermeture d'un établissement social ou médico-social, (art.14 §31) :

1 : Lorsque les normes définies par le décret prévu à l'art.4 ne sont pas respectées.

2 : Lorsque sont constatées dans l'établissement ou le service et du fait de celui-ci, des infractions aux lois et règlements entraînant la responsabilité civile de l'établissement ou du service ou la responsabilité pénale de ses dirigeants.

3 : Lorsque la santé, la sécurité ou le bien-être physique ou moral des usagers se trouvent compromis par les conditions d'installation, d'organisation ou de fonctionnement de l'établissement ou du service.

Or, si les comportements décrits au § 2o constituent le substratum des sanctions, les données contenues au § 3o re-

[408] Voir l'Arrêt 564/2016 du Tribunal administratif d'Appel d'Athènes in Ephimerida Dioikitikou Dikaiou, 2016, p.177 et s., en langue hellénique.

présentent un cas classique de police, le § 1o incluant des cas où les conditions requises par la loi manquent effectivement.

Ainsi, si vraiment la décision de fermeture se trouve à la frontière de la sanction administrative,[409] les catégories sont bien déterminées, même si, en fait, leur distinction pourrait être difficile.

La loi du 9 sept. 1986 permettant, par décision du Ministre de l'Intérieur, l'expulsion -sous certaines conditions- d'un étranger résidant habituellement en France s'il a été condamné définitivement pour crime ou délit à une peine égale à six mois d'emprisonnement sans sursis ou à plusieurs peines d'emprisonnement au moins égales au total de cette durée, la question surgissant, qui était de savoir si la décision d'expulsion pouvait tenir compte des condamnations antérieures à cette loi, a donné l'occasion au CE de prendre position sur le caractère de cette expulsion dans le cas d'espèce et de se prononcer sur son effet rétroactif, celle-ci n'ayant pas « le caractère d'une sanction mais d'une mesure de police exclusivement destinée à protéger l'ordre et la sécurité publics ». [410]

En s'alignant sur la jurisprudence précédente du CE sur la nature de l'expulsion d'un étranger, vu les circonstances de l'espèce, la Cour de Cassation prend la même position. « Attendu -dit la Cour- … que d'une part, l'expulsion d'un étranger n'a pas le caractère d'une sanction mais d'une mesure de police à objet préventif, exclusivement destinée à protéger l'ordre et la sécurité publics et peut donc se référer à

---

[409] Ligneau Ph. " A la frontière de la sanction administrative: la décision publique de fermeture des établissements sociaux et médico-sociaux privés", Mélanges Couvrat, précité, p.183 et s.

[410] CE 20 janv.1988 Ministre de l' Intérieur/Elfenzi, Rec. No 87036, JCP 1989 Ed. G.II 21178, note CS, AJDA 1988, p.223, conclusions Chr.Vigouroux.

des condamnations antérieures à la promulgation de la loi sur laquelle elle se fonde ».[411]

cc. On tombe dans une différenciation claire de deux notions dans le cas de six-pack relevé par Blumann-Dubouis, comportant, en vue de renforcer la procédure des déficits excessifs de l'art. 126 TFUE en même temps qu'un régime préventif contre les déséquilibres budgétaires et que des sanctions y afférentes.[412]

c. Devant cette réalité, on est surpris de voir la théorie parler du caractère préventif de la peine, à côté de son caractère répressif en y voyant même « Das entscheitende Kriterium fur die Qualifikation einer Rechtsfolge als Strafe ».[413]

Que l'on en donne une excuse en affirmant qu'ils sont les victimes de la CEDH qui, bien qu'ayant localisé la différence entre sanction et mesure préventive,[414] se voit[415] évoquer la ré-

---

[411] Cass.Crim. 1 fév. 1995, JCP La semaine Juridique 1955 II No 22463 p.274 et s., note Guimezanes Nicole avec des références à toute cette jurisprudence. Dans le même sens également CC 9 janv.1980, 79-109 DC,Rec. Dalloz Sirey, 1980, p.249, note J- B Auby, selon lequel « les mesures d'expulsion sont des mesures de police auxquelles sont assignés des objectifs différents de ceux de la répression pénale ».

Dans le même sens, aussi, du droit allemand, cette fois, BVerfG (22.125 (132), quand il énonce que prévention « kein Wesenmerkmal der Strafe » est.V. là-dessus K. Volk, Der Begriff der Strafe in der Rechtssprechung des Bundesverfassungsgericht, Zeitschrift für die gesamte Strafrechtswissenschaft, 1971,précité, p.406.

[412] C.Blumann-L.Dubouis, Droit institutionnel de l'Union européenne, LexisNexis, 6ème éd. 2016, p.551 (703).

[413] Thienel, Verwaltungs-verfahrensrecht, précité, p.394.

[414] La CEDH, en effet, en soulignant dans l'arrêt Lawless du 1 juillet 1961 A 3 § 19, que la détention litigieuse « constitue une mesure préventive (et) ne peut être considérée comme résultant d'une condamnation pénale au sens de l'art.7 de la Convention », semble bien comprendre la différence.

[415] GA.CEDH p.288

paration ou la prévention, but de la peine, comme critère de celle-ci.

Chose encore plus grave, le fait qu'en adoptant une conception large de la notion de sanction, on finit par faire sienne la notion de sanction préventive, et cela, comme on a pu déjà le constater plus haut,[416] malgré la position claire de la jurisprudence des tribunaux sur la notion de sanction et son contenu

Ainsi de l'approche de C. Sintez[417] qui -n'étant pas satisfait du terme sanction qu'il caractérise de problématique, vu ses différentes définitions, terme dont il reconnaît la conception générale en disant (p.7 in fine) « D'ordinaire la sanction juridique est considérée comme un terme générique pour désigner la peine ou toute mesure répressive », conception correcte en sa généralité- ajoute (p.8, note 26) « Il est commode de retenir le sens restreint de la sanction assimilée à la peine car c'est le sens le plus typé, le plus opératoire. Mais à quel prix ? Là encore, l'étude proposera de montrer les origines et les conséquences de cette facilité dans la science du droit ».

Constatation qui le conduit (ibid.) à la notion de sanction préventive, qu'il envisage comme base d'une théorie d'ensemble sur la notion de sanction qui, d'après lui, « force est de le reconnaître n'existe pas » p.8.

En passant, ainsi, outre la logique et les thèses bien claires du droit positif.

Conclusion : Si dans des cas concrets on n'a pas la certi-

---

[416] Supra p.134 et s. en y ajoutant l'apport du Colloque du 13 décembre 2013, organisé par le Conseil d'Etat et la Cour de Cassation sur le sujet, La sanction: regards croisés du Conseil d'Etat et de la Cour de Cassation, La documentation française 2015, précité, qui milite nettement en faveur de notre position.

[417] C. Sintez, « La sanction préventive en droit de la responsabilité civile », Préface de Catherine Thiebirge et Pierre Noreau, Dalloz 2011.

tude que l'on se trouve devant une sanction ou une mesure à caractère préventif, le contenu des deux notions nettement distinct ressort aisément du droit positif de sorte que, en définitive, sanction et mesure préventive sont des notions qui s'excluent l'une de l'autre.[418]

§3. La réparation.

a. On entend par réparation le rétablissement de la perte subie par une personne en raison du comportement, contraire à la loi et nuisible, d'une autre personne.

Sur cette base, on aurait pu soutenir, et effectivement on l'a fait, comme nous irons le voir par la suite, que la réparation s'identifie à la sanction, étant donné qu'elle représente un mal qui est infligé à quelqu'un, à cause des violations de sa part d'une règle de droit. Identification qui devient plus facilement concevable, si l'on se rend compte que la réparation, aussi bien que la sanction, encore même sous son aspect pénal, ne présupposent pas en tout cas un comportement fautif de la part de l'auteur de l'acte.

Or, les choses ne sont pas ainsi. En effet, si la réparation, au moins dans son acception classique que l'on examine ici et qui ressemble à la sanction, est fondée sur la violation de la part d'une personne d'une règle de droit, plus concrètement de la règle qui fixe ses obligations contractuelles ou extra-contractuelles, par contre elle ne constitue pas une atteinte dans ses

[418] Lytras, La notion de sanction et la distinction fondamentale des sanctions, précité, p.46 et s. Dans le même sens V. Constantinesco, Les sanctions politiques contre les Etats membres in, Les sanctions contre les Etats en droit communautaire, sous la direction de I. Pingel, précité p.54, sous la réserve que l'art. 7 de la TUE contient de vraies sanctions. Aussi, Gärditz, Staat und Strafrechtspflege, Schöningh, 2015, p.47, quand il parle au sujet de Praevention de « rechtsgebietsubergreifender Sanktionszweck », en dissociant ainsi la notion de sanction de sa fonction qui est bien la prévention.

« biens juridiques », elle ne constitue pas de mal, au sens que nous avons compris ci-dessus le terme. Comme justement le remarque Kelsen, l'obligation de rétablir le dommage qui pèse sur qui l'a provoqué (ou sur qui est responsable des actes de celui qui l'a provoqué) n'est rien d'autre qu'une substitution à son obligation originaire, primaire, de ne pas provoquer le dommage. « L'obligation de réparer le dommage -écrit-il- n'est pas une sanction ; elle est cette obligation supplétive ».[419] De la sorte, la condamnation à réparation se présente, à son tour, comme la condamnation à l'accomplissement d'une obligation légale.

Du coup, la réparation s'éloigne de la notion de sanction que le droit positif reconnaît, et dont on parle ici. Comme elle, s'en éloigne la contribution pécuniaire, laquelle se transforme d'après la législation (v. art.8 par.7 de la Loi 1337/83 hellénique) en l'obligation originaire d'apport en terre qui pèse sur le propriétaire dont le terrain est intégré dans un Plan d'Aménagement d'une ville. L'éloignement est plus frappant dans les cas où l'obligation principale qui pèse sur celui qui a provoqué le dommage est de restituer les choses dans leur situation antérieure. Comme cela arrive avec le par. 249 du Code Civil allemand qui demande, en premier, à celui qui a provoqué le dommage de restituer les choses en l'état où elles seraient si l'action dommageable n'était pas survenue (Naturalherstellung).[420]

---

[419] Kelsen op.cit. p.169. En citant Kelsen, par le biais de C. Leben, aussi Milas, Au nom de l'Europe, La sanction dans l'ordre juridique européenne, Presses universitaires européennes Maastricht, p.85 n.94.

[420] En reproduisant la formule utilisée par la Cour de Cassation, Cass. Civil, 28 oct.1954, Bull. civ. II, No 328, p.222 : « Le propre de responsabilité civile est de rétablir, aussi exactement que possible, l'équilibre détruit par le dommage et de replacer la victime dans la situation où elle se trouvait

b. La distinction entre réparation et sanction est facilement repérée en droit positif.

Ainsi le chapitre 4 du Code Pénal Hellénique "Loi 4619 /2019" est intitulé : Peines-Mesures de Sûreté-Réparation, tandis que dans l'art. 77 du même Code les notions de peine et de réparation sont bien distinguées. « Si une personne est condamnée à une peine pécuniaire ou à une amende et, en même temps, à l'indemnisation de la victime -lit-on dans l'article- et sa fortune n'est pas suffisante pour s'affranchir des deux, la priorité tombe sur la réparation ».

De même, ces notions sont nettement distinguées dans le cadre de l'ancien code des Douanes (L. 1165/1918) qui parle successivement de sanctions pénales (art.102), de sanctions administratives (art. 89 par.3) et de réparations (art.121 par.6) et celui en vigueur (L.2960/2001) qui distingue nettement entre sanctions administratives (art.154), et sanctions pénales/ peines de contrebande (art.157), tout en parlant (art 161 et s.) de responsabilité civile au cas où « Le tribunal pénal qui juge l'accusation pour contrebande peut déclarer solidairement co-responsable civilement avec le condamné pour le paiement des peines pécuniaires infligées… le propriétaire des marchandises qu'elles sont l'objet de contrebande, même si celui-ci

---

si l'acte dommageable n'avait pas eu lieu », Christelle Coutant-Lapalus, La sanction civile in : La sanction Colloque du 27 novembre 2003 A l'Université Jean Moulin Lyon 3, précité, p.217, semble partager le même point de vue. Dans le même sens M.-E. Roujou De Boubee, Essai d'une théorie générale de la responsabilité civile considérée en sa double fonction de garantie et de peine privée, Thèse Toulouse 1974, p.255 et s. encore que sa thèse, selon laquelle les mesures à caractère satisfactoire « ne sont pas des mesures de réparation au sens propre du terme », risque de troubler dans une certaine mesure les choses, la réparation en nature s'éloignant ainsi non seulement de la notion de sanction, mais aussi de celle de réparation.

n'est pas pénalement responsable… », responsabilité n'ayant dans ce cas le caractère de sanction, étant parente de la réparation, sans cependant typiquement en être une.

La distinction est aussi nette en droit français :

Significatives à cet égard les dispositions du Code des délits et des peines du 3 Brumaire an IV ainsi formulées :

Art.5 « L'action publique a pour objet de punir les atteintes portées à l'ordre social.

Art.6 « L'action civile a pour objet la réparation du dommage que le délit a causé ».[421]

Le Conseil Constitutionnel sépare nettement les deux notions en soulignant, pour sa part, dans sa décision No 82-155 du 30.12.1982, précitée, après avoir précisé (Cons.33) que le principe de non-rétroactivité « ne concerne pas seulement les peines appliquées par les juridictions répressives, mais s'étend nécessairement à toute sanction ayant le caractère d'une punition, même si le législateur a cru devoir laisser le soin de la prononcer à une autorité de nature non judiciaire », (Cons.34), « que, toutefois, cette limitation des effets de la validation ne s'étend pas aux majorations de droits et aux intérêts de retard ayant le caractère d'une réparation pécuniaire ».

---

[421] V. là-dessus B. Paillard : La fonction réparatrice de la répression pénale, Thèse Paris II, LGDJ, 2007 p.2. Tout en évoquant la différence entre partie civile (réparation) et action publique (sanction pénale) la distinction fait découler C. Cass.Crim. 8 juin 1971 No 69-92.311 Légifrance, https://www.legifrance.gouv.fr/juri/id/JURITEXT000007058487.

Les deux notions sont nettement distinguées in Conseil d'Etat 13 nov.2019, Société CB No415397 (AJDA 2020 p.924 supra note 244) qui, ayant, par son arrêt du 18 juin 2018, annulé dans un premier temps une décision du Conseil Supérieur de l'Audiovisuel imposant à la requérante une sanction, l'a condamnée à payer à celle-ci, au titre de réparation, une somme importante de 1.100.000 euros.

A remarquer, et cela est très significatif, que même s'agissant des intérêts de retard qui ne constituaient pas d'après la jurisprudence du CE des sanctions,[422] de ce caractère sont aujourd'hui privés seuls les intérêts de retard prorata temporis. Par contre, les majorations de 40 et 80 % prévues par l'art.1728 du code général des impôts constituent des « punitions réprimant l'obstruction commise par le contribuable en ignorant les mises en demeure qui lui ont été adressées ».[423]

Enfin, la Cour de Cassation -en caractérisant le préjudice soumis à son examen de conséquence indirecte de l'infraction dissocie encore davantage les deux notions.[424]

c. La distinction entre sanction et réparation est aussi facilement acceptée et soutenue par la doctrine, tant pénaliste que civiliste.

Ainsi, à part les auteurs -parmi eux par excellence Kelsen- à l'œuvre desquels on s'est déjà référé, la différence est acceptée par l'éminent pénaliste hellène Chorafas N., Droit Pénal I,

---

[422] CE 9 nov.1988 Grisoni, RJF 2 /89 No 179 in Conseil d Etat. Les pouvoirs de l'Administration dans le domaine des sanctions, La documentation française, 1995, p.42.

[423] CE 17 1992 Epoux Vermeersch, R. p. 62 in Conseil d Etat. Les pouvoirs de l'Administration dans le domaine des sanctions, La documentation française, 1995,ibid. Également intéressant l'avis du CE du 5.4.1996, Houdmond, No176611 RFDA 1999 p.35, Droit fiscal 1996 No 25 p.840 et s., à l'occasion duquel le CE qualifie les majorations comme des « punitions tendant à empêcher la réitération des agissements...pas de réparation... », faisant ainsi une nette distinction entre ces deux notions.

[424] « Attendu -dit la Cour- cependant que le préjudice dont la réparation était demandée, n'était en l'espèce que la conséquence indirecte de l'infraction et n'était pas de nature à ouvrir à la SA Citroën l'exercice de l'action civile devant la juridiction répressive », Cour de Cass. Crim. 15 mai 1987, 86-91.015 Légifrance, https://www. legifrance. gouv.fr/juri//id/ JURITEXT000007063944

9ème éd., 1978, (p. 84), et les civilistes: Stathopoulos M. Droit Général des Obligations, I, 1978, p.228 et s.

Pour sa part, D. Mazeaud partage le même point de vue, mettant à la base de son syllogisme le fait que celui qui sépare la réparation de la répression réside dans le fondement de la condamnation : la première répare un préjudice, la seconde sanctionne une faute. [425]

Cependant, bien que nettement claire, cette position, secourue par d'importantes données du droit positif, n'est pas suivie unanimement par la doctrine. Ainsi, pour Charles Eisenmann, la réparation, dans certains cas au moins, présente le caractère de sanction, vu qu'y sont présents, tant l'infraction (infraction d'une règle) que le mal (mesure pénible). « La responsabilité -écrit-il, op.cit. No 22- est bien une sanction, sous tous les angles ; sanction d'une faute ou sanction d'une règle, c'est tout un. Le responsable est le sujet passif d'une sanction ».

D'autres partagent aussi cette idée,[426] parmi lesquels notamment Paillard.[427] Tous, cependant, commettent la même faute. Ils conçoivent la réparation comme un mal, tandis que comme nous venons de le prouver, elle ne l'est pas.

Le droit positif, en effet, comprend de façon autonome la réaction sociale sous la forme d'infliction d'un mal à celui qui a enfreint la règle de droit, phénomène dans lequel il ne range

---

[425] D. Mazeaud, La notion de Clause Pénale, LGDJ, 1992, p.289 et s.

[426] Hart adopte une position nuancée, op.cit. p.46 pour qui « Sous tous ces rapports il existe au moins une forte analogie entre la loi pénale assortie de ses sanctions et les ordres généraux appuyés de menaces dont se compose notre modèle. Il existe une certaine analogie (malgré de nombreuses différences importantes) entre ces ordres généraux et le droit de la responsabilité civile, dont le premier but est d'assurer aux individus la réparation du préjudice causé par le fait d'autrui ».

[427] B.Paillard, La fonction réparatrice de la répression pénale, précitée, p.1.

pas la réparation : la meilleure preuve pour cela étant le fait que la sanction est infligée une fois la violation de la règle commise, tandis que la réparation est possible uniquement si le comportement illégal où fautif a provoqué des dommages. Voir ainsi l'art. 914 du Code Civil hellénique selon lequel « Celui qui, contre la loi et fautivement, a provoqué le dommage, est contraint à le réparer ».

En définitive, la réparation, comme notion, fait partie d'un domaine autre que celui de la sanction. Ce domaine consiste en la restitution des choses -d'une façon ou d'une autre- en l'état conforme à la situation antérieure qui fut ébranlée par la violation, tandis que la sanction, tournée vers à l'avenir, veille à ce que cette situation ne se reproduise pas.

d. Sur cet état des choses ne porte la moindre influence le fait que dans les temps récents, surtout, l'idée évolue que, au lieu d'infliger des maux, il est préférable d'indemniser les victimes qui -en dernière analyse, excepté la jouissance d'un sentiment de satisfaction par l'infliction de la sanction à l'auteur de l'infraction- ne voient en rien leur situation s'améliorer. Ce que peut faire vraiment la réparation du mal causé par l'acte illégal.

Le fait que « L'époque est aux droits des victimes et à la justice réparatrice »,[428] peut utilement être en faveur de la réparation des dommages, ce qui peut être un enjeu de valeur, n'est pas en mesure de déformer les notions y afférentes, cad de réparation et de sanction qui répondent à des traits évoqués, étant toujours élaborées en droit positif. Thèse, à laquelle on peut ajouter celle de Pâques.[429]

---

[428] B.Paillard, ibid , p.3 in fine.

[429] Pâques M., Police administrative et sanction administrative, in : Les sanctions administratives (Sous la direction de R.Andersen, D.Déom et

Cela étant, il est bien concevable que cette orientation n'ait rien à voir avec la notion de sanction, sinon qu'en cas de succès du processus réparatoire elle pouvait être éliminée du domaine juridique, exactement comme elle serait éliminée si un jour les gens, sous des circonstances qui ne nous intéressent ici pas, décidaient de ne pas enfreindre la loi. Orientation constituant, en fait, une question de politique anticriminelle, sans la moindre implication dans le contenu de la notion de sanction.[430]

e. Du fait que la sanction et la réparation -faisant partie de domaines notionnels juridiques nettement séparés- diffèrent entre elles fondamentalement, il est évident qu'un acte ne peut pas avoir en même temps, tant le caractère de sanction que de réparation.[431]

Cette position logique, cependant, n'est toujours pas suivie en droit positif.

Ainsi, en France, cédant aux nécessités surtout pratiques, la

---

D.Renders), précité p.687, note 22, qui fait sienne la thèse que la réparation empêche le fait de l'infraction à perpétuité.

[430] Faisant entrer parmi les sanctions prévues dans l'art.131 3 (8) du code pénal français ladite sanction-réparation, la loi 297 du 5 mars 2007 ne fait qu'ériger en contenu de sanction l'obligation de réparer le préjudice causé, qui pourrait être aussi de nature et rien d'autre, le tout se déroulant dorénavant dans le cadre strictement pénal.

[431] Le cas est différent avec lesdits dommages-punitions du droit américain, dans lesquels la somme appliquée dépassant nettement le dommage causé par le comportement fautif contient nécessairement une partie sanctionnatrice. Comme nous l'avons déjà soutenu, cette liaison n'est pas permise, les notions de réparation et de sanction étant nettement distinguées en droit positif. V. là-dessus, S. Lytras, Les sanctions judiciaires, revue Ephimerida Dioikitikou Dikaiou, 2018, p.455, en langue hellénique. Que les dommages punitifs dépassent la somme de réparation, ce qui fait que sanction et réparation sont deux notions séparées, Kl. F. Gärditz, Staat und Strafrechtspflege, Shoningh, 2015, précité, p.47.

jurisprudence considère traditionnellement -et en s'appuyant sur la théorie- que les amendes infligées par les tribunaux pénaux, en matière fiscale ont un caractère mixte, à la fois de sanction et de réparation, mélangeant ainsi sans même disposer de raison valable, des notions bien élaborées en droit positif.[432]

Plus proche de la réalité logique, sinon juridique, le droit positif hellénique a pu surmonter ces problèmes pratiques en qualifiant les amendes infligées dans le cadre de la législation financière, de pures réparations.[433] Ayant utilisé, cependant, le terme de réparation pour désigner une réalité différente de celle que ce terme exprime, il n'a jamais pu refuser à ces amendes leur caractère sanctionnateur. Ainsi, s'il a pu éviter l'impasse logique dans laquelle est tombé le droit français, il n'a pas non plus pu éviter les conséquences qui résultent d'un arbitraire logique, important ou non.

Un cas portant à confusion, très injustement en fait, est celui de la clause pénale.

Or, pour nous,[434] les choses sont bien claires, la clause pénale, de la façon dont elle est envisagée par le code civil hellé-

[432] Une critique violente de cette situation v. à Wilfr.Jeandidier: Des sanctions mixtes : l'exemple des sanctions fiscales et sanctions douanières in : La sanction Colloque du 27 nov. 2003, Lyon, précité, p.92. V.encore Paillard, thèse précitée, passim, aussi préface J-H Robert.

[433] Un caractère mixte, de peine supplémentaire et de réparation, reconnaît pourtant la jurisprudence de la Cour de Cassation hellénique à la peine pécuniaire prévue à l'art.107 §§ 1 et 2 de l'ancien Code des douanes (loi 1165/1918) contre le coupable de contrebande, au cas où une confiscation ne lui est pas infligée, (ΑΠ 2116 /2004, ΠΧ 2005 754).

[434] Lytras, La notion de sanction et la distinction fondamentale des sanctions, précité, p.58 note 34. Pour le caractère de sanction, D. Mazeaud : La notion de clause pénale, précité, p.289 et s. notamment p.320 et s. contre Roujou De Boubee op.cit. p.71 et s.

nique (art.404-409), est une sanction. Cela tient au fait qu'elle est due, sans qu'il n'existe de préjudice, condition nécessaire pour qu'il y ait réparation et que, de plus, le bénéficiaire puisse demander aussi le préjudice effectivement subi.

Le fait que dans ce dernier cas sa prétention soit limitée à la somme non couverte par la sanction (clause pénale) ne modifie point les choses. Tout simplement, on est ici en présence d'un cas de responsabilité limitée.

D'ailleurs, l'invasion, ces derniers temps, de la notion de proportionnalité dans le domaine des sanctions -ayant comme résultat en cas de cumul que le taux des sanctions infligées ne puisse dépasser le montant de la plus élevée d'entre elles- permet de comprendre facilement ce phénomène.[435]

f. Le fait de voisinage entre sanction et réparation -ne serait-ce que dans le domaine limité des amendes de la législation financière- ne fut pas sans conséquences majeures pour le droit positif.

Edulcorant ainsi, ou même faisant disparaître son caractère de sanction à un acte, la théorie et en grande partie la jurisprudence en Grèce, ont obscurci à un degré important les choses dans le domaine des notions.

De la sorte, non seulement la théorie fut empêchée de localiser le phénomène répressif, sanctionnateur, dans toute son étendue et sa profondeur, mais, en plus, la recherche sur la conformité fut désorientée par la constitution de l'infliction des sanctions, surtout pécuniaires, par des instances autres que juridictionnelles, voire des autorités administratives. Ayant pour résultat que l'infliction de ces sanctions soit considérée comme conforme à la Constitution, avant que, en premier lieu,

[435] Balis G. : Droit des obligations,3ème éd., Réimpression 1969 § 100, en langue hellénique.

ne soient bien déterminées -par rapport à la Constitution- les relations entre le pouvoir répressif, la justice et le pouvoir exécutif.

Conclusion : Tant la sanction que la réparation, sont des notions nettement séparées en droit positif dans l'univers européen.

Le fait que, dans certains cas, notamment en droit fiscal dominé par des raisons pratiques, des solutions différentes concernant leur régime juridique sont adoptées, n'est pas en mesure d'ébranler la réalité de la distinction en droit positif entre les notions de sanction et de réparation.

§4. L' exécution forcée.

a. La notion.

aa. Il est généralement accepté que, par exécution forcée, l'on entende la réalisation par la force du contenu d'une obligation pesant sur autrui et sans son consentement.

« En cas d'obligation de livraison ou de restitution des biens meubles ou des quantités de biens meubles -il est écrit à l'art. 941§1 du Code de Procédure Civile hellénique- l'huissier enlève le bien ou la quantité des biens de la personne soumise à l'exécution forcée et les rend à celle au profit de laquelle l'exécution a eu lieu ».

De même, il est écrit à l'art. 943§1 du même Code :

« En cas d'obligation de livraison ou de restitution des biens immobiliers, l'huissier (en) évince la personne soumise à exécution forcée et y fait installer celle au profit de laquelle l'exécution a eu lieu ».

Sur cette base, il est certain qu'il existe ici l'un de traits caractéristiques de la notion de sanction, notamment la violation d'une règle de droit, étant donné que l'obligé n'accomplit pas son obligation -autrement il n'y aurait aucune raison à recourir à l'exécution forcée- obligation qui découle de la règle de droit.

Or, la question se pose de savoir s'il existe aussi la deuxième de ses caractéristiques.

bb. De notre analyse précédente, il s'ensuit que le mal, trait essentiel également de la notion de sanction, consiste en une atteinte des biens juridiques d'une personne, protégés par la loi, dont d'après l'ordre juridique en vigueur l'obligé pourrait jouir si la violation de sa part n'avait pas eu lieu, action qui enlève à ses biens la protection du droit.

Dans le cas, cependant, de l' exécution forcée, et l'on pense ici plutôt en civilistes,[436] est déjà créée -conformément à la loi- en défaveur du débiteur et en faveur de son créancier, une obligation qui signifie que le droit a cessé -au moins envers ce créancier et dans la mesure où ce dernier agit en conformité avec la loi- de couvrir de garantie et en général de protéger les biens du débiteur. Ainsi, et dans la mesure où l'exécution forcée ne fait rien d'autre que d'effectuer par la force ce que le droit exige du débiteur de faire de son plein gré, il est clair qu'il n'y a pas ici d'atteinte, cad de mal, au sens que nous le comprenons dans le cadre de ce travail.

Cela étant, la conclusion qui se dégage de cette brève analyse est, à notre sens, très claire : sanction et exécution forcée se trouvent dans des terrains conceptuels différents, chose accentuée par leur fonction différente. L'exécution forcée a comme objet de faire effectuer ce que le droit exige, la sanc-

---

[436] On ne tire cependant pas une image différente du processus dans le contexte public. Ainsi, quand on lit au §7 de le VVG du droit autrichien intitulé « Anwendung unmitelbaren Zwanges : ''Sofern die Gesetze nicht anderes bestimmen, kann der einem Vollstreckungstitel entspechende Zustand durch Anwendung unmitelbaren Zwanges hergestellt werden, wenn dies auf andere Weise nicht oder nicht rechtzeitig möglich ist''.

tion, l'infliction d'un mal, au motif que cette exigence n'est pas effectuée.

Conclusion ressortant aisément de la jurisprudence de la Cour de Cassation française qui, en affirmant[437] que « la contrainte par corps est une voie d'exécution et non une peine et que les lois de procédure telles que celles concernant l'exécution des peines sont d'application immédiate aux situations en cours lors de leur entrée en vigueur » se prononce nettement en faveur de la distinction totale entre ces deux notions.

b. La doctrine.

aa. La doctrine ne trouve pas de difficultés pour arriver à la même conclusion.

« Alors, -comme l'écrit Ch. Eisenmann[438] -selon le cas, où bien l'autorité publique entreprendra de réaliser malgré ces sujets passifs, ces sujets d'obligations sans eux ou contre eux, ce que la règle de droit ou la norme individuelle prescrivait, cad les actes qu'ils auraient dû accomplir pour être en règle avec le droit ou plus généralement la conduite qu'ils auraient dû observer. Ou bien l'autorité publique, sans pouvoir réaliser véritablement la règle de droit, appliquera une sanction aux sujets qui ne l'ont pas respectée » pour conclure, après avoir constaté que l'on met très souvent ces éventualités au même

---

[437] Cass.Crim. 18 juil. 1989 Legifrance https://www.legifrance.gouv.fr/juri/id/ JURITEXT000007533196. Contre CEDH Jamil c/France du 8 juin 1995, Les grands arrêts de la Cour européenne des Droits de l'Homme GA. CEDH 6ème éd., p.435 (Farina-Cussac op.cit. p.521). Le CC refuse aussi de son côté le caractère de sanctions pénales -s'agissant de la période de sûreté concernant l'exécution de la peine- bien que remarquant là une liaison entre l'exécution et le domaine pénal (Farina-Cussac ibid).

[438] C. Eisenmann, Cours de Doctorat 1953-54, p157 et s. V. également S. Lytras, La notion de sanction et la distinction fondamentale des sanctions, précité, p.60 et s.

plan, bien qu'elles diffèrent profondément entre elles, « Si l'on veut évaluer modes, chances et degré de réalisation de l'ordre juridique, il faut les distinguer nettement ».

La thèse de la différence entre sanction et exécution forcée dans le domaine du droit public est entérinée par la doctrine allemande- comme aussi par la doctrine hellénique influencée par cette dernière -qui distingue clairement entre peine, cad sanction, et contrainte (Verwaltungszwang), liée, elle, directement ou indirectement à la réalisation du contenu d'une règle de droit.[439]

---

[439] V. sur ce point Fleiner, Institutionen des Deutschen Verwaltungsrechts, 8ème éd., précité, pour qui p.197, « contrainte et sanction (Strafe) suivent chacune sa voie... contrainte et pas sanction doit-il être le slogan du droit administratif ? ». Forsthof, Lehrbuch des Verwaltungsrecht, B.1 Allgemeiner Teil, 10 éd. (1973) p.290, 291, Kyriacopoulos, Griechisches Verwaltungsrect, B.2, 1961, p.438, P. Dagtoglou, op. cit. p.208 et plus clairement encore P. Dagtoglou, Droit Administratif Général, édit.B, 1984, p.287. Et pour des auteurs plus récents : Urs Cramer, Allgemeines Vervaltungsrecht und Vervaltungsprozessrecht, C. H. Beeck, 2013, 2e Auflage, p.150 pour qui « Das Zwangsgeld ist ein Beugemittel und keine Strafe und kann daher auch wiederholt oder gesteigert werden », Hofmann/Gerke, Allgemeines Verwaltungsrecht, Kohlhammer, 10e Auflage, 2010, p.502, pour qui "Zwangsgeld ist keine Strafrecht mit der ein in der Vergagenheit liegendes Unrecht gesühnt werden sonder ein in der Zukunft wierkendes Beugemittel zur Durchsetzung eines Verwaltungsakten...". Achterberg N: «Allgemeines Verwaltungsrecht", 2e Auf. C. F. Müller, 1986, p.559 pour qui, « Bei allen- il parlait des Zwangsmittels- handelt es sich um Beugemitel, so dass ihre Anwendung neben einer Strafe oder Busse sowie auch mehrmals und verschärfend zullässig ist, ohne dass der Grundsatz, «ne bis in idem» (Art.103 III GG) verletzt würde».

Prise de position facilitée par le fait que la dépénalisation en Allemagne à travers l'institution des Ordnungswidrichkeiten qui se situent en grande partie dans le sillage du droit pénal, n'a pas permis aux sanctions administratives de se développer là comme ailleurs, notamment en France, et de montrer donc leur caractère nettement répressif.

Tout en précisant que, d'après la doctrine allemande -comme d'ailleurs la doctrine hellénique qui la suit- l'exécution forcée contient à la fois les moyens qui conduisent l'administré à remplir ses obligations découlant de la loi -ou de l'acte administratif- (exécution forcée indirecte) et la réalisation du contenu de l'acte administratif -sous certaines conditions- par l'Administration elle-même (exécution forcée directe, Unmitelbarzwang).[440]

Telle, aussi, en substance la thèse de Tiedemann qui, « critiquant » la décision du BverfG du 25.10.1966 (25) comme génératrice d'incertitudes, prend soin de noter « Daher lassen sich insbesondere Grenzfragen mittels dieser Kriterien kaum sicher lösen. Gewiss ist die Untersuchungshaft ein Übel, aber keine Strafe... ».[441]

Ce qui nous pousse à soutenir que la mesure conçue comme moyen d'assurer que certains résultats se produisent au cours de la procédure, ne relève pas de la notion de sanction, tributaire des traits relevés plus haut.[442]

bb. Il est possible que, voyant les choses dans une optique large, l'on aurait pu soutenir que les deux notions agissent dans un domaine conceptuel commun, étant donné que la sanction conduit indirectement au même résultat que l'exécution forcée, à savoir la réalisation finale de ce que l'ordre juridique impose, dans la mesure où elle aussi, défavorise des comportements contraires à la loi.

En voyant les choses sous une optique également large,

[440] V. Forsthoff, op.cit., p.298, Dagtoglou, op.cit. p.308

[441] K. Tiedemann, Verfassungsrecht und Strafrecht, précité, p.17.

[442] Notion de sanction ne souffrant point, du fait que les jours de détention sont comptés en fonction de la durée totale de condamnation, cela répond à des préoccupations relevant d'un autre ordre.

bien que pas tout à fait identique, Kelsen soutient que la sanction se présente en droit positif sous deux formes. Soit sous la forme que nous entendons dans le cadre de ce travail, à savoir du mal infligé à cause d'un comportement accusant une violation d'une règle, (sens étroit), soit sous la forme d'exécution forcée (sens large).

« L'une et l'autre sorte de sanctions -écrit-il[443]- consistent à infliger de force un mal, ou, envisagées en termes négatifs, à ôter de force un bien ».[444]

Pour Kelsen, il est évident qu'il ne peut pas exister le moindre doute que l'exécution forcée constitue une forme de sanction, notion plus large qui, par voie de conséquence, l'englobe.

De leur part, Aravantinos[445] et Michelakis,[446] en rangeant dans le domaine conceptuel de la sanction la contrainte qui conduit par la force à la réalisation de conséquences inhérentes à une règle de droit, admettent le caractère répressif -au sens large- de l'exécution forcée, dans le cadre de la doctrine hellénique.

[443] Kelsen op.cit. p.150

[444] Très critique Morand Ch-Alb., art. préc. P.293 et s., refuse toute valeur à ces deux conceptions de la notion de sanction qu'accepte Kelsen, sans y englober cependant les nullités. « La double obsession -écrit-il, op.cit. p.299- de réduire le droit à l'unité et à la contrainte conduit le maître autrichien à des raisonnements frisant l'absurdité ». Critique adressée, en sa première partie, en réalité, à toute la théorie juridique qui voit indissociablement liés droit et sanction, restant dans le cadre de ce travail sans objection de notre part, étant par contre pour ce qui concerne la notion étroite de sanction, représentant la substance du droit répressif, son cœur même, exposé à nos remarques. Infra p. 259 et s.

[445] Aravantinos I., Introduction à la science du droit, 2ème éd., 1983, p.21 et 135, éd.A.Sakkoulas, en langue hellénique.

[446] Michelakis E., Introduction au droit et à la science du droit, 1986, p.53, en langue hellénique.

Même sous cette optique, cependant, il n' existe pas de doute que l'on se trouve devant des notions qui diffèrent essentiellement entre elles, l'une (l'exécution forcée) conduisant directement au résultat voulu, tandis que l'autre (la sanction) y conduisant de façon indirecte, différence qui est, par ailleurs, accentuée par le fait que dans le premier cas (l'exécution forcée) le résultat -les conditions requises par la loi réunies- est certain, tandis que dans l' autre (la sanction) celui-ci laisse à désirer, étant toujours éventuel et, en tant que tel, hypothétique.[447]

c . Des cas à approche différente.

aa. Il est évident que l'exécution forcée à laquelle on se réfère ici, comme notion différente de celle de sanction, est celle qui conduit directement à la réalisation du contenu des droits

---

[447] Ce qui n'empêche cependant pas la notion d'exécution forcée -comme également celle de réparation- de nous aider, devant un cas concret, à constater si l'on a affaire à une sanction ou non, de jouer donc là le rôle de critère de la notion de sanction. V. ainsi un cas caractéristique in Conseil d'Etat No365401. (www.conseil-etat.fr/ressources/décisions-conten- tieuses/arianeweb, 25 mars 2016 (Lecture) Société Crédit Agricole SA où l'on lit (Considérant 4):

« Considérant que la réfaction prévue par les stipulations de ces conventions remet en cause le paiement par l'Etat «des factures de bonification» présentées par l'établissement de crédit ; qu'il résulte des conventions mentionnées ci-dessus que le paiement par l'Etat des «des factures de bonification» est subordonné au respect par l'établissement de crédit des engagements qu'il a souscrits quant à l'instruction et au suivi des dossiers de prêts ; que le mécanisme de réfaction constitue une modalité d'exécution des engagements contractuels acceptés par les parties et ne peut être regardé, nonobstant son caractère forfaitaire qui résulte de l'extrapolation d'un échantillon à l'ensemble des prêts, comme présentant le caractère d'une sanction contractuelle faute de comporter une fonction de réparation du préjudice subi par l'Etat ou de coercition à l'égard de l'établissement de crédit ».

ou des obligations y afférentes, en d'autres termes celle, que l'on appelle exécution forcée directe.

Une telle différence, par contre, n'existe pas entre la sanction et l'exécution forcée dite indirecte, qui elle indique les moyens d'exerçer une pression sur le sujet de l'obligation et l'amènent finalement à l'accomplissement de son obligation, étant donné que la sanction peut dans certains cas être choisie comme moyen de briser la résistance de l'obligé, cad comme moyen d'exécution forcée.

Il arrive ainsi en droit -surtout si l'on a affaire à des obligations dites « personnelles » que seul l'obligé peut accomplir-chercher l'accomplissement par la menace et l'infliction -et cela itérativement jusqu'à la disparition définitive- de certaine mesure répressive, de certaine « peine ».

Un exemple caractéristique en ce sens offre l'art.107 par.10 du Code de la Route hellénique (Loi 5209/2025) selon lequel:
« En cas de violation permanente, l'organe compétent qui la constate, fixe un temps raisonnable pour sa levée et, si le récalcitrant ne se conforme pas, lui applique de nouveau une amende... après chaque constatation de la violation ».

Du même cas relèvent également les amendes infligées par les juridictions administratives espagnoles, à ceux, agents -en principe- ou personnes morales qui n'exécutent pas leurs jugements ou refusent de collaborer avec la justice, sanctions dont l'infliction peut être réitérée tous les 20 jours, jusqu'à leur complète exécution.[448]

Dans le droit positif allemand aussi, il est fréquent que l'on ait recours à l'usage des amendes pécuniaires comme moyens de l'exécution forcée (V. ainsi le par. 9 du Verwaltungs-volstreckungsgesetz de 27.4.1953), comme moyens aptes à rompre

[448] LJCA art.112a, mentionné à RFDA 2008, p.836.

la résistance de ceux qui ne remplissent pas leurs obligations, dont le caractère est mis en exergue par la théorie qui, par moments, les distingue de sanction[449].

Tous les traits de la sanction y étant réunis, donc présents, on doit également citer ici, du droit positif français, le cas de l'astreinte, que ce soit provisoire ou définitive.[450]

bb. Cette ressemblance, cependant, entre exécution forcée indirecte et sanction n'a pas le sens dans lequel, par son implication dans le processus de l'exécution forcée, la sanction dans les cas envisagés, perd son caractère de sanction. En reliant certain comportement à certain mal, sa place est toujours dans le domaine répressif, malgré les différences que pourrait comporter, dans son régime juridique, cette implication avec la procédure de l'exécution forcée.

Comme cela est bien noté par Giacometti[451] qui -au terme d'une longue analyse portant sur les similitudes et les différences entre Verwaltungsstrafe et Zwangsgeld comme moyen de contrainte- conclut : « Wenn die Unterscheidung zwieschen Verwaltungsstrafe und Vollstreckungszwang als den beiden

---

[449] Wolf-Bachof, Verwaltungsrecht, 4e édit. Vol. III, p.375, Forsthoff, op.cit. p.299 note 4. Voir encore sur ce sujet Giacometti op.cit. p.537 pour qui Zwangsgeld aurait un caractère de moyen d'exécution uniquement dans le cas ou « ...das positive Recht sie eindeutig nur als Zwangsmittel gestalten würde ».

[450] M. Degoffe, Droit de la sanction non pénale, précité, p.11 et de la jurisprudence, CE 7/5SSR 2 oct.2002, Chambre de Commerce et Industrie de Meurthe et Moselle, No 227868, Légifrance https://www.legifrance.gouv.fr/ceta/id/CETATEXT000008102940/ Et dans des temps plus récents : Cour des comptes, 31 mai 2023, Commune d'Ajaccio No S-2023-0667 et de la même 10 juillet 2023, Centre hospitalier Sainte-Marie à Marie-Galante No S-2023-0858, Chronique de jurisprudence de la Cour des Comptes, N. Péhru L. Vergallo, AJDA 2023, p.1832 et s.

[451] Giacometti op.cit. p.537.

Sanktionen des Verwaltungsrecht grundsätzlich bestehen bleiben soll, so muss auch die Zwangsstrafe zu den echten Strafen gerechnet werden, da sie gleich den anderen Strafen lediglich mittelbar Zwangsfunktion besitzt, primär wie die übrigen Strafsanktionen vielmehr Strafzwzecke verfolgt ».[452]

Conclusion

Apurée de ses voisinages, la notion de sanction, conçue comme un mal infligé à une personne du fait de son comportement violant une règle de droit, mal prévu uniquement dans le sens de réaction à cette violation, constitue selon notre analyse précitée une donnée de première importance dans l'univers répressif européen.

Aucune, en effet, des mesures ci-dessus approchées, ne peut revendiquer en droit positif le sens de la notion de sanction repérée dans le cadre de ce travail, restant à côté et même -vu sa généralité notionnelle- s'agissant des mesures répressives, sous celle-ci.

Cela étant, on ne devait par la suite qu'identifier les cas où la notion de sanction se manifeste en droit positif européen, cad quelles sont les sanctions en ce droit.

Cette approche ne présentant pas cependant d'intérêt particulier pour notre recherche, son objet principal étant de contourner la notion de sanction et sa consistance en droit répressif européen et non de préciser les catégories particulières méritant cette qualification, notre étude se référera par la suite à la doctrine qui s'est développée sur notre sujet, ce qui est l'objet de la Section qui suit.

---

[452] Le fait, par ailleurs, que Giacometti range, tant les sanctions administratives que les moyens d'exécution, dont Zwangsgeld, parmi les sanctions ne pose pas de problèmes à notre analyse, reflétant seulement l'alignement de cet auteur à Kelsen, dont on vient de connaître la position.

Section IV La notion de sanction et la théorie[453]

Du profond changement survenu dans le domaine répressif et dans celui de la notion de sanction que nous venons de repérer, la doctrine ne pouvait que prendre acte. Après avoir ainsi commencé, peu à peu, à changer son vocabulaire (§a), elle s'est mise à accorder de l'importance au sujet, par moments accrue, dont on doit rendre compte (§b).

§1 Un vocabulaire à changement continu.

La généralisation de l'utilisation du terme de sanction dans des domaines répressifs, autres que strictement pénaux en cette période avancée, évolution relevant du normal, ne nous intéresse pas tout particulièrement ici. Ce qui par contre retient toute notre attention, c'est le fait que le terme de sanction est utilisé par des pénalistes eux-mêmes.

En effet :

Le terme de peine, chose que nous avons déjà repérée,[454] bien que silencieusement, se voit constamment remplacé par celui de sanction ou de sanction pénale.

Ainsi, si F. Desportes et F. Le Gunehec consacrent à leur œuvre *Droit Pénal Général*, le Titre III aux peines[455], B. Bouloc nomme lui la deuxième partie de son œuvre *Droit Pénal*

---

[453] Notre exposé ici des thèses de la théorie a le caractère d'une approche au cœur de notre sujet, nos références à la doctrine, au cours de notre recherche, étant dues aux exigences des sujets là rencontrés. Notre projet, par ailleurs, n'étant pas de présenter une image exhaustive des thèses des théoriciens, on se contente ici de se référer à ceux d'entre eux dont nous estimons que l'œuvre reflète fidèlement le cœur de notre approche, le temps de chaque contribution jouant son rôle.

[454] V. S. Lytras, La notion de sanction en droit répressif européen, Droit pénal ou droit sanctionnateur, op.cit. p.848 et s.

[455] Fr. Desportes et Fr.le Gunehec, Droit *Pénal Général* 14ème éd., 2007, Economica, p.687 et s..

Général : La Sanction : Peines et mesures de sûreté.[456] A son tour, Kohler M., *Strafrecht, Allgemeiner Teil*, après avoir parlé à son Introduction, p.37, de Strafe et Strafrecht, parle en son 10ème Chapitre, p.577 et s., de Sanktionensystem (p.590) et du System Kriminalrechtlichen Sanktionen (insbesondere der Strafen),[457] [458] et le terme de Sanktion figure même dans le titre de l'œuvre de Geiger Th*., Die Rechtsnatur der Sanktion,*[459] tout en remplaçant sous l'expression sanction pénale celle de peine dans une série d'œuvres.[460]

[456] B. Bouloc, *Droit Pénal Général*, Précis Lefebvre Dalloz, 28ème éd., 2023, p.461 et s.. Le fait qu'il compte parmi les sanctions les mesures de sûreté, mesures en principe à caractère préventif -d'ailleurs en cela il n'est pas le seul- ne change en rien les choses. En faisant état, le moment après (p.462), de sanctions à caractère administratif, il dissipe tout équivoque sur la notion de sanction à laquelle il fait recours, terme englobant toutes les mesures à caractère répressif.

[457] M. Köhler, *Strafrecht, Allgemeiner Teil*, Springer, 1996. Que l'on note ici que la définition que donne Köhler *ibid* (p.37) de la « Strafe » : « *Staatliche Strafe*-écrit-il- *ist die dem Straftäter (Verbrecher) zugefügte Einbusse am Grundrechtstatus wegen des begangenen Verbrechens* », répond pleinement à celle que nous donnons, nous, de la sanction.

[458] La différence par rapport au passé est flagrante. On tient à se référer ici à l'œuvre de P. Bockelmann, *Strafrecht Allgemeiner Teil*, 2ème Aufl. C.H. BecK. 1975, dans laquelle le terme de *Sanktion* est entièrement absent, le seul mot à utiliser étant celui de Strafe. « Das *StrGB* -est-il écrit- p. 205 -*kennt zwei Hauptstrafen sowie eine Nebenstrafe* ».

[459] Th. Geiger Th., *Die Rechtsnatur der Sanktion*. Dunker&Humblot, Berlin, 2006. Même impression de Lehrbuch de Kett-Straub/Kudlich, intitulé Sanktionenrecht 2eAufl.2021, C. H. Beck. D'une extrême signification aussi, l'appelation de Lehrstuhls de l'Université de Tubingen comme celle de Kriminologie, Straf und Sanktionenrecht.

[460] A titre indicatif : C. Mandon, ''L'identité de la notion de sanction pénale en droit pénal français'', Thèse Bordeaux 2020. S. Belle, L'évolution de la régulation par la sanction administrative et la sanction pénale, Thèse, Aix-Marseille, 2021. A. Thonnat, Les fonctions des temps de la sanction pénal, Thèse Montpellier, 2014.

En direction contraire, mais toujours dans le même sens, le terme de peine est utilisé par la doctrine publiciste comme synonyme de sanction. Ainsi de J. C. Bonichot qui, dans sa chronique Internationale, continue -d'après F. Moderne[461] -comme par le passé, à utiliser la notion de droit pénal « en termes volontairement larges et inclut, par conséquent, le droit répressif en général et, notamment, le régime des sanctions administratives ».[462]

La doctrine du droit pénal -chose encore plus importante- se voit utiliser le terme de sanction entièrement à la place du terme peine : Significative à cet égard la thèse de Th. Geiger, précitée, qui met comme base de ses analyses portant sur le strict droit pénal la notion de sanction (Sanktion) et point cell de Peine (Strafe).[463] [464]

Bien que l'œuvre de Kl. F. Gärditz[465] concerne le seul droit

[461] F. Moderne,Sanctions administratives et justice constitutionnelle, précité, p.55, No 52.

[462] J. C. Bonichot, Chronique internationale-Droit communautaire et droit pénal, RSC 1988, p.581. Parenté certaine, sous conditions, ressortant ainsi de son article « Les sanctions administratives en droit français et la Convention européenne des droits de l'homme » in AJDA, Les sanctions administratives, No Spécial 20 oct.2001, p.73.

[463] Th. Geiger. *Die Rechtsnatur der Sanktion*, précitée. Œuvre, bien que limitée aux peines (Sanktionen) du Code Pénal allemand -v. p.19-, parlant aussi de « sanktionensystem » -v. à titre d'indice p.17- terme figurant même dans le titre de sa partie finale : « 60 Laitsätze für das Sanktionensystem », p.338. V. encore, J. Sieber, Sanktionen gegen Wirtschaftskriminalität, Duncker Humblot, 2018.

[464] Ou prendre les deux termes indifféremment l'un pour l'autre. Comme, en substance, quand J-H Stahl note bien « Le contenu de la sanction, c'est donc la punition, la peine qui est infligée… », in : La sanction : Regards croisés du Conseil d'Etat et de la Cour de Cassation, op.cit., p.46.

[465] Kl. F. Gärditz, Staat und Strafrechtspflege, Schöningh, 2015, précité. Mêmes pensées à l'égard de l'œuvre de A. Sachoulidou, « Unternehmens-

pénal, on y voit le terme de Sanktion être utilisé à l'occasion comme Oberbegriff (v. ainsi p. 34 et 38).

Très caractéristique ici également l'approche de A. Chouvet-Lefrançois quand il nous informe, dans son article concernant le seul droit pénal, que « Le terme de "peine" est ici entendu comme synonyme du terme " sanction pénale" ».[466]

Même constatation en s'approchant de l'œuvre des B. Viredaz et V. Thalmann, concernant le droit suisse, intitulée, « Introduction au droit des sanctions », bien qu'elle concerne le seul droit pénal.[467] « Le droit pénal suisse -y est écrit p.4- connaît deux catégories de sanctions: les peines et les mesures».

Signe des temps, privé cependant d'intérêt particulier pour notre sujet, l'utilisation par la doctrine du terme de sanction et des adjectifs sanction disciplinaire et sanction parlementaire et très rarement du terme de peine, pour indiquer des mesures répressives relatives à la vie intérieure du Parlement.[468]

Si cependant le terme de sanction trouve une place importante dans le vocabulaire juridique développé dans le domaine répressif, la notion de sanction n'a pas eu de progrès analogue, son parcours pour devenir la notion primaire, souveraine en ce domaine n'étant qu'exceptionnellement -comme l'analyse qui suit le montre- suivi par la doctrine.

verantwortlichkeit und -sanktionierung » Mohr Siebeck, 2019, l'auteur parlant -à titre d'exemple- de « Sanktionieurungslücken (p.213) de Sanktionsadressat (p.219) et de « Sanktion oder Sanktionsänliche Massnahmen » (p.246).

466 A.Chouvet-Lefrançois, « Les finalités de la sanction en droit pénal », in « A propos de la sanction » Etudes réunies et présentées par C. Mascala, LGDJ, 2007, p.12, note 5.

467 B. Viredaz -V. Thalmann, Introduction au droit des sanctions, Abrégé, Schulthess, Editions Romandes, 2013, précité.

468 J.-P. Camby, note sous CE 24 juillet 2023, No473588, AJDA 2023 p.1908 et s., l'arrêt, lui, parlant -au-delà du terme de sanction- de peine et de sanction disciplinaire à égalité.

§2. L'intérêt de la doctrine envers la notion de sanction.

L'intérêt de la théorie sur la notion de sanction, ce que l'on a déjà pu constater le long de notre approche, est, en cette période, tant certain que vif.

Des Colloques l'ayant comme thématique et des livres se référant à elle, au moins en partie, y compris les études juridiques appropriées, dont on a fait mention au début de notre approche,[469] se succédant l'un à l'autre, la doctrine a commencé à se demander sérieusement sur l'existence et le contenu de la notion de sanction,[470] [471] et à lui consacrer, à part des introductions plus ou moins importantes[472] ou des approches d'ensemble ou synthétiques, même des monographies.[473]

N'étant pas concentrés, cependant, ces efforts doctrinaux, dans leur majorité au moins, sur l'aspect répressif en soi de la notion de sanction, et en s'occupant, à l'occasion -soit de la liaison sanction/droit (ce qui conduit forcement à l'identification de la sanction à la contrainte), soit de considérer comme sanction toute réaction de l'ordre juridique à une action non conforme à ses préceptes, réaction qui, tant que privée de caractère de mal, ne justifie pas en l'espèce sa présence- ils n'ont pas pu, qu'exceptionnellement, saisir la notion de sanction dans ses propres dimensions répressives, encore moins de lui

[469] V. p.15, note 2.

[470] Jestaz Ph., La sanction ou l'inconnue du droit, Recueil Dalloz Sirey,1986, Chronique XXXII, p.197 et s.

[471] Charles-Albert Morand:La sanction, étude précitée, note 2.

[472] V. notamment l'introduction de Poelemans dans son œuvre précitée. V. encore l'approche introductive sous le titre « Le droit contemporain des sanctions entre technique et politique des C.Chainais et D. Fenouillet in, Les sanctions en droit contemporain, Vol.1 (sous la direction de C. Chainais-D. Fenouillet) 2012, Dalloz, p. XI-LXXX.

[473] S. Lytras. : La notion de sanction et la distinction fondamentale des sanctions, précitée.

attribuer sa place prépondérante en droit répressif européen.

Comme ressort, maintenant, de l'analyse, les contributions doctrinales en cause peuvent être rangées schématiquement en deux grandes catégories, contenant sous le terme de sanction : la première toute réaction, ou presque, contre la violation ou le non-respect d'une règle de droit (b), la deuxième seuls les cas qui présentent un caractère nettement répressif au sens accepté par nous dans le cadre de ce travail (c).

Récit qui doit être devancé par l'exposé des positions doctrinales qui, en ne se limitant pas à circonscrire le contenu de la notion de sanction en soi, finissent, pour des raisons que chacune d'elles avance, par se montrer négatives à l'utilisation générale de ce terme, minant ainsi son autonomie, sinon son existence même dans le domaine répressif (a).

Une place à part, enfin, doit être réservée aux approches doctrinales ayant comme objet la notion de sanction dans le cadre de l'Union européenne, comme également dans la jurisprudence de la Cour Européenne des Droits de l'Homme (d).

a.Approches doctrinales négatives envers la notion de sanction.

Le trait caractéristique des contributions doctrinales auxquelles on se réfère ici est que, indépendamment de leur contenu, elles finissent par conclure que la notion de sanction est, en tout cas, problématique.

Or, et sans entrer dans trop de détails, on se rend vite compte que les contributions en cause n'entendent cette notion que sous un contenu assez large, de sorte que l'on ne puisse pas attendre d'elles, au sujet qui nous intéresse, un résultat satisfaisant.

Que l'on essaie, maintenant de les approcher (aa) avant de procéder par la suite à leur évaluation (bb).

(aa) Les cas

(1) L'étude de Ch.-Al. Morand sous le titre « La sanction », à laquelle on s'est déjà -et même plus qu'une fois- référés, est la première qui doit être citée ici.

L'étude, une approche théorique de la notion de sanction, privée de références aux données d'un ordre ou d'un système juridique concrets, base de notre approche, ne devait pas retenir ici de prime abord notre attention.[474]

Le fait, en plus, que son auteur ne trouve aucune utilité à la notion de sanction -dont il ne propose que la « disparition »[475] -notion constituant néanmoins une donnée de première importance pour le droit positif, comme il ressort de notre analyse, minimise, en définitive, son intérêt pour nous ici.

Etant, cependant, comme étude très intéressante en soi, on pense que l'on doit en évoquer ici certains points s'avérant d'une utilité certaine pour notre démarche, vu l'attitude critique de l'auteur envers des éléments à travers lesquels la doctrine essaie traditionnellement d'approcher et définir la notion de sanction.

Ainsi, pour l'auteur :

- De la période romaine, d'où vient le terme de sanction, et de son droit, ne ressort pas « une conception abstraite de la sanction, comme désignant toutes sortes de conséquences juridiques découlant de la violation d'une règle »[476] mais tout au contraire « Si on laisse de côté le sens particulier de pro-

---

[474] L'auteur se contente, en effet, de s'occuper des opinions et des vues théoriques s'étant développées autour de la notion de sanction, mettant à la base de son syllogisme des données qui ne sont pas liées à un ordre ou système juridique concrets, ayant ses origines à des applications du droit positif ici et là à travers les temps, loin de toute systématisation de ce type.

[475] Op.cit. p.312

[476] Op.cit. p.294

mulgation et celui du langage courant de consécration d'une disposition..., la sanction est une peine qui doit être appliquée (par les dieux puis par les autorités) à ceux qui transgressent les commandements de la loi...».[477]

- S'agissant de la conception actuelle de la sanction, ce terme « ne sert plus seulement à caractériser la peine qui doit être infligée à celui qui transgresse un commandement, mais s'applique à toutes sortes de conséquences juridiques »,[478] à ceci près « qu'à côté d'un concept abstrait très vaste de la sanction, subsiste une notion plus concrète, plus proche de l'acception originaire ».[479]

- Une définition basée sur la contrainte en tant que trait essentiel de celle-ci ne peut être acceptée vu que « La contrainte, qui caractériserait la sanction, est une notion extrêmement floue...La contrainte ne pourrait être adéquate pour définir la sanction que si, et seulement si, elle constituait toujours une conséquence de la violation d'une prescription. Or, la contrainte intervient indistinctement pour maintenir l'ordre, pour prévenir des troubles ou pour réprimer la violation de devoirs imposés aux particuliers ».[480]

- Une définition basée sur l'élément effets/conséquences

[477] Ibid.

[478] Englobant, pour l'auteur -op cit. p.295, 307- aussi bien les nullités, données cependant privées de contenu répressif. Supra p.199

[479] Ibid.

[480] Ibid., p.299. En effet, de ce que l'on peut appeler la contrainte, seule l'exécution forcée peut jouer ici, dont cependant le caractère répressif, voire de sanction, ne peut pas être accepté. Comme nous avons d'ailleurs montré, ce qui doit être exécuté par la force, n'est pas autre chose de ce que l'intéressé doit déjà faire, ce qui enlève à la mesure prise à l'encontre de celui-ci le caractère du mal, donc le caractère de sanction. V. là-dessus, supra p.243 et S. Lytras, La notion de sanction et la distinction fondamentale des sanctions, op.cit. p.60 et s.

juridiques pesant sur celui qui a violé une règle ou un devoir, comme pourraient accepter de nombreux juristes, ne peut pas être admise. « Les effets juridiques qui peuvent constituer une sanction sont extrêmement divers ».[481]

- « Il apparaît en définitive que le terme sanction est une expression commode permettant de regrouper dans les manuels élémentaires divers effets de droit. Mais il s'agit d'un terme trompeur qui se révèle à l'analyse très peu opératoire et qu'il vaudrait mieux éviter dans le cadre d'une taxinomie à prétention scientifique ».[482]

- Enfin sa conclusion décevante que « Le terme sanction est ambigu, inutile et nocif… Pour nous, le terme sanction pourrait disparaître sans difficulté du vocabulaire juridique. Si on veut à tout prix le conserver, il faut alors l'utiliser avec circonspection pour désigner les effets juridiques de la violation d'un devoir ». [483]

Devant des prises de positions si pénétrantes, on n'a donc que regretter que l'auteur, au lieu de travailler sur la précision et la consistance de ce que la notion de sanction en son sens répressif exprime, finit par demander sa disparition.

---

[481] Ibid. p.305. En effet, baser la notion de sanction sur l'existence des effets désagréables pour le destinataire d'un acte serait inacceptable, vu que cette donnée ne correspond pas toujours à la notion de mal, élément nécessaire pour sa définition, étant donné que l'effet indésirable n'est pas toujours le résultat d'une violation d'une règle de droit. Accepter le contraire serait-il admettre que l'application d'impôt, à titre d'exemple, devrait être caractérisé comme sanction, ce qui constitue une absurdité, comme le dit carrément Morand lui-même, op.cit… p.303. V. encore sur ce point, S. Lytras, op.cit. p.31 et s.

[482] Ibid. p.310

[483] Ibid. p.312

(2) Approches doctrinales dans le sillage du pouvoir exécutif

Soutenue par une partie de la doctrine hellénique, la liaison d'une mesure répressive à l'œuvre normale de l'Administration concentrée essentiellement sur l'exécution de la loi, à travers les actes administratifs, ou tout simplement à son bon fonctionnement, conduit -revêtue de l'habit de mesure administrative- fatalement à la perte de son caractère répressif.

Constatée déjà dans le passé[484], cette attitude est présente même en cette période, la doctrine, dont il s'agit, continuant à ne pas voir aux sanctions infligées par l'Administration, même en les appelant de peines, un élément du domaine répressif propre.

---

[484] A mentionner ici Stassinopoulos « Le véritable caractère des peines administratives » Archives de Jurisprudence », 1950, p.89 et s. pour qui (p.90) : « l'autorité administrative, en appliquant des peines, ne juge pas, ne rend pas la justice, mais agit toujours comme administration active ». (Thèse par la suite en substance abandonnée, l'auteur ne pouvant pas se passer du caractère répressif des sanctions administratives. Voir Stassinopoulos, Le droit de défence devant les autorités administratives, 1974, p.83).

Fr. Moderne, Sanctions administratives et justice constitutionnelle, p.32 note 84, précitée, en constatant « que la plupart des manuels et de traités de droit administratif n'abordent le problème des sanctions administratives qu'à l'occasion des modalités d'exécution des actes administratifs, ce qui est largement sous-estimer leur importance et méconnaître leur signification réelle » exprime les mêmes pensées. Sans pouvoir, cependant -bien qu'affirmant que la répression administrative « De procédure exceptionnelle… est devenue technique banale. Elle sert moins aujourd'hui à briser les résistances injustifiées des administrés tenus d'exécuter un acte administratif qu'à leur imposer le respect des règlementations de tous ordres que le droit pénal est incapable de prendre en charge » op.cit. p.328- en tirer la conclusion de la position dominante de la notion de sanction en droit répressif qui en ressort.

Ainsi, P. Dagtoglou, en se référant aux amendes appliquées par l'Administration note bien que « L'amende est à la fois une peine administrative qui, contrairement à l'amende entendue comme « peine pécuniaire » du droit pénal, ne vise pas le châtiment d'un comportement criminel, mais uniquement à forcer le redevable de procéder à l'accomplissement de l'acte dû à son omission au cas contraire ».[485]

Pour ajouter un peu après:

« Les peines administratives (ou sanctions) s'appliquent en tout cas par l'administration et, de ce fait, sont permises uniquement si elles ne visent ou ne comportent pas un châtiment, mais tout simplement la sauvegarde du fonctionnement de l'administration ou le fait de se conformer à ses actes (p.ex. peines pour des récalcitrants, ou pour le manque de sincérité du contribuable) ».[486]

Comme on l'a déjà montré, cependant, cette thèse -adoptée occasionnellement par la jurisprudence du Conseil d'Etat hellénique[487]- ne nie pas au fond leur qualité de sanction mais celle de sanction pénale.[488]

---

[485] P. Dagtoglou, Droit administratif général, 7ème éd. révisée, 2014, Editions Sakkoula AE, Athènes Thessalonique, p.402. Encore plus négatives envers la notion de sanction ses positions d'avant. V. là-dessus, S. Lytras, La notion de sanction et la distinction fondamentale des sanctions, précité, p.65 n.46.

[486] P. Dagtoglou, op.cit. p. 408. Sans s'éloigner d'une approche pareille, de parenté dogmatique également allemande, mais sans perdre de vue en se référant aux sanctions administratives à leur aspect répressif N. Simantiras, « Les sanctions administratives », Bibliothèque Juridique, 2022, en langue hellénique, notamment p.41 et 303 (3).

[487] CEE 433/36 Ass.,720/36Ass.

[488] Sur ce sujet intéressant v. en détails S. Lytras, La notion des amendes administratives ; la conformité à la Constitution de leur infliction, (en langue hellénique), Editions Ant. N. Sakkoulas, Athènes-Komotini, 1986,

De sorte qu'elle apparait ainsi sans fondement quelconque en droit positif.

La chose prend une allure plus intensive dans des cas où l'action de l'administration a lieu dans le cadre de l'exécution forcée d'un acte administratif concret ou en face d'une loi qui prévoit, afin de rompre la résistance des récalcitrants, des mesures à contenu répressif certain, des amendes notamment, cas auxquels la doctrine y voit apparemment, non des mesures répressives, mais des moyens de contrainte administrative poussant les gens à accomplir leurs obligations.[489]

Un exemple caractéristique en est ici la position de la doctrine envers le Zwangsgeld du droit allemand, amende risquant à être infligée à celui qui -averti qu'il doit suivre tel comportement, que seul lui peut accomplir, que ce soit positif (tolérer) ou négatif (omettre)- passe outre.

On lit ainsi (supra n.439 aussi) à Urs Cramer[490] « Das Zwangsgeld ist ein Beugemittel und keine Strafe und kann daher auch wiederholt oder gesteigert werden » et aussi à Hofmann/Gerke, « Das zwangsgeld ist keine Strafe mit der ein in der Vergagenheit liegendes Unrecht gesuhnt werden, sonder ein in der Zukunft wierkendes Beugemittel zur Durchsetzung eines Verwaltungsakten... »[491]

---

p.68 et.s.,113 et s., précité. Que l'on en cite ici l'arrêt 1825/1954 du CEE selon lequel l'amende/cotisation prévue par le DL 480/1947 (concernant le commerce extérieur) « ne constitue pas de sanction pénale, mais de mesure administrative ayant comme but d'assurer le fonctionnement normal des licences d'importation-exportation ».

[489] On se rappelle que l'on parle ici de contrainte administrative indirecte, l'exécution forcée directe étant privée, comme on a pu le montrer, de tout caractère répressif.

[490] Urs Kramer Allgemeines Vervaltungsrecht und Vervaltungsprozesrecht, C. H. Beeck, 2013, 2e Auflage, p.150.

[491] Hofmann/Gerke, Allgemeines Verwaltungsrecht, Kohlhammer, 10e

A voir des choses de près cependant, on constate vite -le langage utilisé militant en faveur de notre thèse- que ce qu'en fin de compte dénient les auteurs qui l'adoptent, c'est en l'occurrence, non l'aspect répressif de la mesure envisagée, aspect que la référence à des fonctions que celle-ci remplit n'est pas à même d'aliéner, mais uniquement le fait que celle-ci est orientée vers l'avenir dans le but d'empêcher des actes indésirables.[492]

Auflage, 2010, p.502.

Mêmes positions de Chr. Waldhoff, Grundlagen des Verwaltungsrechts in W. Hoffman-Riem, E. Schmidt-Assman, A. Vosskuhle (hers.), C. H. Beck, 2009, p.348 et en se référant à l'opinion dominante en théorie allemande, de Th. Papakiriakou, Das Griechische Verwaltungsstrafrecht in Kartellsachen, Centaurus Verlag, 2002, p.194. Et dans un temps plus ancien, celles des H. Wolff-Otto Bachoff, Verwaltungsrecht III, 4. Auflage, C. H. Breck, München, 1978, pour qui, p.375, "Die Geldbusse ist Ahndungsmittel, dh Sanktion für Verwaltungsunrecht, das Zwangsgeld ist Beugemittel, dh Mittel des Verwaltungsvollstreckung".

Prises de position facilitées par le fait que la dépénalisation en Allemagne à travers l'institution des Ordnungswidrichkeiten qui se situent en grande partie dans le sillage du droit pénal, n'a pas permis aux sanctions administratives de se développer là comme ailleurs, notamment en France, et de montrer donc leur caractère nettement répressif.

Sur les questions ici posées voir avec profit, S. Lytras, La notion de sanction et la distinction fondamentale des sanctions, précité, p.60 et s., notamment p.65 note 46 avec références aux positions de la doctrine allemande et à celles, helléniques, à leur égard.

492 « Ziel der Erhebung eines Zwangsgelds (§11 VwVfG) -écrit Achterberg sans prendre parti à son caractère répressif ou non- ist es den Pflichtigen zur Vornahme der geschuldeten Handlung oder Unterlassung anzuhalten», (Achterberg N., Allgemeines Verwaltungsrecht, 2ème Auflage, 1986, C.E.Müller, §22,203. Que ce but ne soit pas à même, en tant qu'extérieur élément de l'acte -le résultat auquel escompte son auteur et en cela partie de sa fonction- et point élément de sa notion, donc privé de toute répercussion sur le caractère répressif de celui-ci, S. Lytras, « Sanctions judiciaires… », précitées, p.448.

Comme on l'a déjà relevé en analysant le droit positif hellénique, le fait que le droit prévoit des mesures contre des éventuels récalcitrants pour qu'ils s'abstiennent de ne pas accomplir leurs devoirs ou obligations (exécution forcée indirecte), n'enlève pas à celles-ci le caractère de sanctions, si elles en concentrent les caractéristiques.

« Cependant -on a bien là remarqué[493]-, « la similitude repérée ici entre exécution forcée indirecte et sanction ne signifie pas qu'en prenant part au processus d'exécution forcée, la sanction perd son identité conceptuelle, à savoir son caractère de mal imposé à une personne en réaction à l'infraction commise par elle à une règle de droit... elle s'intègre de manière constante au phénomène sanctionnateur, et cela malgré les différences que peut provoquer sur son statut juridique sa conjugaison avec la procédure de l'exécution forcée ».

Quoi qu'il en soit, il ne faut pas sous-estimer, cependant, la répercussion négative qu'a cette prise de position au sujet de l'hégémonie de la notion de sanction dans l'univers répressif européen.

Comme nous l'avons bien constaté à l'époque :

« En privilégiant dans le domaine des sanctions administratives et en particulier des amendes administratives, le caractère de l'amende comme moyen d'exécution d'un acte administratif et en la considérant à un moindre degré ou pas du tout comme une réaction légale à l'infraction commise à une règle de droit, tout en considérant les amendes pécuniaires à contenu purement sanctionnateur comme des moyens d'exécution, la science et la jurisprudence ... ont empêché, consciemment ou non, le phénomène sanctionnateur d'apparaître dans toute son

---

[493] S. Lytras, La notion de sanction et la distinction fondamentale des sanctions, précité, p.64 in fine.

étendue et toute sa portée dans le domaine de l'action administrative… »[494]

bb) L'évaluation

Tant que A-M Morand restait -en développant ses propres idées ou celles des autres auteurs sur le contenu de la notion de sanction- sans vouloir, sur la base de ses pénétrantes remarques, chercher en priorité et à fond son contenu répressif, il est clair que le terme de sanction ne pouvait pas avoir pour lui un sens concret, notamment ce que représente l'aspect répressif de cette notion en droit positif, de sorte que le résultat négatif de son approche semble en fin de compte presque naturel. Sans toucher le fond des choses dont ressort une image différente -voire en suivant une voie pratiquement négative, empêchant une vue d'ensemble sur la notion de sanction au niveau européen- apparaît aussi toute approche qui, au lieu de repérer carrément la notion de sanction là où ses traits sont manifestes, elle préfère d'y voir, en premier, un moyen de faire accomplir l'œuvre de l'administration, lié ou non à l'exécution forcée d'un acte administratif concret. Sans la considérer dans son ensemble condamnable, d'une telle attitude il faut garder les distances appropriées, telles qui nous permettent d'approcher la notion de sanction acceptée par le droit positif à ses dimensions exactes en droit répressif.

En définitive :

Du droit positif ressort sans difficulté au domaine répres-

---

[494] V. S. Lytras, ibid p.66. Sans méconnaitre cependant que, ayant le caractère d'actes administratifs, les sanctions infligées par l'Administration peuvent ou même doivent être soumises à un régime particulier. V. l'analyse intéressante sur ce point in : Les pouvoirs de l'administration dans le domaine des sanctions, Les études du Conseil d'Etat, La documentation française,1995, notamment p.65 et s.

sif une définition du type : La sanction est un mal imposé à une personne à cause d'une violation par elle d'une règle de droit,[495] définition provenant, comme nous venons de constater, tant des données de l'ordre juridique des pays européens, que de celles de l'ordre juridique de l'Union européenne et de la jurisprudence de la CEDH, toute autre approche doctrinale de cette notion s'avérant inopérante.

b.Approches doctrinales de la notion de sanction ne reflétant pas un aspect répressif unique, « Polysémiques ».

Que l'on précise, tout au début, que dans le cadre de cette partie de notre recherche et sous l'expression « polysémique »[496] on range les approches doctrinales qui cherchent et finissent par accepter que dans le contenu de la notion de sanction entrent également des cas ne répondant point aux caractéristiques de cette notion en droit positif, privés comme ils le sont de toute coloration répressive.

Ici se rattachent donc, en principe, les études qui, d'après l'expression heureuse de A. Morand,[497] entendent sous le terme de sanction « toutes sortes de conséquences juridiques découlant de la violation d'une règle », dont à titre d'exemple

---

[495] V. sur ce point, à part ce qui est déjà dit, supra p.189 et s., plus généralement S. Lytras, « La notion de sanction et la distinction fondamentale des sanctions », précité, p.31 et s., 50 et s., 60 et s., aussi bien que nos études plus proches, S. Lytras, La notion de sanction en droit répressif européen : Droit pénal ou droit sanctionnateur ? passim, et S. Lytras, L'hégémonie de la notion de sanction dans le droit répressif de l'Union européenne, passim, précitées.

[496] Du même sens le terme « plurivoques » ressortant de l'approche de Simone Goyard-Fabre : Essai de critique phénoménologique du droit, Librairie Klincksieck, Paris, 1972, p 252.

[497] Op.cit. p.294, bien que se référant à la matière en parallélisme au droit romain.

les nullités diverses ou les réparations.[498] [499]

Cela dit, que l'on essaie, maintenant de les identifier (aa) avant de procéder par la suite à leur évaluation (bb).

(aa) Les cas.

(1). En se tenant sur des apparences, l'étude de Jestaz, sous le titre « La sanction ou l'inconnue du droit »,[500] la première à notre connaissance en la doctrine française qui cherche à circonscrire la notion de sanction, partout présente et toujours -pour l'auteur- inconnue, devait trouver sa place ci-haut sous a(aa)(1), une notion « inconnue », c'est en fait une notion non digne d'attention scientifique particulière, surtout dans le domaine du droit positif.

Or, les apparences concernant cette étude ne s'avérant pas décisives, on est conduit à en faire état ici.

L'auteur, partant de l'envie de définir la sanction, non comme notion du domaine répressif (en soi), mais en tant qu'élément dont l'existence est nécessaire pour que l'on s'as-

---

[498] On laisse de côté des approches qui voient uniquement la sanction comme le moyen de conclure, si l'on est ou non devant une règle juridique, notre but étant la vérification de l'existence de la sanction comme notion et même souveraine du domaine répressif. Tout en précisant ici qu'à cette conception large de la notion de sanction, objet de notre étude ici, semble -et nous tombons en cela d'accord avec Mah. Mochamed Salach, Mondialisation et Sanction, in : Droit(s) et Sanction, L'Harmattan 2013 p.102-, qu'ils « se rallient aujourd'hui, les auteurs qui font de la sanction étatique le critère de la règle de droit ». Pour la liaison sanction/droit- nos références à la note 1 à part- une approche caractéristique en ce sens voir chez A. Jeammaud, La règle de droit comme modèle, Recueil Dalloz-Sirey 1990, Chronique-XXXIV, p.199 et s.

[499] Du droit positif ressortant une notion de sanction aux caractéristiques désignées par nous, si l'on insiste de faire état ici de ses contributions, c'est pour la simple raison qu'ainsi le caractère répressif de la notion de sanction devient plus clair, ce qui sert de plusieurs manières notre approche.

[500] Recueil Dalloz Sirey,1986, Chronique XXXII, p.197 et s.,précité.

sure que l'on est devant une règle de droit, arrive à la définir à travers le « tarif », terme qui est identifié pour lui avec « Les conséquences précises attachées à la règle»,[501] tout en s'avérant le noyau dur de la notion de sanction.

« Il semble, en effet, écrit-il,[502] que la sanction entendue comme indice de juridicité ne soit et ne puisse être que le tarif ».

En adoptant le tarif comme la base de la sanction, Jestaz fait éloigner de la définition de la sanction, tant la contrainte, à savoir la réalisation par la force de la règle de droit, que la consécration de celle-ci comme règle de droit, voire le droit même. Tout en comprenant le tarif de façon assez large, de sorte d'y faire entrer, tant la réparation que les nullités, données situées, comme on le sait déjà, hors du domaine répressif.[503]

Cependant, s'agissant du contenu répressif de la notion, son approche touchant tous les sens du mot sanction manque son but, vu que l'extension de la notion dans ce domaine précis qu'admet l'auteur -en y ajoutant même parmi les conséquences qui amènent à des sanctions le fameux « tarif », comme on vient de noter les dommages- intérêts ou les nullités- n'est pas conforme aux données du droit positif, dans la mesure où ce dernier réserve au seul domaine répressif une place à part, ce que nous avons prouvé dans le cadre de ce travail.

(2)L'approche des F. Ost et M. van de Kerchove, contenue dans leur œuvre « de la pyramide au réseau ? »,[504] au titre « les sanctions en droit : un réseau complexe aux frontières incer-

---

[501] Op.cit. p.198

[502] Op.cit. p.200 in fine

[503] V. là-dessus, supra p.199 et s., p.233 et s.

[504] F. Ost et M. van de Kerchove, « de la pyramide au réseau ? pour une théorie dialectique du droit », Publications des Facultés universitaires Saint-Louis, Droit, Bruxelles 2002

taines »[505] revendique, aussi, avec succès son droit d'être citée ici.

Sous ce libellé, l'approche des F. Ost et M. van de Kerchove donne dès le début la marque d'une indétermination, fidèle à l'image du livre, dans lequel elle est hébergée, mais -vu l'angle de notre optique- sans des rapports certains avec le droit positif.

On s'explique :

La notion de sanction à laquelle se réfèrent les auteurs -qui, par ailleurs, prennent soin de noter que la théorie générale de droit est « relativement pauvre dans ses renseignements concernant sa définition »[506] -est très large, vu qu'ils y mettent même des mesures sans coloration répressive, comme -entre autres- celles qu'ils appellent « sanctions conséquences », parmi lesquelles par excellence les dommages- intérêts et les sanctions contrainte, dont l'exécution forcée des obligations préexistantes.[507]

Ils réservent néanmoins une notion plus étroite de sanction qu'ils appellent la sanction-peine[508] qui semble absorber le sens répressif entier de cette notion.

Mais, là aussi, constatent-ils que les choses ne se présentent pas de façon claire.

[505] Op.cit. p.221 et s.

[506] Op.cit. p.222

[507] V. encore M. van de Kerchove, « Le principe de subsidiarité » in Le Droit Pénal de l'Union européenne. Au lendemain du Traité de Lisbonne (Sous la direction de G. Giudicell-Delage et Chr. Lazerges, Société de Législation Comparée, 2012),p. 27et s., en ajoutant (p.38) aux sanctions pénales et administratives les sanctions réparatrices.

[508] Notion qu'ils semblent l'entendre limitée au droit pénal classique, comme cela ressort de leur référence (p.223 note 7) à Delmas-Marty selon laquelle : « Sanctionner autrement ? » in Archives de politique criminelle No 7 1984, p.50, « Au sens courant du terme, sanction se confond avec punition et droit de la sanction avec droit pénal ».

« Juristes, criminologues et philosophes -écrivent-ils[509]- ont proposé de multiples critères distinctifs de la peine, résidant notamment dans son caractère afflictif et infamant, dans le fait qu'elle se trouve instituée et appliquée par une autorité publique, qu'elle constitue une réaction contre la violation d'une règle de droit et éventuellement même que cette réaction ait pour fonction au moins partielle de "punir" cette violation ».

En travaillant toujours sur la peine -ce qui est, comme on le verra par la suite, leur défaut principal-, ils arrivent à constater « que chaque système juridique véhicule lui-même une certaine représentation de ce qu'est une peine et dispose de manière ultime du pouvoir de décider d'autorité... si la mesure qu'il institue a le caractère d'une peine ou non ». Processus qui conduit ces systèmes à refuser aux mesures chaque fois envisagées, « la qualification juridique de "peines", déniant ainsi implicitement, soit le caractère afflictif ou infamant de ces mesures, soit leur caractère punitif ou sanctionnateur », chose qui arrive quand ces mesures sont qualifiées par le législateur « de mesures de sûreté, de défense sociale, de police ou de protection ».[510]

Ceci dit, nos auteurs se sentent-ils obligés -convaincus, à notre estime, que le terrain répressif n'est pas ainsi épuisé- de se pencher sur ces données qui, ne pouvant pas tomber sous la notion de peine, ne sont pas pour autant de nature à passer sous silence, leur caractère précis devant être recherché.

« Or -disent-ils-[511] même si ces qualifications peuvent souvent paraître discutables d'un point de vue critique, il s'agit là manifestement de données juridiques, dont il faut rendre

---

[509] Op.cit. p.223

[510] Op.cit. p.224.

[511] Op.cit. p.225.

compte et apercevoir l'efficacité tant instrumentale que symbolique ».

Prise de position qui les conduit à la notion de sanction administrative, ne serait-ce que par le biais d'un renvoi (ibid. note 17) à une étude de R. Rothe portant sur ce sujet.[512]

La chose devient plus claire, par la suite de leur exposé, lorsqu'ils affrontent la distinction entre sanctions pénales et sanctions administratives, tout en reconnaissant carrément leur caractère nettement répressif.

Due à une « démultiplication de l'action répressive de l'Etat », l'existence des données répressives autres que les sanctions pénales est facilement repérée par les auteurs. « On constate, en effet, -disent-ils[513]- qu'aux différentes branches du droit public -droit administratif, droit économique, droit fiscal, droit social etc.-ne correspond plus seulement l'intervention externe de sanctions relevant du droit pénal... mais encore l'intervention interne d'un droit répressif ou punitif propre à ces différentes branches. A un droit pénal administratif, économique, fiscal ou social, s'ajoute ainsi un droit administratif, économique, fiscal ou social de type pénal ».[514]

Au résultat de cette analyse, nous pouvons affirmer que, fi-

---

[512] R. Rothe « Les sanctions administratives : un nouveau droit (pénal) sanctionnateur ? In Le rôle sanctionnateur du droit pénal, Fribourg, Editions universitaires, 1985,p.129.

[513] Op.cit. p.239

[514] Affirmation qui ne se retrouve pas, quand ils s'occupent de la distinction entre sanctions pénales et sanctions civiles, très probablement vu qu'aux « nullités » ou aux « réparations de dommages » présentées par eux comme des sanctions à caractère civil (op.cit. p. 241) manque manifestement un sens répressif, et la confiscation spéciale et les « peines privées » qu'ils évoquent (op.cit. p.242), qui peuvent effectivement se prêter à comparaison avec les sanctions administratives, sont à leurs yeux d' une importance mineure.

nalement, la notion de sanction -au sens répressif, restreint que nous prônons dans le cadre de ce travail- ressort sans difficulté de l'œuvre de ces auteurs.

Si, néanmoins, elle n'est pas par eux dégagée en tant que notion autonome et souveraine du domaine répressif, c'est que ceux-ci accordent -en définitive- à une de ses manifestations, la sanction-peine, un sens différent par rapport aux autres données du domaine répressif, les appelant : sanctions de type pénal.

C'est cette approche qui, en fin de compte, ne leur permet pas de saisir en sa totalité le domaine répressif, ce qui constitue, vu les données du droit positif, la faiblesse de leur thèse.

(3) L'approche de M. Delmas-Marty.

Nettement trouve sa place ici, également, l'approche de M. Delmas-Marty qui, dans son œuvre range parmi les sanctions les données privées de coloration répressive.

« En effet-écrit-elle[515] au sujet de la sorte de dépénalisation, conçue ici comme le substitut civil au dessaisissement du système pénal -c'est en principe la victime qui prend l'initiative des poursuites (comme demandeur au procès), décide librement de l'exécution -ou de la non-exécution- de la condamnation et bénéficie de la sanction, notamment s'il s'agit de dommages- intérêts qui, à la différence de l'amende, ne sont pas versés à l'Etat ».

Pour ajouter un peu après : « La dépénalisation "de jure" mais partielle semble, en effet, avoir la préférence de beaucoup d'Etats qui ont introduit, selon des techniques juridiques variées, la possibilité pour le juge pénal de ne prononcer que l'obligation de réparer le dommage, donc une sanction qui,

---

[515] M. Delmas-Marty, Les grands systèmes de politique criminelle, précité, p.283.

même qualifiée de pénale… est bien civile par sa nature ». [516] Cette prise de position n'est pas la seule cependant qui prête le flanc de son approche à critique. C'est aussi sa thèse de distinguer entre sanctions punitives et non punitives, l'auteur faisant sienne la soi-disant thèse de la jurisprudence du CC et parlant de « sanctions administratives qui ont le caractère d'une punition ».[517]

Le plus grand reproche, cependant, que l'on peut lui adresser en ce qui concerne son approche -à plusieurs égards intéressante- au domaine des sanctions, [518] tient au fait que, bien qu'elle ait clairement constaté l'insuffisance du système pénal d'exprimer dans son ensemble le domaine répressif,[519] elle a essayé de reconstituer l'espace répressif surtout au moyen de ce qu'elle appelle la variante administrative et la variante civile, contenant respectivement des sanctions administratives et des sanctions civiles, sans cependant s'éloigner du système pénal.[520]

« A mesure que se développe en dehors du droit pénal tout un jeu de sanctions punitives, administratives, disciplinaires,

516 Op.cit. p.285. V. également sur ce sujet, M. Delmas-Marty, Le flou du droit, Puf, Quadrige, 2004, passim.

[517] Op.cit. p.130 et 344. Il est certain que l'auteur ne distingue carrément pas entre sanctions administratives ayant le caractère de punition et non -un de ses paragraphes, cependant, porte le titre : A/L'existence de sanctions administratives ayant le caractère d'une punition (ibid. p.344)- mais cette distinction ressort facilement de son œuvre à partir du moment où elle admet, comme on vient de le constater, le caractère de sanction des réparations, données étrangères à la notion de sanction, ayant manifestement un caractère restitutif selon ses mêmes dires.

[518] A son œuvre on s'est déjà référé plus haut p.148 (notes 245,246).

[519] Et même plus d'une seule fois. V. ainsi: Code pénal d'hier, droit pénal d'aujourd'hui, matière pénale de demain, Recueil Dalloz-Sirey, 1986, 4e Cahier, Chronique, p.27 et s.

[520] Les grands systèmes de politique criminelle, précité, p.16 et s.,p.130.

ou même civiles (punitive damages), -note bien[521]- la recherche des garanties de cette "matière pénale" s'organise à partir des notions connues et éprouvées en droit pénal, à tel point que la dépénalisation qui pourrait s'en trouver ainsi facilitée s'accompagne de l'apparition d'une sorte de "droit commun de la sanction" qui puise son inspiration dans le droit pénal ».[522]

Or, devant ces constatations, on attendrait d'elle que, vu cette évolution en droit positif, elle arrive à la conclusion que la notion de sanction est devenue au domaine répressif la notion souveraine. D'autant plus qu'elle n'a pas hésité de parler, comme on vient de le constater, ne serait-ce que d'une sorte « de droit commun de sanction » ou ailleurs de « réseaux de

[521] M. Delmas-Marty, Avant-propos Les contradictions du droit pénal, précité note 6, p.4 qui, parlant ibid., « des sanctions proprement dites », qu'il nous soit permis d'évoquer ici.

[522] « Droit commun de sanctions » , dont parle aussi -en se référant à Delmas-Marty (Punir sans juger, Economica 1992)- P. Martens » Les sanctions administratives, Un droit pénal dégénéré ?, in Les sanctions administratives, Bruyland 2007, (p.22), précité, qui, tout en constatant (p.13) que « Dans les années qui ont suivi la seconde guerre mondiale, la matière pénale a subi quelques perturbations qui ont menacé sa cohérence »,il avance d'un air pessimiste (p.21) qu'un « retour en arrière paraît improbable et il n'est pas sûr qu'il soit souhaitable ». Droit commun des sanctions, cependant, dépassant à une approche provenant d'un Groupe de recherche : Droits de l'homme et Logiques juridiques, dirigé par M. Delmas-Marty, sous le titre« La ''matière pénale'' au sens de la Convention européenne des droits de l'homme, flou du droit pénal » RSC 1987, p.819 et s. le seul domaine répressif étant conçu « dans ce référentiel élargi à l'ensemble des sanctions, répressives, restitutives, conciliatoires, les qualifications juridiques du droit interne, celles qui marquent l'appartenance aux sous-ensembles classiques du droit pénal, civil, administratif, disciplinaires, seraient complétées, au plan européen, par des qualifications autonomes caractérisées par un certain degré d'appartenance aux sous-ensembles flous « matière pénale », « nature civile » p .851.

sanctions » autres que le réseau pénal, dans la mise en cohérence des quels « ont été proposés des principes directeurs de législation pénale qu'il faudrait compléter par une réflexion parallèle sur les alternatives au système pénal ».[523]

Si maintenant elle n'a pas agi de sorte que la notion de sanction touche le sommet en droit répressif, il n'est pas difficile de comprendre son optique, comme celle des Ost et Kerschove, orientée par le droit pénal, voire la peine, comme authentique pénaliste qui n'a pas le courage de leur réserver la deuxième place.[524]

Faire, en effet, organiser le tout autour d'une notion, ici de la notion de sanction, cela présuppose, non seulement que cette notion existe bien en droit positif à travers des traits propres à elle et à elle seule, mais en plus de reconnaître son existence et dans notre propre cas de la pousser au sommet.

(4) L'approche de S. Jacobin.

A plusieurs égards intéressante, l'approche de Sylvain Jacobin,[525] retient ici toute notre attention.

---

[523] M. Delmas-Marty « Code pénal d'hier, droit pénal d'aujourd'hui, matière pénale de demain », précitée, p.33.

[524] Comme aussi, quand elle affirme « Et voici comment, en ces temps où l'on rêve de dépénalisation, le droit pénal se trouve progressivement érigé en modèle », tout en ayant constaté -mettant ainsi en exergue la position forte de la notion de sanction, voire son omniprésence- que les garanties prévues contre la menace par le droit pénal des libertés et droits fondamentaux, « ... ont vocation à s'étendre ailleurs, partout où la sanction surgit, même quand elle ne s'affiche pas comme telle... », M. Delmas-Marty : « Le paradoxe pénal », in Libertés et droits fondamentaux. Introduction, textes, et commentaires, sous la direction de Mireille Delmas-Marty et Claude Lucas de Leyssac, deuxième édition 2002, p.455.

[525] S. Jacobin : « Le recul de la sanction pénale ou « La dépénalisation du droit pénal des affaires », in : Le renouveau de la sanction pénale. Evolution ou révolution ?, Bruylant 2010, p.53 et s.

On tient à remarquer, tout au début, le recours de l'auteur à des expressions concernant la notion de sanction indiquant de façon exemplaire son autonomie conceptuelle. Ainsi, lorsque, en se référant à la valeur de la sanction pénale comme outil prioritaire dans le droit de punir, écrit-il « Dès lors qu'un choix de politique criminelle se pose, la logique conduirait à envisager d'abord le comportement à punir, et ensuite d'envisager les formes de la sanction. Ce paradigme postule donc que la sanction dans son enveloppe pénale n'est que "l'éventuelle" conséquence du comportement interdit ».[526]

Ceci dit, ne tarde-t-il pas, dans sa description de la récession du droit pénal à la suite de ladite dépénalisation, d'énumérer parmi les causes de son affaiblissement, tout en les nommant ainsi, des données sans aucune relation avec la notion de sanction en droit positif. Ainsi, lorsque, en déniant la valeur de la responsabilité civile -caractérisée par lui de sanction-réparation- comme procédé de dépénalisation, propose à sa place « certaines sanctions civiles » qui « prononcées suite à la violation d'une obligation remplacent la sanction pénale dans sa fonction utilitaire et d'efficacité (telle l'injonction de faire et les nullités) »[527] comme aussi atteignant « la sanction pénale en termes de prévention et de répression tels les "dommages et intérêts punitifs" ».

Si à la suite de son exposé sa référence à la deuxième cause de la perte du droit pénal, les sanctions administratives, le conduit à reconnaître à elles un caractère répressif qualifié, leur existence n'est pas moins humiliante dans ses yeux par rapport à la force d'hier de la sanction pénale. « Au-delà de la sanction pénale -écrit-il- s'opère donc une mutation struc-

---

[526] Op.cit. p.56.

[527] Op.cit. p.62.

turelle du droit répressif. La répression extra-pénale est une nouvelle modalité de répression qui ne fait d'ailleurs pas disparaître le noyau de protection essentielle propre aux règles pénales ».[528]

Au lieu cependant de conclure après cela à la situation dominante de la notion de sanction envers la peine, tout en constatant dans un premier stade qu'il s'agit « moins d'un affaiblissement de la sanction pénale que d'un redéploiement de la sanction punitive »,[529] il finit son exposé en disant « A l'issue de cette réflexion, notre conclusion, des plus optimistes et paradoxales à s'en tenir au strict libellé du sujet, sera la suivante : la sanction pénale ne recule pas, elle se renforce ».[530]

Réponse typique d'un pénaliste qui ne peut admettre que la peine (et le droit pénal avec elle) -malgré leur force punitive incontestable au domaine répressif- se trouvent en récession, la notion de sanction -base de plus d'un système répressif en ce domaine- s'avère-t-elle là la notion dominante de notre temps Résultat auquel pourrait-il facilement arriver, étant donné que -considérant comme de moindre importance, finalement dépassée, la rivalité entre sanction pénale et sanction administrative (ce qui devait le conduire à mettre la notion de sanction à sa position dominante dans le droit répressif) -il a pu conclure que « La sanction pénale est simplement intégrée dans un système punitif qui est plus large que le droit pénal et dans lequel elle n'est plus qu'une voie d'action possible ».[531]

(5) L'approche de D. Riccardi

Auteur d'une toute récente œuvre, D. Riccardi[532] n'arrive

---

[528] Op.cit. p.95

[529] Op.cit. p.95,

[530] Ibid.

[531] Op.cit. p.94 in fine.

[532] D. Riccardi, « Les sanctions contractuelles en droit administratif », Dalloz, Bibliothèque des Thèses, 2019.

pas à se limiter à son sens répressif, bien que ce dernier ressorte clairement du droit positif, érigeant même la sanction en notion générique du domaine répressif.

Riccardi y ajoute, en fait, même la réparation, notion dépourvue cependant de coloration répressive, comme nous l'avons déjà démontré.[533]

On lit, sur ce point, en effet, à la page 237 de son œuvre :

« Dommages-intérêts, sanctions résolutoires, sanctions coercitives- Pour ces sanctions, l'application du principe (il parlait du principe de la légalité des délits et des peines) peut à priori sembler très souple et plus encore qu'en matière de sanction administrative… ».

Demander à un administrativiste, comme est Riccardi, d'avoir une approche de sanction uniquement à travers son sens répressif semble encore difficile,[534] surtout si l'on a affaire à une œuvre portant sur le domaine contractuel, domaine de prédilection des civilistes, chez lesquels prévaut le sens large de sanctions.

---

[533] Le refus total de son caractère répressif v. supra p.233 et s.

[534] Datant d'un passé éloigné, l'attitude de l'Administration de ne pas voir dans des mesures authentiquement répressives que des moyens à faire exécuter son œuvre, dont on a parlé supra p.262 et s. , a empêché la doctrine d'y voir des sanctions authentiques, telles que repérées en droit positif après la seconde guerre mondiale, tout en constituant le champ sanctionnateur très important de notre temps. Voir sur ce point et supra p.243 et s.

Ainsi Yves Gaudemet, Droit administratif, 18ème éd. 2005, p.333, de sa part, n'éprouve la moindre hésitation de ranger, aux sanctions pour inexécution, à part les dommages et intérêts, donnée, comme on a déjà pu le constater, sans rapport quelconque avec la notion de sanction, « la déchéance du concessionnaire (et) la mise sous séquestre qui permet à l'administration de se substituer au concessionnaire défaillant et de faire fonctionner le service aux risques et périls de celui-ci ».

(6) Approches doctrinales à base de droit civil.

La doctrine civiliste, considérant en sa généralité comme sanctions des données sans aucune relation avec le domaine répressif, prend, enfin, le fil de Ph. Jestaz et doit être mentionnée ici.

Le reproche, en effet, que celle-ci, fait entrer dans la notion de sanction des données sans la moindre relation avec le phénomène répressif, à base duquel se trouve l'application d'un mal à celui qui a violée une règle de droit, est entièrement justifié à l'approche de chaque œuvre lui appartenant.

Que l'on cite ici, à titre d'indice, J. Ghestin-G. Goubeaux qui -en se référant aux sanctions- comptent parmi celles-ci « nullités, inopposabilités, dommages-intérêts, astreintes, saisies, peines d'amende ou d'emprisonnement, etc. ».[535]

Même image de l'approche de J. Rochfeld qui, commentant l'arrêt de la Cour de Cassation 1civ du 11 mars 2003, Dagnaud/Leparoux, caractérise la nullité comme « sanction traditionnelle de l'absence de cause et de la fausse cause ».[536]

Aussi de celle de Carbonnier, écrivant au sujet de nullité : « la nullité est une sanction au même titre que la peine, une sanction civile au lieu d'une sanction pénale ».[537]

Même image, enfin, de l'approche de M. Grévy[538] qui, tout

[535] J. Ghestin-G.Goubeaux Traité de Droit civil -sous la direction de J. Ghestin-, Introduction générale, LGDJ, 1977, p.388.

[536] J. Rochfeld Contrats et obligations - Droit des obligations 1 Les nouveaux mystères de la fausse cause, Chronique sous la direction de J. Ghestin, La semaine juridique, Edition Générale, No 24, 11 juin 2003, p.1099.

[537] J. Carbonnier, Droit civil, PUF, 1ère éd. Quadrige, 2004, p.15, bien qu'en parlant op.cit. p.325 -comme on a déjà vu supra p.199 et s.- au sujet de l'inexistence et des nullités (absolue et relative) de sanctions comme « expression technique pour désigner ici une certaine privation d'efficacité », semble ne pas concevoir ce terme dans sa substance répressive essentielle comme l'équivalent de la peine.

[538] M. Grévy, Maître de Conférences à l'Université Paris IX Dauphine, La

en précisant (p.599) que la réparation est un de deux éléments constitutifs de la sanction civile (l'autre étant l'identification de la illicéité), et après avoir indiqué que de deux acceptions du terme réparation dont l'une (sens restreint) visant « la seule réparation du préjudice en nature ou par équivalent, essentiellement indemnitaire », l'autre visant « toute mesure prononcée afin de sanctionner un acte ou comportement illicite, qu'il s'agisse de rétablir la légalité ou seulement de réparer le préjudice causé », note de façon caractéristique[539] : « C'est cette seconde acception que nous retenons. Elle seule paraît apte à saisir l'ensemble des mesures susceptibles d'être prononcée sur le plan civil par le juge afin de tirer les conséquences d'une illicéité qu'il a au préalable reconnue et caractérisée. A l'exception du terme même de sanction, le droit privé ne connaît pas d'autre terme pertinent ».

Largeur d'approche ressortant ainsi du dictionnaire du droit privé de Serge Braudo où, sous le titre Définition de sanction civile, on lit : « Les dommages intérêts, les astreintes, sont des exemples de sanctions civiles. Il en est de même du prononcé de la déchéance, de la résiliation, de l'annulation, de la démolition d'une bâtisse irrégulièrement édifiée ».https: //www.dictionnaire-juridique.com/definition/ sanction-civile.php.[540]

Cela dit, on pense pouvoir s'arrêter ici, la suite de notre exposé semblant de prime abord, sans utilité quelconque -vu ses

---

sanction civile en droit du travail, Droit social 2001, p.598 et s., article tiré de sa thèse à l'Université Paris-X Nanterre, 1999, au même titre.

539 Op.cit. p.600 note 10.

540 Un panorama des sanctions civiles tombant sous cette largeur au domaine des biens, s'agissant du droit hellénique, v. chez Ch. Kefalas « Notion de sanction et actes de sanctions au domaine des biens » in I. Straggas (sous ses soins) : Actes de sanctions et disciplines juridiques, Ed. Ant. N. Sakkoulas, Athènes-Komotini 1991, en langue hellénique, précité, p.227 et s.

objectifs- à notre démarche.

Comme cependant la notion de sanction est toute présente dans l'ambiance du droit civil, sous forme répondant à ses caractéristiques, notamment sous celle d'amende, on ne doit pas quitter d'emblée ce terrain sans mettre en évidence certains points qui surgissent relativement aux sanctions à contenu répressif de ce domaine de droit, tout en expliquant, dans une certaine partie au moins, la prise de position de la doctrine à leur égard.

Or, ces sanctions :

- Sont toujours ou presque appliquées par des tribunaux, augmentant ainsi considérablement le taux des sanctions judiciaires.[541]

- Ont trait d'habitude à un contrat entre particuliers et en relation avec le fonctionnement de ce contrat.

- N'étant pas, en principe au moins, l'affaire de l'Etat, elles n'ont pas le caractère d'une réaction officielle des organes étatiques contre des comportements illicites. Liées, par ailleurs, avec les stipulations d'un contrat, l'initiative à les faire appliquer appartient aux particuliers.

- Ne connaissent pas d'habitude de récidive et ne sont pas inscrites dans un quelconque des casiers.

- N'ont rien à voir avec les nullités d'un contrat ou son inexistence, si les conditions prévues par la loi pour sa stipulation manquent.[542]

- Leur liaison avec un contrat et son fonctionnement présuppose que l'on soit en face d'un contrat stipulé légalement.

bb.Evaluation

A partir du moment où la doctrine considère comme sanc-

[541] V. là-dessus S. Lytras, les Sanctions judiciaires, Ephimerida dioikitikou Dikeou, 2018, p.454 et s., en langue hellénique,précité.

[542] V. sur cette question, entre autres, S. Lytras, ibid.

tions des données sans aucune relation avec le domaine répressif, son approche ne reflète pas le droit positif et ne peut pas être admise.

Sous cette prise de position négative tombent aussi les points de vue théoriques qui, bien qu'ils réservent une place à part aux données à caractère répressif, ils n'arrivent pas -leur approche restant à mi-chemin- au résultat que la notion de sanction est la notion souveraine en domaine répressif, résultat ressortant, comme on l'a déjà constaté, carrément du droit positif.

C'est ce que l'on pense de l'approche des auteurs comme M. Delmas-Marty qui -encore même que parle d'un droit commun de sanction, ou presque-, prisonnière de ses origines pénales, reste loin de se demander sur l'existence de la notion de sanction en tant que notion autonome et même souveraine en droit répressif.

Résultat d'autant plus décevant si l'on constate que la juxtaposition des conditions du mal à infliger et de la violation d'une règle -sous les réserves ou des précisions que nous avons apportées, constituant des traits essentiels en droit positif qui amènent à la notion de sanction dans l'univers répressif européen- est présente aussi dans leur approche.

c. Approches doctrinales de la notion de sanction à contenu répressif unique.

Trois conceptions doctrinales de base sont repérées ici, dont la première distingue le matériel répressif total en sanctions et punitions (aa), la deuxième conçoit la notion de sanction comme couvrant tout le domaine répressif en tant que notion générique sans lui reconnaitre cependant la primauté (bb), tandis que la troisième voit en elle la notion souveraine du domaine répressif entier (cc).

(aa) Approches doctrinales à base de distinction entre sanctions et punitions.

La première étude qui se range ici est l'étude de M. Degoffe, dont la substance on a décrit plus haut.[543]

Tout en l'évoquant, on tient à se rappeler que la punition, comme trait essentiel de la notion de « sanction ayant le caractère d'une punition », ce qui pourrait être à la base d'une conception de la sanction à deux niveaux, fut déjà caractérisée de redondante - la punition étant présente dans toute sanction.[544]

Le même sort on doit réserver à la position de M. Poelemans, pour des raisons que nous avons plus haut exposées.[545]

(bb) Approches doctrinales à base de la sanction comme notion générique.

Développées autour du phénomène de ladite dépénalisation, des contributions scientifiques offrent un deuxième cas de doctrine s'exprimant en termes concevant la sanction comme donnée à caractère uniquement répressif.

Constatation qui ressort aisément de l'apport de la théorie allemande qui, bien que fidèle à voir les choses à travers l'optique étroite du droit pénal, a pu -dans des conditions déjà évoquées-[546] considérer les Geldbusse comme données à caractère répressif entier.

Et chose plus remarquable encore à travers cette optique

[543] Supra p.119 et s.

[544] V. supra p.131 note 213. Redondance « valorisée » même par Degoffe (op. cit. p.55) quand, comme on a pu noter (supra p.129, note 205) celui-ci, en se référant aux principes appliqués par la jurisprudence du CC aux sanctions caractérisées comme punitives, note bien que l'évolution du droit répressif tend « à de plus en plus de garanties entraînant que, peu à peu, ces quatre principes s'appliqueront à toute sanction ».

[545] Supra p.132.

[546] Supra p.68 et s., 71.

de saisir le caractère de sanction comme l'Oberbegriff du domaine répressif et en donner ses contours.

Sans pour autant considérer la sanction comme la notion souveraine de ce domaine.

Ainsi P. Cramer, à l'œuvre duquel on s'est référé succinctement plus haut,[547] voit clairement qu'il existe un droit sanctionnateur (il parle carrément de Sanktionsrecht), auquel font partie, en principe, le droit pénal, le droit des OWI et le droit disciplinaire (op.cit. p .16 sous 5) et encore d'autres « nicht-kriminelle(n) oeffentliche(n) Sanktionen » (p.19 sous 14), bien distinguées, quant au but à atteindre, des OWI.

Pourtant, et bien qu'il reconnaisse par la suite qu'entre Strafe et Geldbusse il n'existe qu'une différence en substance quantitative, vu qu'au domaine des OWI il y a des valeurs (Werte) « die trotz ihrer geringen oder fehlenden sozialethischen Verwurzelung in einer hochentwickelten Industriegeselschaft ebenso unverzichtbar sind.. », (p.17 sous 8) de sorte qui il est absolument faux « das Ordnungswidrigkeitenrecht als eine Art Strafrecht minderen Grades anzusehen » (p.18 sous 8), laquelle différence (sozialethische Unterschied) en plus, « in manchen Grenzbereichen übrigens zweilfelhaft sein kann » (p.19, sous 13), il n'arrive pas -et avec lui la doctrine allemande- à conclure à l'existence de la sanction comme la notion souveraine en droit répressif. [548]

---

[547] Supra p.79.

[548] Résultat négatif ressortant aussi de l'œuvre de P. Poncela et de celle de Fr. Délpéré, de la doctrine non allemande cette-fois.

Sans se référer au droit sanctionnateur, P. Poncela, « Droit de la peine » Thémis PUF, 2ème éd., 2001, en faisant état, p. 33, « Du général au particulier... » juste après qu'elle ait parlé de « Droit, sanction, peine », semble partager sur ce point l'approche de Cramer, tout en constatant à la dernière partie de son œuvre, p. 471 et s., intitulée « Vers un droit commun de sanction ? », (p.472), cependant, que « Un droit qui serait commun aux sanc-

Encore même qu'il n'y voyait, en fin de compte, qu'une différence relative aux conséquences de chaque sanction (Freiheits- oder Geldstrafe d'une part, Geldbusse, d'autre part), qu'il qualifiait de formelle[549]. « Die Rechtsordnung -dit-il p.18 sous 11- knupft also bei der Unterscheidung beider Rechtsgebiete formal an die angedrohten Hauptfolgen an, die sie einmal als Strafe, einmal als Busse bezeichnet ».[550]

---

tions ainsi entendues n'existe pas... Le phénomène dit de « constitution d'un droit commun de la sanction » est une opération de reformalisation juridique dont l'analyse sociologique reste encore largement à faire ». Approche qui l'avait gardée, elle aussi, loin de considérer la notion de sanction comme la notion souveraine du domaine répressif entier.

Sans être parfaitement à l'état, la troisième voie que voit en perspective Fr. Delpérée, les Sanctions administratives. Quels enjeux ? in Les sanctions administratives, Bruyland 2007, précité, en se demandant, p.714, « Peut-être verra-t-on éclore, un jour, un droit commun répressif ? Il sera composé de quelques principes généraux. Pas nécessairement ceux du droit pénal. Mais ceux partagés par le droit pénal et par le droit administratif. Les principes ainsi formulés seraient « à ce point fondamentaux qu'aucune sanction, de quelque nature qu'elle soit » et de quelque appellation qu'elle soit, ne pourrait plus être adoptée en violation de ceux-ci ». Lui, aussi, restant loin de conclusions qui sortent de son syllogisme.

Or, si cette situation n'est pas encore en l'état, la notion de sanction, base commune des toutes mesures répressives, aux traits relevés par notre approche, fait déjà partie de notre expérience.

549 En effet, sous la seule condition que la privation de liberté était le contenu unique des peines (Strafe) et seulement des peines, leur imposition pourrait justifier -sur la base du mal que chaque sanction comporte- l'argument de la différence qualitative entre sanctions. V. sur ce sujet, S. Lytras, La notion de sanction et la distinction fondamentale des sanctions, p.80 et s. précitée.

550 Cela dit, et étant donné que l'on ne pouvait effectivement pas être devant un exposé conduisant plus fidèlement à la primauté de la notion de sanction -substrat commun de ces deux types de mesures répressives- en droit positif, comment expliquer que Cramer ne reconnaît pas à la notion de sanction la place qu'elle méritait dans le domaine répressif ?

Cela est dû, à notre avis, au fait que son approche du phénomène sanctionnateur était lacunaire. Ainsi, quand il dit (p.16[6]), tout en se référant

Mêmes pensées à l'égard :

- De l'approche de Ruisinger qui, ayant dans un premier temps mis en exergue le rôle principal de la peine dans l'arsenal répressif qui la caractérise comme « ultima ratio », avance :

« *Dadurch hat der Gesetzgeber aber auch die Möglichkeit innerhalb des Strafrechts zu unterscheiden zwieschen Kriminalunrecht zum einen und zum anderen Unrecht, das nicht straflos bleiben kann aber nicht kriminalstrafwürdig ist. Die für solche Unrechtstatbestände erforderliche von der Kriminalstrafe verschiedene « Strafe » (der Name ist zur Hervorhebung des Unterschiedes gerechtfertigt) belaesst der Kriminalstrafrecht... macht aber deutlich, dass bettrefende Unrecht nicht bloss ein verstoss gegen « zweckbedingte Ordnungsvorschriften ist* ».[551]

(Cramer, Grunbeggriffe des Rechts der Ordnungswidrigkeiten, précité, p.16 (5) à Baumann (Baumann, Grundbegriffe Strafrecht s.16) : « Dieses Spezifikum der öffentlich-rechtlichen Sanktion, also des Oberbegriffs für Strafe und Geldbusse, bedarf noch einer weiteren Erläuterung, um das Wesen dieser Unrechtsfolge im System des Rechts anzudeuten ». (Cramer, ibid. Position renforcée par le titre qu'il donne au § II, p.18, de son étude : "Zur Abgrenzung der verschiedenen Bereiche des Sanktionsrechts").

De même, quand formule-t-il la remarque suivante: « *Das öffentliche Recht kennt unter anderem den Entzug gewerberechtlicher Konzessionnen oder der Zulassung als Arzt oder Anwalt, die Abbruchsverfügung für rechtswidrig errichtete Bauwerke u.s.w. Von diesen Rechtsfolgen, so bedeutsam und einschneident sie im Leben des einzelnen auch immer sein mögen, ist die Antwort des Sanktionsnrechts auf begangenes Unrecht deutlich abzusetzen* » (Cramer, op.cit. p.16 sous 6 in fine).

[551] Ruisinger, *op.cit.* p.1., J. F. Costa: Les problèmes juridiques et pratiques posés par la différence entre le droit criminel et le droit administratif pénal, RIDP 1988, précité, tout en constatant-p.366- l'impossibilité entre crime et mera ordençao social -voire, d'après nous, entre peine et coima- « d'arriver à la découverte d'un critère qui puisse établir clairement la distinction qualitative », sans qu'après cela « on doive se borner à la distinction quantitative » se trouve incontestablement dans une situation analogue. Ce qui ne l'empêchât pas de constater (p. 367) -vue partagée par la doctrine

- De l'approche de Tiedemann, quand il parle de « Strafrecht im engen und eines im weiteren Sinne », distinction dont il donne comme base l'arrêt 22.49 (73ff) de BverfG, tout en précisant « *Den Grund für diese Aufteilung legte das BverfG mit seinem Urteil vom 6 juni 1967, als es die Strafgewalt der Finazbehörden für unvereinbar mit dem Richtervorbehalt des* art. 92 GG erklärte…'' ».[552] [553]

- Bien qu'indirectement,aussi, de celle deH-H Jescheck et T. Weigend lorsqu'ils mettent comme titre de la partie de leur travail y afférente -l'imposition des peines contre les per-

---

portugaise- que « le droit de mera ordenaçao social, représente, au-delà des différences matérielles, formelles où quantitatives, la réponse historiquement adaptée, non seulement à la facette de la défense de l'idée de dépénalisation, mais elle conserve toujours le caractère sanctionnateur essentiel à l'introjection et l'acceptation par l'imaginaire collectif, de même que finalement elle ne néglige pas les moindres règles nécessaires à la défense des droits du citoyen ».

[552] K. Tiedemann, *Verfassungsrecht* und Strafrecht p.15 et aussi, La constitutionnalisation de la « matière pénale » en Allemagne, précitée, supra p.101 note 165. En se référant aussi à l'arrêt 92.46 (26) du BVerfG Greco L."Von den mala in se zur poena in se. Reflexionen auf Grundfrage der « alten » Discussion über das sogennante Verwaltungsstrafrect" in Studien zur Geschichte der Wirtschaftsstrafrecht ; Nomos 2018, p. 175 et s., arrive à approcher la sanction en tant que notion générique, sans le reconnaître cependant. Ainsi, non seulement quand parle-t-il de « Kriminal Strafrecht und dem « sonstigen » Sanktionsrecht », p. 176, mais tout particulièrement quand, à la fin de son approche (p. 206), en reconnaissant l'impossibilité d'avoir une particularité -cet aliud- pour la peine au domaine répressif, avance que « Straftat darf also nur dasjenige sein, wofür wir es verantworten können, einen Menschen seine Freiheit zu entzien ».

[553] Reflétant une vision en principe identique, Farrina-Cussac parle encore aujourd'hui - op.cit. 525- des sanctions pénales et extra pénales, tout en ayant dégagé la notion de sanction punitive, comme sanction à autonomie certaine, comme on a pu le constater plus haut (p.125). La très intéressante étude de M. Degoffe, « *Le droit de la sanction non pénale* », précitée, elle, n'est pas cantonnée à l'approche de la notion de sanction en soi, mais entreprend de décrire le régime juridique des sanctions qui ne sont pas pénales.

sonnes morales n'étant pas accepté par la doctrine allemande- « Sanktionen gegen juristiche Personen und Personenvereinigungen », donc un terme générique. [554]

Cela étant, on est heureux de clore ici notre analyse en mettant l'accent sur une tournure intéressante de la doctrine allemande de ces derniers temps, qui la conduit à s'approcher de la notion de sanction dans son existence répressive même, sinon -sans l'avouer- de son rôle prépondérant dans le cadre entier du domaine répressif.

C'est ce que l'on constate devant des prises de position du type :

« Diese Arbeit begrenz den Begriff der Sanktion auf die repressive Sanktion. Er ist Oberbegriff für alle repressiven Massnahmen, zu denen bspw die Strafe als "unmittelbarste Emanation" staatlicher Rechtsdurchsetzung. Archetyp der Sanktion aber auch die Ordnungswidrigkeiten gehören » [555] ou "Damit ist auch klar dass der Begriff der Sanktion weiter ist als derjenige der Strafe". [556]

Encore plus claire la position de l'auteur quand il affirme "Festgehalten werden kann jedoch und dies gilt auch spezifisc aus strafrechtlicher Warte, das "Sanktion"den Oberbegriff bildet.Strafe (§§38ff.StGB) hingegen ist neben den Massre-

---

[554] H-H Jescheck et T. Weigend ; Lehrbuch des Strafrechts, All.Teil, Fünfte Auflage 1996, Düncker Humbold, Berlin, p. 226. Image ressortant aussi de A. Sachoulidou, « Unternehmens-Verandwortlichkeit und Sanktionierung »Thèse, Heidelberg, 2018, Mohr Siebeck 2019, le terme de sanction et ses « produits » transversant toute son œuvre.

[555] P. F. Irmscher, Öffentlichkeit als Sanktion, précité, p.24 avec référence (note 152) à Gärditz, Staat und Strafrechtspflege, 2015, p. 19. Œuvre par nous référée à notre étude, La naissance de la notion de sanction en droit répressif européen" in Mélanges à la Mémoire G. Panagiotopoulos, président honoraire du Conseil d'Etat hellénique, Ed. Sakkoula, Athènes-Thessalonique, 2022, précité, p. 952.

[556] P. F. Irmscher, ibid.

geln der Sicherung und Besserung (§§61ff.StGB) eine besondere Sanktionsform im zweispurigen Sanktionensystem des deutschen Strafrechts, welches zwischen Strafe und anderen strafrechtlichen Masnahmen underscheidet'' [557] et, tout à la fin, en se référant à la notion de sanction : "Er ist Oberbegriff für alle repressiven Massnahmen, zu denen bspw. die Strafe aber auch die Ordnungswidrigkeiten gehören''.[558]

(cc) Approches doctrinales considérant la notion de sanction comme notion autonome, base du système répressif entier.

(aaa) Notre étude de 1984 intitulée « La notion de sanction et la distinction fondamentale des sanctions en droit positif hellénique », précitée,[559] doit être en toute priorité citée ici. Elle est, d'ailleurs à notre connaissance, la seule dans l'espace européen à approcher cette notion -ne serait-ce qu'à travers, en priorité, les données d'un seul Etat- dans son ensemble et la mettre comme base du système répressif, voire sa notion souveraine.[560]

De cette étude -dont il résulte que, d'après le droit positif hellénique, la sanction est un mal infligé à une personne à cause de la violation par celle-ci d'une règle de droit-, les

[557] P. F. Irmscher, op.cit. p.150.

[558] P. F. Irmscher, op.cit. p.360§1 (7).

[559] Parue en traduction française chez L'Harmattan (2015), édition à laquelle se font par la suite nos renvois.

[560] Rédigée cependant en langue hellénique, elle n'a pas pu à son tour apporter dans le dialogue scientifique, qu'à travers l'œuvre des juristes grecs ayant fait leurs pas à l'étranger. V. notamment G. Dellis, Droit pénal et droit administratif, LGDJ,1997 et Th. Papakiriakou, Das Griechische Verwaltungsrecht in Kartellsachen, Centaurus Verlag, 2002, du même, Das Europäische Unternehmensstrafrecht in Kartellsachen, Centaurus Verlag, 2002. Un travail collectif, mené sous la direction de J. Straggas, Actes des sanctions et disciplines juridiques, Ed. A. Sakkoulas, Athènes-Komotini, 1991, précité, rédigé, cependant, en langue hellénique, doit être mentionné ici.

résultats ressortant aussi amplement de notre travail ici présent, nous pouvons évoquer, rendant ainsi notre approche sur le droit répressif européen plus fertile, les principaux points suivants:

1. En principe, un acte a caractère de sanction seulement s'il a été précédé d'une infraction à une règle de droit, c'est-à-dire quand il est la conséquence d'une infraction.[561]

2. Il y a infraction à une règle de droit lorsque son auteur fait preuve d'une conduite contraire à celle qu'impose le droit, d'une conduite similaire à celle que le droit interdit ou enfin, d'une conduite différente de celle que le droit permet.[562]

3. Pour qu'il y ait infraction -et donc sanction-, il n'est pas obligatoire que cette conduite soit due à une attitude répréhensible de son auteur... bien que ce soit là le cas ordinaire. Il suffit chaque fois qu'objectivement la conduite, dont il a fait montre, ne soit pas celle que l'ordre public exige.[563]

4. Une opération constitue le contenu d'une sanction seulement quand elle porte atteinte à des biens juridiques, à des droits ou intérêts d'une personne déterminée, c'est-à-dire seulement quand elle contient un mal. [564]

5. Pour qu'il y ait atteinte, et donc aussi sanction, il faudra qu'il existe à ce moment-là, en faveur de la personne à laquelle la sanction est imposée, une situation « protégée » par l'ordre juridique (suggérée techniquement par les termes de droit ou d'intérêt) que la sanction va léser. En effet, dans la mesure où une telle situation n'a pas été créée parce que les conditions qu'exige « la loi » (c'est à dire ici le droit) font défaut, il n'y a pas de notion de sanction. De même, il n'y a non plus de telle

[561] S. Lytras, op.cit. p.27.

[562] S. Lytras, op.cit. p.34.

[563] S. Lytras, op.cit. p.35.

[564] S. Lytras, op.cit. p.28.

notion, si ces conditions ont été ensuite supprimées.[565]

6. Il n'y a pas de sanction parce qu'il n'y a pas atteinte, quand le pouvoir étatique au sens large, c'est-à-dire les organes publics, dans l'exercice de leurs activités « naturelles », voire leurs compétences, « portent atteinte », à des biens juridiques de la personne ou les « limitent ».[566]

7. Ainsi, pour qu'il y ait « mal », c'est-à-dire atteinte, il faut que l'intervention sur la situation juridique d'une personne ait été impossible sur la base de l'ordre juridique et que cette « garantie » ait été atténuée uniquement en raison de l'infraction.[567]

8. En principe, cette atteinte se dirige contre la liberté individuelle ou le patrimoine, dont les exemples caractéristiques sont respectivement la peine privative de liberté ou la peine et l'amende pécuniaires.[568]

La sanction peut prendre encore des formes très diverses. Ainsi, elle peut avoir comme contenu l'interdiction de l'exercice d'une activité ou le retrait d'une autorisation qui permet le fonctionnement d'une entreprise. Elle peut avoir, encore, un caractère moral comme cela arrive dans les cas qui comportent la publication dans la presse des arrêts prononçant des condamnations.[569]

Nous pouvons, en termes généraux, affirmer qu'à l'exception des cas prohibés par la Constitution elle-même, la sanction peut avoir comme contenu l'attaque contre n'importe quel droit ou intérêt du récalcitrant.

9. Chaque mal infligé par un organe public ne constitue pas

---

[565] S. Lytras, op.cit. p.32,33.

[566] S. Lytras, op.cit. p.33.

[567] S. Lytras, op.cit. p. 33, 34.

[568] S. Lytras op.cit, p. 32.

[569] S. Lytras op.cit,p. 32, note 2.

pour autant de sanction en droit positif. Pour qu'il y ait sanction, il ne suffit pas qu'un certain « mal » suive l'infraction à une règle de droit. Il faudra aussi que ce « mal » ait été prévu en réaction à cette infraction, c'est à dire comme conséquence juridique.[570] Dans l'hypothèse où l'on est devant un cas de mal non prévu, on est -toutes conditions réunies- devant un acte illicite, mais on n'est pas devant une sanction.

En d'autres termes, devant une sanction qui, par ailleurs, peut être illégalement infligée, pour des raisons tant de forme que de fond, on est uniquement quand le mal que celle-ci contient est déjà prévu par la loi comme tel.[571]

Cette prévision a le plus souvent le caractère de précision d'un mal concret contre un comportement concret, chose visible, par excellence, dans le domaine du droit pénal, où règne le principe des peines fixes.

Dans nombre de cas, cependant, et cela particulièrement dans le domaine des sanctions dites administratives, cette correspondance laisse à désirer, le législateur permettant que la réaction contre certain comportement prenne comme réponse, certainement un mal prévu par la loi, mais pas toujours le même.

Dans des cas extrêmes, enfin, cette prévision peut prendre la forme d'une autorisation à l'organe compétent d'infliger des maux, point précisés dans le texte de loi.

(bbb)

1. Courakis traite aussi nettement, du moins en substance, la notion de sanction comme notion primaire, tout au long de son travail, dont un extrait est caractéristique : « Il devient,

---

[570] S. Lytras op.cit. p. 38 avec référence à CE hellénique 626/31. La notion de sanction dite matérielle n'est pas ainsi une notion du droit positif.

[571] S. Lytras ibid.

en tout cas, clair que des limites réelles de séparation entre la peine pure et autres sanctions à elle similaires (p.ex. peines administratives) sont à peine visibles, comme est à peine visible tel élément quantitatif, au-delà duquel une sanction se différencie aussi qualitativement, de sorte qu'elle se transforme, d'extra pénale en pénale, p.ex. en cas de pollution « importante » de la mer selon l'art.13§1b loi743/1997 ».[572]

De son côté D. Spinellis, « The legal and practical problems posed by the différence between criminal law and administrative pénal law », RIDP 1988, p.217 et s., se référant au droit repressif hellénique, en parlant (p.219) de « penal sanctions » et de « penal administrative sanctions », qu'il caractérise (ibid.) comme « two kinds of sanctions » semble faire sien ce point de vue.

Au même résultat, en substance, Th. Weigend, dans son approche concernant le seul droit allemand qui, après avoir mis l'accent sur l'absence de critères qualitatifs « between criminal and administrative violations » et cela malgré « of more than 150 years of frustrating research » (p. 89), vient de constater dans ses remarques finales (p. 93) que «The gravity of an offense should, of course, be reflected by the severity of the sanction ; but there is no need to retain a special group of sanctions distinguished only by the inherent contradiction of being punishment without blame ».[573]

2. En cherchant la notion constitutionnelle de la peine, Ant. Botton, « A la recherche de la peine perdue en droit constitutionnel (dossier 7) » Droit pénal (9), 2015, précité, finit par

---

[572] N. Courakis.*Théorie de la peine*, Ed.Sakkoulas, Athènes-Thessalonique, 2008, p. 41, en langue hellénique.

[573] Th. Weigend, The legal and practical problems posed by the difference between criminal law and administrative penal law, RIDP, 1988, p.67 et s.

prôner la disparition de la dualité entre peine et sanction ayant le caractère de punition, tout en critiquant vivement le Conseil Constitutionnel pour celle-ci.

Comme, par ailleurs, il met le terme « peine » entre guillemets et parle -comme nous l'avons déjà noté (supra note 222)- « d'une notion unique de "peine" (qui) mettrait automatiquement un terme à la regrettable jurisprudence évoquée plus haut...) », aussi bien que « (de) l'abandon du dyptique peine/sanction ayant le caractère d'une punition au profit d'une notion unique de "peine" ne tenant aucun compte de l'autorité de répression », nous donne l'impression qu'il accepte au fond notre notion de sanction tout en l'entendant sous la dénomination de peine, encore qu'il n'est pas certain qu'il la conçoive de la même façon, voire dans son ampleur.[574]

Cherchant, lui aussi, la notion de peine en droit constitutionnel hellénique, I. Gravaris,[575] après avoir procédé à une définition approximative de la notion de sanction,[576] finit -son analyse portant sur la distinction entre sanctions pénales et administratives- en disant (p.273) que ces sanctions se dis-

[574] Même impression dans la position de J. H. Robert, Droit pénal général, 2ème éd. PUF, 1992, p.75 -cité par J. Lefebvre, Le pouvoir de sanction des autorités administratives indépendantes, Thèse 1997, précitée, p.22 (22)- quand il affirme « que la peine, serait un mot utilisé par le Code pénal pour recouvrir spécialement dans ce droit particulier, la notion de sanction », tout en ajoutant « sont pénales les sanctions qu'il plaît au législateur de qualifier ainsi ».

[575] I. Gravaris, « Aspect comparatif des sanctions administratives et pénales », in I. Straggas (sous ses soins) : Actes de sanctions et disciplines juridiques, Ed. Ant. Sakkoulas, Athènes-Thessalonique, 1991, en langue hellénique, précité, p. 259 et s.

[576] Précisée par lui comme « certain mal » que la loi « réserve » au récalcitrant d'une règle de droit, dans son intention d'intervenir aux motifs des actes des membres de la société pour obtenir un comportement conforme à cette règle » (ibid. p.259 note 1).

tinguent sur la base d'un critère matériel, voire qualitatif, qui est le désavouement spécial propre aux sanctions pénales, de sorte qu' en présence de ce désavouement- repéré chaque fois sur la base des critères précis- le législateur ne peut pas donner compétence pour leur application à l'administration, chose contraire à la constitution, tandis qu'aux sanctions, privées de ce désavouement, il est libre de charger des organes administratifs de les appliquer dans le cadre de la protection, « non seulement du fonctionnement normal des services publics, mais de tout autre intérêt légitime ».

Ainsi, il prône une notion constitutionnelle de la peine, nettement distincte des sanctions administratives. Comme, cependant, les sanctions administratives ont pour l'auteur un caractère répressif incontestable, [577] en réalité, celui-ci reconnaît incidemment que la notion de sanction a en droit positif hellénique le caractère de base du domaine répressif, englobant toutes les autres. Et cela indépendamment du fait que lui, fonde son analyse, comme on vient de le constater, sur l'existence d'une différence qualitative entre sanctions pénales et administratives, donnée cependant privée d'importance, étant donné que, comme on a déjà pu le montrer, la thèse qualitative, ne peut pas être défendue en droit positif hellénique. [578]

---

[577] Les sanctions administratives faisant, en effet, leur apparition dans le contexte du droit administratif où coexistent, selon ses dires (ibid. p.262), par excellence même « des mesures répressives pures à base de prévision de responsabilité objective (p.ex. Des sanctions en matière d'impôt) ».

[578] V. S. Lytras, La notion de sanction et la distinction fondamentale des sanctions, précité, p.69 et s. Et cela pour rester dans le cadre du seul droit hellénique. La reconnaissance, en effet, de la responsabilité pénale des personnes morales par la majorité des pays européens, comme on vient de le constater, empêche décisivement l'adoption de la différence qualitative entre sanctions, le caractère anthropocentrique du droit pénal, base de cette différenciation pour ses adeptes, y faisant complètement défaut.

Encore, si l'on amène le débat au seul domaine constitutionnel, sur lequel travaille l'auteur, cela ne change pas les choses. En effet, la Constitution hellénique ne prévoit (art.96 par.1 et 2) que les sanctions pénales infligées par des tribunaux et celles de moindre importance pouvant être infligées par des autorités administratives, en aucun cas des sanctions administratives auxquelles, comme on l'a bien vu, songe l'auteur.[579] Même, cependant, si l'on admet que d'après la Constitution hellénique la prise des sanctions par des organes administratifs est possible -thèse acceptée pour des raisons manifestement pratiques par la jurisprudence-, cela ne conduit qu'à une différenciation entre sanctions -toute allusion à des traits qualitatifs étant absente- simplement organique, les sanctions pénales étant infligées par des tribunaux pénaux, les sanctions administratives, elles, par des autorités administratives.

Evaluation

La doctrine, en sa généralité, commence à approcher en cette période le fait répressif en son ensemble

Tandis que son vocabulaire, peu à peu -consciemment ou inconsciemment- a commencé à changer, de sorte qu'elle parle maintenant non des peines, mais des sanctions pénales et qu'elle utilise de moins en moins des termes qui donnaient à penser que le phénomène répressif est intimement lié au processus pénal,[580] la doctrine -qu'elle soit pénaliste ou adminis-

[579] S. Lytras, La notion des amendes administratives ;la conformité à la Constitution de leur infliction, précité, p. 275 et s ;

[580] Très caractéristique de ce point de la doctrine pénaliste hellénique, la position de Kotsalis, *Droit Pénal, Partie Générale*, 2005, qui considère le droit pénal comme partie du droit sanctionnateur. V. notamment ses analyses en p. 4, où fait-il bien la distinction entre droit pénal d'une part et le « reste du droit des sanctions » de l'autre, et en p. 8 note 46, où admet-t-il nettement le droit pénal comme droit sanctionnateur.

trativiste- se montre encore, dans sa majorité écrasante toutefois, réticente à voir directement en face les choses et, s'appuyant sur ce changement, à raisonner en mettant à la base de ses analyses la notion de sanction comme la notion principale, souveraine en droit répressif.

En effet, soit elle continue de raisonner sans pouvoir se débarrasser du schéma classique sanction/droit qui fait éloigner le débat scientifique du terrain répressif,[581] soit -ce qui conduit souvent à la confusion- elle voit la notion de sanction sous le prisme d'un contenu large, en y faisant encore entrer la réparation[582] ou la nullité,[583] ou elle s'approche d'elle avec des précisions lui enlevant toute autonomie,[584] soit enfin, bien que sa façon de voir les choses s'avère plus ou moins satisfaisante, ses références restent assez rudimentaires ou approximatives faisant de plus l'objet d'une introduction relativement élargie dans une œuvre consacrée cependant à un seul domaine,[585] avec le résultat d'être empêchée de toute façon de voir en la notion de sanction la notion souveraine en droit européen répressif.

De même, si elle travaille dans un domaine répressif ayant sensiblement évolué ces derniers temps, à savoir le domaine répressif administratif, à quelques exceptions près, attachée aux origines pénales du domaine répressif,[586] elle voit au mouvement répressif développé à travers l'action administrative,

[581] J. Rivero : « Sur l'effet dissuasif de la sanction juridique », Mélanges P. Raynaud 1985, p. 675 et s.

[582] Rivero *ibid.*

[583] Jestaz article précité

[584] Degoffe,article précité, supra p.119 et s.

[585] Introduction de l'œuvre de Poelemans précitée, consacrée à la notion de sanction dans l'ordre juridique communautaire.

[586] V. Delmas-Marty supra p.275.

soit la réalisation des buts administratifs, en soi, dont le bon fonctionnement des services publics, ou en tant que moyen de faire exécuter des actes administratifs par la force, soit des mesures à base de réparation, comme cela arrive notamment avec les sanctions fiscales.

Attitude de jadis continuant à se manifester, s'agissant enfin des sanctions du domaine contractuel, qu'il soit civil ou administratif, la doctrine se montre totalement égarée en y faisant associer, non seulement des cas répressifs concrets, mais aussi des cas n'ayant pas de relation quelconque avec le domaine répressif, notamment ceux à caractère nettement réparateur. [587] Des efforts scientifiques, auxquels on s'est référé dans nos analyses précédentes dans le cadre de la présente étude, n'ont pas manqué au cours de la période envisagée. Il a cependant fallu attendre les années 1980 pour voir de la part de la doctrine une réaction rompant avec le passé et marquant l'évolution du droit positif au sujet de la notion de sanction et de sa position dominante dans le domaine répressif de l'un des pays de l'espace européen. Efforts vers cette direction, complétés par nos contributions scientifiques citées en notes 1 et 4, dépassant largement le cadre strict de notre pays.

En définitive, l'approche de la notion de sanction, en droit positif, rendue indispensable à cause de l'évolution que nous venons de constater, est effectivement en cette période devenue l'œuvre de la doctrine. Encore que dans des cas où cette dernière a pu avoir pleine conscience du problème, posé par l'envahissement du domaine répressif par des sanctions autres que pénales, habituée à penser différemment sa réaction, en

[587] Comme on vient de le constater (supra p.280) à l'occasion de la toute récente œuvre de D. Riccardi, « Les sanctions contractuelles en droit administratif », précitée, qui y ajoute, en fait, même la réparation, notion dépourvue cependant de coloration répressive.

principe, du moins dans sa majorité, elle en fut restée là.

Résultat qui, nos analyses dans le cadre de cette étude prouvant que la notion de sanction aux traits caractéristiques repérés plus haut est également présente et souveraine dans l'univers de l'ordre juridique de l'Union européenne et dans celui de la jurisprudence de la CEDH, doit être exposé par la suite à l'épreuve de la doctrine portant sur celle-ci et développée en relation avec les données de ces deux ordres.

d. Apports scientifiques en relation avec l'ordre juridique de l'Union Européenne et la jurisprudence de la CEDH.

La sanction pénale propre n'étant pas dans ce contexte toujours manifeste, sinon présente, la théorie développée par rapport à ces deux ordres juridiques attire vivement notre attention. La suite de notre recherche montre clairement que d'elle, de façon directe ou indirecte, en ressort renforcée la position de la sanction comme la notion dominante en droit répressif européen.

(aa) La notion de sanction dans l'ordre juridique de l'Union européenne et la théorie.

Bien qu'ici la théorie ne s'occupe toujours pas à saisir la notion de sanction en soi,[588] elle ne s'en montre pas en fait totalement indifférente.

Notre position d'ensemble, exposée plus haut,[589] mise

[588] On se réfère ici en principe aux manuels relatifs au droit institutionnel de l'Union européenne, dont la préoccupation majeure est plus de décrire les sanctions appliquées dans le cadre de l'Union européenne que de procéder à leur définition. V. sur ce point C. Blumann-L. Dubois, Droit institutionnel de l'Union européenne, 6ème éd., 2016, LexisNexis, p. 546 et s. (Nos 696 et s.), G. Isaak-M. Blanquet, Droit général de l'Union européenne, 10ème édit., 2012, Sirey, p. 461 et s.

[589] P.168 et s.

à part,[590] des approches scientifiques allant vers ce sens ne manquent pas, sans cependant arriver de façon claire au résultat désiré.

C'est ce que l'on tire de l'étude de A. Bernardi[591] qui, bien qu'il s'occupe à titre principal de l'harmonisation du droit pénal dans le cadre de l'Union européenne et de ses Etats-membres, emploie tout au long de son approche les termes de punition et de punitif sans discrétion, indépendamment de la nature des sanctions auxquelles il se réfère, comme cela ressort de l'extrait suivant de son œuvre :

« Conçues afin de garantir, dans certains secteurs normatifs de compétence communautaire, l'homogénéité à l'échelle européenne des mesures punitives prévues pour certaines infractions, les sanctions en question… sont désormais presque unanimement considérées comme étant de nature, non pas pénale, mais administrative. Parmi elles, il est possible d'opérer une distinction entre sanctions centralisées et sanctions décentralisées ».[592]

---

[590] Des positions doctrinales qui, envisageant les sanctions appliquées par des organes de l'Union contre des Etats tiers, finissent par refléter une certaine fragilité du terme sanction dans l'espace de l'Union, restent hors de notre approche. Proches en partie des sanctions du droit international -ce voisinage aidant- elles éloignent effectivement à l'occasion le regard d'un aspect nettement répressif. Voir là-dessus, Isaak-Blanquet, op.cit. p. 268 et s., au sujet des sanctions économiques de type embargo imposées par la Communauté à l'encontre de ces Etats.

Au sujet des sanctions appliquées à des Etats, qu'ils soient membres de l'Union ou non, voir avec profit : Les sanctions contre les Etats en droit communautaire, (Actes du Colloque tenu à Paris le 8 avril 2005) (Sous la direction de I. Pingel et D. Rosenberg), A Pedone, Paris 2006, précité, passim.

[591] A. Bernardi, L'harmonisation des sanctions en Europe, in : Les chemins de l'harmonisation pénale -harmonising criminal law-, sous la direction de M. Delmas-Marty, Marc Pieth et Ulrich Sieber-Coordination Juliette Lelieur-Société de Législation Comparée, 2008, p. 289 et s.

[592] Op.cit. p.316. Extrait du par. VI du Chapitre X de cette œuvre collective

Mettant l'accent sur le caractère punitif des mesures qualifiées par lui d'administratives, l'auteur conçoit l'appartenance de celles-ci et des sanctions pénales dans un contexte répressif unique et ainsi, sans le dire expressément, accepte le caractère prépondérant de la notion de sanction dans le domaine répressif, érigée en notion générique englobant, tant les mesures pénales qu'administratives.

C. Sotis,[593] parlant au sujet des sanctions prévues et appliquées en vertu du Règlement 2988/1995, (précité) de « … procédure pénale administrative et non pénale au sens strict du terme » et de « …discontinuité sectorielle entre le domaine pénal et le domaine pénal administratif » range, lui-même, incontestablement ces types de mesures répressives parmi la notion mère de sanction.

Conclusion devant d'autant plus être prise en considération, étant donné que l'auteur s'est exprimé ainsi après avoir:

-apprécié l'atteinte contre les intérêts financiers de la Communauté que ce Règlement protège, comme l'équivalent des « crimes contre l'Etat dans les codes pénaux nationaux ».[594]

-parlé d'une protection pénale administrative « formulée par les règlements 2988 /1995 et 2185/1996 qui ont pour objet de fixer des critères de portée générale en droit pénal administratif communautaire ».[595]

-considéré, en substance, la sanction comme la notion générique, en disant à propos de la Convention sur la protection des

---

intitulé « L'harmonisation et l'unification de la réglementation punitive par le recours à des sanctions administratives de source communautaire ».

593 C. Sotis, « La poule et l'œuf : Intérêts financiers de l'Union européenne et harmonisation pénale », in : Les chemins de l'harmonisation pénale, précitée, p. 263.

594 Op.cit. p. 255.

595 Op.cit. p.256.

intérêts financiers des Communautés européennes du 26 juillet 1995 (dite Convention PIF) « Elle demande encore, au plan de la sanction, que les fraudes graves soient punies par l'emprisonnement ».[596]

Bien qu'elle n'arrive pas, elle non plus, à aboutir carrément au résultat ressortant du droit positif, on doit se référer dans cette partie de notre travail à M. Poelemans,[597] de l'œuvre de laquelle ressort de la façon la plus convaincante la place prépondérante de la notion de sanction en droit de l'Union européenne.

Non seulement lorsqu'elle écrit [598] « La sanction existe dans l'UE, c'est une donnée que nul ne peut contester », mais, en plus, quand sans s'attarder, elle prend soin d'ajouter « Il apparaît alors qu'elle devient la pierre fondatrice d'un système répressif, celui de l'UE »,[599] sentiment dont la vérification après son résultat de recherche lui fait convenir que « ...la sanction se trouve au cœur du système répressif de l'Union européenne. L'idée qui est défendue ici est celle selon laquelle un système répressif de l'Union existe et qu'il s'est véritablement construit autour de la sanction ».[600]

---

596 Op.cit. p. 257.

597 Poelemans M., La sanction dans l'ordre juridique communautaire, précité.

598 Poelemans M. op.cit. p. 2.

599 Poelemans M. op.cit. p. 3.

600 Poelemans .op.cit. p. 30. Thèse partagée par ceux des auteurs qui, parlant des sanctions en cause -à l'occasion celles prévues à l'art. 23 du Règlement 1/2003 précité- comme des sanctions « sui-generis », ou, en substance, de celles ayant « straf(rechts)änlichem Charakter ou faisant part de « Strafrecht im weiteren Sinn » qui, tout en renforçant leur caractère répressif, plaident fort en faveur de l'autonomie de la notion de sanction. V. là-dessus Rafaela Bauer « Der allgemeiner Teil des Kartellgeldbussenrecths », Nomos, 2020, p.127.

On ne pouvait avoir une meilleure preuve de la reconnaissance par la théorie de l'existence et de l'autonomie même de la notion de sanction en tant que notion générique dans l'espace de l'Union européenne, vu qu'il n'existe pas là de sanctions pénales et que la notion de sanctions administratives prête à discussion.

Et l'on regrette de ne pas avoir de sa part une affirmation de ce type qui aurait mis dans des vraies dimensions la place de la notion de sanction dans le terrain répressif par rapport notamment à celle de la peine, sa vraie rivale.

Thèse ne devant pas être noircie par sa position parlant « des sanctions administratives à caractère punitif », position que Poelemans répète[601] lorsqu'elle affirme : « Il est donc logique d'exclure toutes les sanctions non punitives », admettant ainsi qu'en droit positif européen existent bien deux notions de sanction, celles punitives et celles non punitives.

Or, comme nous l'avons déjà pleinement démontré, le terme sanction punitive contient une contradiction en elle, si l'on se tient, au moins, au sens restreint du terme que nous adoptons dans ce travail.[602]

Très positive, au sujet qui nous préoccupe, pourrait être l'approche de S. Bitter, auteur d'un livre intéressant[603] qui, après avoir constaté à la fin de son chapitre consacré à la théorie: « Es wird deutlich, dass trotz wichtiger Ansätze und Kategorisierungen ein präziser Sanktionsbegriff für das Unionsrecht, der auch eine ausreichende Kopplung zur Praxis der

---

[601] Poelemans op.cit. p.43 in fine.

[602] Nettement hostile à la thèse de Poelemans, également Picard, à la position duquel on s'est déjà référé, supra p. 127 note 202.

[603] S. Bitter, « Die Sanktion im Recht der Europäischen Union », Springer 2010.

unionalen Organe hat, noch nicht gefunden ist »[604] affirme bien: « Die Sanktion im Recht der Europäichen Union ist eine ein Rechtssubjekt belastende hoheitliche Reaktion auf ein unionsrechtswidriges Verhalten, die eine repressiv-punitive Wirkung entfalten soll und über die blosse (Wieder-) Herstellung des rechtsmässigen Zustands und die Kompensation verwirklichter Schäden hinausgeht », ce qui constitue, à ses dires, même une Sanktionsbegriff, voire une vraie définition.[605]

Définition apurée même des données avec lesquelles Bitter finit sa propre définition, utiles à nous aider à comprendre cette notion au fond, mais ne reflétant pas son essence même, qui ressort uniquement du caractère de mal que comporte pour le récalcitrant le contenu de la sanction.[606]

Ainsi de la réparation, une de ses données,[607] au sujet de laquelle prend soin de noter « Im selben Zusammenhang wäre daran zu denken, die in manchen Zusammenhängen als « Sanktion » qualifizierten zivilrechtlichen Shadenersatzansprüche nicht weiter als Sanktion zu bezeichnen um die rechtssutzspezifische Funktion des Sanktionsbegriffs nicht zu verdecken ».[608]

---

[604] S. Bitter op.cit p. 113. Ainsi Gärditz, op.cit. p. 80, se référant à lui.

[605] S. Bitter, op.cit. p.243.

[606] Voir sur ces points supra 189 et s. et S. Lytras, La notion de sanction et la distinction fondamentale des sanctions, précité, p. 50 et s.

[607] Donnée à laquelle il a cessé de se référer, cependant, dans la définition finale sur la notion de sanction qu'apporte à son livre (p. 269), dans son envie -très probablement- de se garder loin des éléments (Abweihungen) pouvant dénaturer le sens authentique de la notion de sanction. Voir aussi note 592.

[608] Op.cit. p.243. Thèse qui est aussi celle de la jurisprudence.
Comme l'auteur nous en informe (op.cit. p. 269) « Schlisslich konnte aus der Rechtsspechung abgeleitet werden, dass es sich bei dem unionalen Sanktionsbegriff um einen hoheitlichen handeln muss. Ziwilrechtliche

Malgré son approche, si fertile, cependant, lui non plus n' arrive pas à concevoir la notion de sanction comme la notion générique et dominante dans le cadre de l'ordre juridique de l' Union européenne -et l'on pourrait s'y attendre- d'autant plus que, comme nous l'avons bien démontré, dans ce contexte, tant la notion de peine que celle de sanction administrative sont loin de leur domaine naturel, celui de l'ordre juridique des pays membres de l'Union.[609] [610]

(bb) La jurisprudence de la CEDH sur la notion de sanction et la théorie.

Prenant acte de la jurisprudence de la CEDH, la doctrine ne tarde pas à s'exprimer d'une façon ou d'une autre sur la notion de sanction.

Ayant comme objectif majeur, cependant, de constater des cas auxquels la jurisprudence de la CEDH applique les règles protectrices de la Convention européenne des Droits de l'Homme, notamment celles prévues dans ses articles 6 et 7

Massnahmen sind vom diesem Begriff nicht erfasst ».

[609] V. là-dessus S. Lytras, L'hégémonie de la notion de sanction dans le droit répressif de l'Union européenne, notamment p. 459 et s. précitée.

[610] Ce que l'on ne pouvait pas attendre de A. Heitzer, "Punitive Sanktionen im europäischen Gemeinschaftsrecht'' C. F. Müller 1996, qui, réfletant un air « polysemique », range parmi les sanctions des mesures sans aucune relation avec elle. Un extrait de son œuvre, p. 38, est ainsi significatif : « Durch Restitution wird der durch den Rechtsverstoss entstandene Schaden beseitigt und so der von der Norm vorgesehene Zustand wiederhergestellt. Die Restitution setzt einen messbaren Schaden voraus, weil nur dieser erkennbar zu beseitigen ist. Typischer Fall einer restitutiven Sanktion ist die Verpflichtung zum Schadensersatz ». Tout en procédant à une distinction entre, punitiven "et non punitiven Sanktionen'', «Die punitive Verwaltungssanktion, écrit-il p.16 - unterscheidet sich von anderen Verwaltungssanktionen durch ihrem Zweck » avec nombre des références à l'oeuvre de M. Delmas-Marty Punir sans juger, elle aussi, comme nous venons de constater, partisane du polysémisme.

comme dans l'article 4 du 7ème Protocole, la doctrine ne s'est pas occupée, dans sa généralité du moins, de l'approcher au fond et de procéder, en identifiant ses traits essentiels à sa définition, donc consécutivement à son rôle prépondérant dans le domaine répressif, objet de cette jurisprudence.

Souvent, en effet, la doctrine se contente de décrire les thèses adoptées par la jurisprudence sans prendre position sur les conséquences théoriques qui en ressortent.

Ainsi, avec les auteurs de l'ouvrage « Les grands arrêts de la Cour européenne des Droits de l'Homme », 6ème éd. 2011, p. 434 et s., au sujet notamment des arrêts Welch c/Royaume Uni, 9 févr.1995, A.307-A, et Jamil c./France 8 juin 1995, A.317-B §30, précité.

Même réaction de la part de la doctrine hellénique s'agissant de l'arrêt Welch c/ Royaume Uni.[611] Encore que ces arrêts -faisant entrer dans la notion de « peine », respectivement, une ordonnance de confiscation et la contrainte par corps, mesures en principe situées en dehors du domaine répressif- tout en élargissant ainsi les conditions requises réunies de la notion de sanction, en même temps qu'ils l'érigent en notion souveraine en ce domaine, pourraient -devraient même- attirer l'intérêt majeur de la doctrine.[612]

Que l'on note en sa faveur, cependant, que l'approche de la CEDH de la notion de matière pénale n'apporte pas de données qui pourraient lui attirer, quant au contenu de la notion de

[611] Voir ainsi, L. M. Bolani, in sous la direction de L. A. Sicilianos « La Convention européenne des Droits de l'Homme », 2ème éd., 2017, Bibliothèque Juridique, en langue hellénique, p. 356, sous l'art.7.

[612] La vraie dimension de ces apports quant à la consistance de la notion de sanction en droit répressif européen, vu la jurisprudence de la CEDH relative à l'application de l'art.6§1 de la Convention, nous l'avons déjà, supra p.150 et s., bien précisée.

sanction, un intérêt particulier, étant donné qu'en principe, sa réponse à la question posée est donnée sur un terrain répressif. En effet, l'affirmation que l'on est devant un cas de « matière pénale » n'incite pas à des préoccupations théoriques, la mesure envisagée étant, de toute façon, une sanction, caractère qu'elle ne perd pas, en tout cas, même si la réponse est négative. Ainsi, s'agissant de l'affaire Engel et autres du 8 juin 1976, ayant jugé -comme on vient de le constater supra p.153 et s.-que des sanctions disciplinaires concernant les requérants, certaines s'appliquent seulement -et même à certains parmi eux- à titre « d'accusation en matière pénale ».[613]

Cependant, des efforts de la doctrine, s'agissant de la jurisprudence de la CEDH concernant la notion de sanction et de sa place dans le domaine répressif, ne manquent pas, bien qu'isolés.

Ainsi -et l'on se réfère à notre étude précitée[614]- après avoir mis l'accent sur le fait que, en faveur d'une double interprétation de l'art.6 par 1 de la Convention, la notion de sanction s'avère notion du droit positif européen pouvant seule y exprimer en sa totalité le processus répressif,[615] et par la suite constaté que la Cour européenne des Droits de l'Homme -suivie en cela par la Cour de Justice de l'Union européenne-, vu que certaines sanctions, sans faire partie de l'arsenal classique, présentaient un caractère répressif important, fut conduite à élargir le noyau dur du domaine répressif et les soumettre

---

[613] Mêmes pensées à l'égard de l'expression « contestations sur des droits et obligations de caractère civil », le caractère répressif des mesures y appartenant, notamment de celles disciplinaires, comme on l'a bien montré-Supra p. 164 et s.- étant plus que manifeste.

[614] S. Lytras, La notion de sanction en droit répressif européen: Droit pénal ou droit sanctionnateur ?, précité, p. 827 et s.

[615] Ibid., p. 845

aux règles propres des sanctions pénales,[616] on est arrivé à la conclusion qui coiffe, en substance, également notre recherche ici, à savoir que :

« Sous ce contenu, la jurisprudence des Cours suprêmes européennes reconnaît incidemment que la peine, bien que présentant en principe la riposte la plus sévère, incapable d'absorber toute la réalité répressive que la réaction sociale développe contre l'illicite, cesse d'être la notion dominante du domaine répressif cédant le pas à la notion de sanction devenue ainsi le substrat commun à toute sorte des données répressives, les peines y comprises ».[617]

En substance, dans la même direction, la position de Ph. F. Irmscher, de la doctrine allemande, lorsqu'il écrit, en se référant aux critères Engel de la Jurisprudence en cause. [618]

[616] Ibid. p. 847.

[617] Ibid. D'un résultat de cet ordre -bien qu'indirectement- sont aussi des positions doctrinales mettant le matériel relatif à l'application de l'art.6 §1 de la Convention concernant le vocable « matière pénale » sous le contexte de « pénalisation ». Ce faisant, la doctrine renforce, incidemment, le caractère répressif des données y appartenant, voire le caractère de sanction comme la notion principale de ce domaine, le caractère -strictement non pénal- de ces données, ressortant même de leur approche, étant plus que manifeste. Voir sur ce point, J. Hong-Rocca, Les sanctions fiscales à l'épreuve des transformations du droit (Contribution à l'étude historique et théorique des sanctions fiscales), Thèse Paris I, 2005, sous 24 p. 27 (in fine). « A côté d'un droit pénal strictement entendu -il écrit bien, ibid., on peut donc voir apparaître un droit de sanction non pénale dont la principale caractéristique est d'avoir emprunté à son modèle naturel les principes directeurs et les règles gouvernant l'application des sanctions. Ce phénomène est bien connu, il s'agit de la pénalisation ». Affirmation que l'on aurait sans difficulté acceptée, si l'auteur ne rangeait pas parmi les sanctions les indemnisations, données privées, comme on l'a déjà constaté, de caractère répressif. Ainsi, quand celui-ci -ibid. sous 12 p. 15 affirme que la sanction « est une mesure punitive -parfois indemnitaire- infligée par une autorité titulaire du pouvoir de répression ».

[618] Ph. F. Irmscher, Öffentlichkeit als Sanktion, Mohr Siebeck, 2019, p.217.

« Die Einordnung im nationalen Recht-ist dabei, „starting point“ der Auslegung durch den EGMR, aber tendenziell von geringerer Bedeutung. Denn Sinn einer autonomen Auslegung ist ja gerade, auch die Verbürgung der Konventionsrechte nicht in die Hände des nationalen Gesetzgebers zu legen. Daher ist auch die fehlende Bezeichnung als Strafe im nationalen Recht irrelevant, weshalb etwa das deutschen Ordnungswidrigkeitenverfahren nach dem Verständnis des EGMR ein strafrechtliches ist ; gleiches gilt für die sanctions administratives in Frankreich ».

En définitive:

Mettant de côté la qualification nationale, même la dépassant, la Cour permet à la doctrine de faire sienne l'élargissement de la réaction répressive contre l'illicite et ainsi de comprendre la sanction englobant, tant le domaine pénal que celui quasi-pénal ou administratif, comme la notion dominante en droit répressif.

Et même de demander son élargissement, de sorte qu'elle couvre en sa totalité le domaine répressif.[619]

---

[619] Ainsi quand Zerouki D., La sanction en matière pénale in La Sanction, Colloque du 27 novembre 2003, à l'Université Jean Moulin Lyon 3, précité, constate bien, (p. 45) que « Toutes ces mesures -il se référait à des mesures à caractère répressif- qui ne sont intégrées ni dans la matière civile ni dans la matière pénale souffrent d'un déficit de protection qui paraît choquant ». Déficit contre lequel il prônait (ibid.) qu'une solution « pourrait sans doute être trouvée dans une modification de la formulation de l'art. 6 dont les garanties s'appliqueraient quelle que soit la nature du droit en cause et, en tous cas, dès lors qu'il a un effet répressif, même si ce n'est pas le but essentiellement poursuivi ».

Conclusions de la deuxième Partie

Ressortant de l'ordre juridique des pays européens, auxquels on s'est référé dans le cadre de ce travail, la notion de sanction comme « mal imposé à une personne à cause d'une violation par elle d'une règle de droit » -données dûment éclaircies en notre analyse précédée[620]-constitue une notion incontestable du droit positif en vigueur dans l'univers répressif européen.

Et l'on fut heureux de constater que son dynamisme sort enrichi et étendu par les données, tant de l'ordre juridique de l'Union européenne que de celles de la jurisprudence de la CEDH, dans laquelle sa présence est totalement manifeste

Encore qu'à l'appui d'expressions incertaines ou confuses comme « matière pénale » ou redondantes comme « sanction ayant le caractère d'une punition », expressions ne pouvant pas cacher la réalité, bien qu'en liaison linguistique avec la notion de peine ayant dominé dans le passé le droit répressif.

Si cette évolution -dont le point décisif est que la notion de sanction aux traits essentiels repérés par notre analyse, sur la base des données du droit répressif de l'univers européen et elles seules, est érigée en la notion dominante de cet univers-n'a pu que partiellement être saisie par la doctrine, cela ne minimise pas sa valeur.

Seule l'application, en effet, des règles réservées par le passé exclusivement aux sanctions imposées par des tribunaux pénaux à des sanctions de provenance diverse, notamment celles appliquées par des organes ou des autorités administratives, est là pour manifester la force de la notion de sanction et

[620] Analyse dont il ressort clairement que dans la notion de sanction n'entrent pas la réparation et l'exécution forcée et que lui sont étrangères, tant les mesures préventives et les sanctions dites déguisées, que les résultats négatifs de toute sorte, suite normale de l'absence des conditions exigées par la loi pour l'obtention des biens touchés.

pour jeter tout son poids en faveur de sa présence souveraine dans cet univers.

Sans que l'on y ajoute la présence des sanctions administratives en nombre et importance égale et par domaines, plus forte que celle des sanctions typiquement pénales, qui constituent en vérité un bloc de répression pleinement autonome et parallèle à celui constitué par ces dernières.

Données, témoignant ainsi de façon décisive de la force et de la souveraineté de la notion de sanction elle-même, dont les sanctions pénales et celles administratives ne sont que de simples sous-divisions.

En définitive : A la fin de cette partie de notre étude, une conclusion est certaine.

Répondant aux traits désignés par notre analyse, la notion de sanction est une notion incontestable du droit positif répressif européen demandant tout notre respect.

Si dans le cadre d'un certain ordre juridique ou d'une approche théorique, la sanction a une dimension plus étroite par rapport à une autre, cela, en fin de compte, n'a qu'une importance mineure. Chose flagrante, s'il on compte parmi les sanctions pénales ou non les mesures de sûreté ou celles ayant le caractère de punition ou non, parmi les sanctions administratives.

Conclusions générales

Née au moment même où une mesure ayant le contenu d'infliction d'un mal à celui qui a violé une règle de droit, moment que pour l'économie de notre recherche nous situons à l'époque où furent mis en vigueur dans l'univers européen les premiers codes pénaux, après la Révolution Française de 1789, la notion de sanction est devenue avec le temps la notion dominante en droit répressif.

Il a fallu pour cela un long parcours qui, mis en marche au début du XIXe siècle, a vu sa fin dans les dernières décennies du XXe.

Voulant décrire les causes de tout cela, on se trouve devant, tout d'abord, le mouvement de dépénalisation qui a amené une grande partie du domaine répressif dans les mains de l'administration, sans que la matière sorte complètement du domaine pénal classique.

Cependant, encore plus important est le développement dans certains pays, notamment la France et la Grèce, des sanctions administratives, qui a permis de combattre l'illégalité à travers des moyens répressifs importants qui ne comportent pas les défauts des peines.

La possibilité d'appliquer des quantités énormes de sanctions passée dans les mains de l'Administration, un coup sévère fut porté à l'hégémonie de la peine dans le domaine répressif, ayant conduit les choses à une vraie cohabitation entre la peine et la sanction, la dernière devenue ainsi en ce domaine sa rivale, avant qu'elle ne devienne avec le temps, manifestement la souveraine.

Cela sur le domaine des impressions, vu leur aspect quantitatif.

Somme toute, le coup de grâce contre la primauté de la peine fut donné avec la reconnaissance de la responsabilité pénale des personnes morales qui, privant la peine de son caractère anthropocentrique, lui a enlevé le dernier argument -véritable rempart- dans le domaine répressif, lui permettant de soutenir sa particularité, cet « aliud », par rapport à toute autre mesure répressive.

La peine battue en brèche, la sanction est devenue automatiquement la notion dominante en droit répressif, nous conduisant à voir la peine, la plus importante des sanctions, uniquement comme une de ses subdivisions.

Quoi qu'il en soit, la peine ne fut pas ingrate envers sa mère, deux siècles après l'avoir retrouvée, lui prêtant sans parcimonie ses richesses répressives ramassées avec tant de soins dans le parcours de temps. De sorte que des mesures ayant les traits de la sanction peuvent voir leur arsenal fortifié par des moyens jusqu'ici réservés aux seules peines, voire aux sanctions pénales.

Témoin ne pouvant être démenti, la jurisprudence de la CEDH qui, à travers l'autonomie de son approche, notamment en ce qui concerne la notion de « matière pénale » de l'art.6 par 1 de la Convention et celle de « peine » de son article 7, couvre de sa force même des cas caractérisés dans l'intérieur des pays nationaux comme ressortant au domaine disciplinaire, de peur que ces derniers ne fassent recours à cette qualification reflétant un aspect d'organisation interne, pour échapper à son emprise Le régime protecteur de la CEDH et celui du Conseil Constitutionnel, cependant, doit couvrir, sous l'air bénin de la doctrine, non seulement les seuls cas couverts par des expressions nébuleuses « matière pénale » et « sanction ayant le caractère de punition », mais aussi des particularités concernant des catégories à part prises en considération, toute mesure ayant les traits de sanction repérés par notre analyse dans le cadre de cette étude.

Ainsi, non seulement le CE serait content de pouvoir de nouveau utiliser l'expression de sanction et elle seule, comme par le passé, pour exprimer la réalité en la matière, mais, en plus, -devant le fait que la notion de sanction est devenue la notion dominant le domaine répressif- nous le serions également de voir la discipline « droit sanctionnateur » remplacer dorénavant celle de « droit pénal », cette dernière devenue inapte à exprimer en matière répressive, en sa totalité, la réalité juridique de notre temps.

Table des Matières

Structures éditoriales du groupe L'Harmattan

L'Harmattan Italie
Via degli Artisti, 15
10124 Torino
harmattan.italia@gmail.com

L'Harmattan Hongrie
Kossuth l. u. 14-16.
1053 Budapest
harmattan@harmattan.hu

L'Harmattan Sénégal
10 VDN SICAP AMITIE 3
BP 45034 Dakar-Fann
direction@senharmattan.com

L'Harmattan Cameroun
Tsinga/Derrière polyclinique FECAFOOT
BP 11486 Yaoundé
Jacques.koukam@harmattan.fr

L'Harmattan Burkina Faso
Villa 281, secteur 23 623, rue 14.32
Ouagadougou
zagbie@outlook.fr

L'Harmattan Guinée
Almamya, rue KA 028 OKB Agency
BP 3470 Conakry
harmattanguinee@yahoo.fr

L'Harmattan RDC
185, avenue Nyangwe
Commune de Lingwala – Kinshasa
matangilamusadila@yahoo.fr

L'Harmattan Congo
219, avenue Nelson Mandela
BP 2874 Brazzaville
deunovmikhael@gmail.com

L'Harmattan Mali
Immeuble Mgr Jean Marie Cissé
Aci Hamadallaye
BP 145 Bamako
syllaka@yahoo.fr

L'Harmattan Togo
Djidjole – Maison Amela
face EPP BATOME
02 BP 20680 Lomé
didieramela11@gmail.com

L'Harmattan Côte d'Ivoire
Résidence Karl – Cité des Arts
Abidjan-Cocody
03 BP 1588 Abidjan
harmattan.ivoire@gmail.com

L'Harmattan Bénin
Rue 604, (Immeuble à l'entrée
de la rue UCAO- Cite de Saint-Jean)
Cotonou
stepcorpus@gmail.com

Nos librairies en France

Librairie internationale
16, rue des Écoles
75005 Paris
librairie.internationale@harmattan.fr
01 40 46 79 11
www.librairieharmattan.com

Librairie des savoirs
21, rue des Écoles
75005 Paris
librairie.sh@harmattan.fr
01 46 34 13 71
www.librairieharmattansh.com

www.ingramcontent.com/pod-product-compliance
Lightning Source LLC
LaVergne TN
LVHW011447061026
849535LV00004BA/983
* 9 7 8 2 3 3 6 5 6 4 6 4 7 *